O IMPACTO DA LEI DE LIBERDADE ECONÔMICA NO DIREITO BRASILEIRO

COORDENADORAS
SIMONE LETÍCIA SEVERO E SOUSA DABÉS LEÃO
MICHELLE LUCAS CARDOSO BALBINO

O IMPACTO DA LEI DE LIBERDADE ECONÔMICA NO DIREITO BRASILEIRO

Apresentação
João Marcelo de Lima Assafim

Prefácio
João Bosco Leopoldino da Fonseca

editora
Del Rey

Belo Horizonte
2021

EDITORA DEL REY LTDA.

www.editoradelrey.com.br

Editor: Arnaldo Oliveira

Editor Adjunto: Ricardo A. Malheiros Fiuza
(*in memoriam*)

Coordenação Editorial: Letícia Neves

Diagramação: Know-how Editorial
Revisão: Thayná Lorena Vieira

Editora:
Rua dos Goitacazes, 71 – Lojas 20 a 24
Centro – Belo Horizonte – MG
CEP 30190-050

Comercial:
Tel.: (31) 3284-3284
vendas@editoradelrey.com.br

Editorial:
editorial@editoradelrey.com.br
Tel.: (31) 2516-3340

I34 O impacto da Lei de Liberdade Econômica no Direito brasileiro / coordenadoras: Simone Letícia Severo e Sousa Dabés Leão, Michele Lucas Cardoso Balbino ; apresentação: João Marcelo Assafim ; prefácio: João Bosco Leopoldino da Fonseca. – Belo Horizonte: Del Rey, 2021. 256 p. – Inclui bibliografias.

Inclui bibliografia.
ISBN 978-65-00-23576-0

1. Direito Econômico 2. Liberalismo – aspectos econômicos 3. Garantia (Direito) 4. Licenças ambientais – Brasil 5. Intervenção estatal I. Leão, Simone Letícia Severo e Sousa Dabés II. Balbino, Michele Lucas Cardoso III. Assafim, João Marcelo IV. Fonseca, João Bosco Leopoldino da V. Título

CDU (1976) 34:33.

Ficha catalográfica elaborada pelo bibliotecário Junio Martins Lourenço - CRB 6/3167.

SOBRE OS AUTORES

Carla Aliny Peres Dias

Bacharel em Direito pelo Centro Universitário de Patos de Minas. Mestre no Programa de Pós-Graduação Stricto Sensu da Universidade de Itaúna. Advogada. E-mail: advcarlaaliny@bol.com.br.

Caroline Ubaldo Gomes da Silva

Graduada em Economia pela UFMG e graduanda em Direito pela FUMEC. E-mail: carollugs@gmail.com.

Cristiana Nepomuceno de Sousa Soares

Mestre em Direito Ambiental. Pós-graduada em Gestão Pública. Graduada em Direito e Ciências Biológicas. Advogada. Autora e organizadora de livros e artigos.
E-mail: cristiananepomuceno@gmail.com.

Fernando Frederico de Almeida Junior

Pós-doutor em Direitos Humanos pela Universidade de Salamanca (Espanha). Pós-doutor em Direito pela Universidade de Messina (Itália) e pela Universidade de Coimbra (Portugal). Doutor em Educação pela Universidade Federal de São Carlos. Mestre em Direito pela Universidade de Ribeirão Preto. Advogado e professor em cursos de graduação e pós-graduação em Direito e Educação.
E-mail: frederico.jau@gmail.com.

Hermano Caixeta Ibrahim

Doutor em Economia do Desenvolvimento pela Universidade Federal do Rio Grande do Sul (UFRGS). Mestre em Economia Industrial pela Universidade Federal de Santa Catarina. Graduado e graduado no Instituto de Economia da Universidade Federal de Uberlândia.
E-mail: hermanocaixeta@gmail.com.

José S. Carvalho Filho

Pós-doutor em Direitos Humanos pela Universidade Salamanca (Espanha). Doutor em Direito Público pela *Aix-Marseille Université* (França). Mestre e Especialista em Direito Constitucional pelo Instituto Brasiliense de Direito Público – IDP. Professor de Direito Constitucional na Escola de Direito de Brasília – EDB/IDP. Líder do grupo de pesquisa Erga Omnes: Justiça Constitucional para todos. Assessor de Ministro do Supremo Tribunal Federal. E-mail: jscarvalhofilho@gmail.com.

Júlio Alves Caixêta Júnior

Mestre em Educação pela Universidade de Uberaba – UNIUBE (2019). Especialista em Direito e Processo do Trabalho pela Faculdade de Direito Professor Damásio de Jesus (2014). Especialista em Direito de Família e Sucessões pela Universidade Anhanguera (2013). Especialista em Direito Processual Civil pela Universidade Anhanguera (2012). Professor Universitário. Coordenador e Professor de Núcleo de Prática Jurídica. Advogado. Pesquisador.
E-mail: prof.juliojunior@gmail.com/@juliojunior.1988.

Laiane Aparecida Soares de Souza

Bacharel em Direito pelo Faculdade de Ciências e Tecnologia de Unaí – FACTU. E-mail: laianeedu5@gmail.com

Maria da Glória Costa Gonçalves de Sousa Aquino

Advogada e Professora Adjunta do Departamento de Direito da Universidade Federal do Maranhão (UFMA). Pós-doutora em Direitos Humanos e em Direitos Sociais pela Universidade de Salamanca/Espanha (USAL). Doutora em Políticas Públicas pela Universidade Federal do Maranhão (UFMA). Doutoranda em Administración, Hacienda y Justicia en el Estado Social, pela Universidade de Salamanca/Espanha (USAL). Investigadora no Centro de Investigação em Justiça e Governação, vinculado a Faculdade de Direito da Universidade do Minho/Portugal.
Correio eletrônico: mgcgn@email.iis.com.br.

Maria Eduarda Senna Mury

Advogada especializada e atuante na área ambiental, Mestre em Energia e Mudanças Climáticas pela Universidade de Westminster, Londres.
E-mail: maria.e.s.mury@gmail.com.

Mateus Schaeffer Brandão

Mestre e doutorando em Ciências Jurídico-Empresariais pela Faculdade de Direito da Universidade de Lisboa – Lisboa, Portugal. Oficial da Força Aérea Brasileira – FAB. Assessor Jurídico da Ministra Maria Elizabeth Guimarães Teixeira Rocha do Superior Tribunal Militar – STM.
E-mail: sbmateus@yahoo.com.br.

Michelle Lucas Cardoso Balbino

Doutora em Direito pelo Uniceub/Brasília. Mestre em Sustentabilidade Socioeconômico e Ambiental pela Universidade Federal de Ouro Preto (UFOP). Coordenadora de Curso de Direito. Professora Universitária. Advogada. Pesquisadora.
E-mail: michellebalbino@hotmail.com/@omentorizando

Naiara de Moraes e Silva

Advogada, Doutora e Mestre em Políticas Públicas pela Universidade Federal do Piauí (UFPI), Pós-Doutoranda pela Universidade de Salamanca e Professora no Departamento de Ciências Jurídicas da Universidade Estadual do Piauí (UESPI).
E-mail: naiaramoraes@hotmail.com.

Olemar Guilherme da Cunha

Advogado. Graduado em direito pela Faculdade de Ciências e Tecnologia de Unaí (FACTU). E-mail: olemar.adv@gmail.com

Paulo Campanha Santana

Pós-Doutorando em Direito e Novas Tecnologias pelo Mediterranea International Centre for Human Rights Research, Reggio Calabria, Itália. Advogado. Mestre e Doutor em Direito. Coordenador do Curso de Direito e professor da Graduação e do Programa de Mestrado em Direito das Relações Sociais e Trabalhistas do Centro Universitário do Distrito Federal (UDF).
E-mail: pcampanhap@gmail.com

Paulo Márcio Reis Santos

Sócio Fundador da PMRS Advocacia e Consultoria. Doutor e Mestre em Direito pela UFMG. Professor no Programa de Mestrado e na Graduação em Direito da FUMEC, na Escola Superior da Advocacia da OAB/MG e no Supremo Concursos.
E-mail: paulo@pmrs.adv.br

Renato Dolabella Melo

Advogado. Doutor e Mestre em Propriedade Intelectual e Inovação pelo INPI. Mestre em Direito Econômico pela UFMG. Pós-graduado em Direito de Empresa pelo CAD/Universidade Gama Filho – RJ. Palestrante e professor de Propriedade Intelectual, Direito Econômico e da Concorrência, Direito do Consumidor, Direito da Cultura e do Entretenimento e Terceiro Setor em cursos de pós-graduação, graduação, capacitação e extensão da Fundação Dom Cabral – FDC, do IBMEC, da PUC, da Escola Superior de Advocacia da OAB, da Music Rio Academy, da Faculdade Cedin e da Faculdade Arnaldo. Contatos:
www.dolabella.com.br e dolabella@dolabella.com.br.

Simone Letícia Severo e Sousa Dabés Leão

Pós-doutora em Direitos Humanos pela Universidade Salamanca. Doutora em Direito Público (PUCMinas/Belo Horizonte). Mestre em Direito das relações econômico-empresariais (Unifran/São Paulo). Professora Universitária. Membro do Comitê Mineiro de Saúde – COGESMIG.
E-mail: simoneleticia77@gmail.com

PREFÁCIO

Convidado a prefaciar a publicação de uma coletânea de trabalhos de estudiosos de uma questão nuclear do Direito Econômico, centrada na análise da Lei de Liberdade Econômica – Lei Federal n.º 13.874, de 2019 – não poderia sequer pensar em me omitir, principalmente porque **a essência dessa Lei, o seu centro de significação (ou seja, os artigos 1º, 2º 3º e 4º) *"constitui norma geral de direito econômico"*.** *Seria uma omissão imperdoável não me aliar às análises feitas sob os mais variados enfoques da lei.*

PROFISSÃO DE FÉ

Creio numa missão que Deus confiou ao ser humano: a de ser livre e de construir uma sociedade garantidora de uma existência digna para todos. A liberdade de iniciativa é um dom fundamental. Deus criou o homem à sua imagem: **livre. Deus contemplou toda a sua obra, e viu que tudo era muito bom...** [1].

O anseio da liberdade foi cantado em verso por Virgílio no século primeiro antes de Cristo: *"Libertas quae sera tamen..." consagrado na bandeira do Estado de Minas Gerais* [2].

Em livro publicado em 2021, Benjamin M. Friedman participa da ideia de que o pensamento de Adam Smith sobre economia teve uma forte influência da mentalidade religiosa reinante ao seu tempo e lugar [3]. O professor de filosofia Adam Smith ensinou que o bem da sociedade depende do esforço de cada indivíduo [4], pois *"ao tentar satisfazer o seu próprio interesse promove,*

---

1 Gênesis, Cap. 1.

2 Publius Vergilius Maronis, Ecloga I, v. 26.

3 FRIEDMAN, B. M. *Religion and the Rise of Capitalism.* New York, Alfredf A. Knopf. 2021 – KINDLE edition.

4 *Inquérito sobre a Natureza e a Causa da Riqueza das Nações.* Londres, Edição da Fundação Calouste Gulbenkian, Lisboa, Vol. I, p. 755.

frequentemente, de uma maneira mais eficaz, o interesse da sociedade, do que quando realmente o pretende fazer" [5].

Por isso é que a Constituição Federal diz que *"constituem objetivos fundamentais da República Federativa do Brasil: construir uma sociedade* ***livre****, justa e solidária..." (artigo 3º, CF). A sociedade livre, como um todo, depende da concretização da liberdade de cada um.*

RESSALVA INICIAL

Logo que editada a Medida Provisória n.º 881, de 30 de abril de 2019, tive oportunidade de me pronunciar, afirmando que ela não cumpria o imperativo constitucional de urgência (artigo 62 da Constituição Federal).

Com efeito, uma leitura cuidadosa do primeiro artigo da **MP n.º 881/2019, revela sua desnecessidade. Diz aquele artigo: "Fica instituída a Declaração de Direitos de Liberdade Econômica, que estabelece normas de proteção à livre iniciativa e ao livre exercício de atividade econômica..."**

Ora, esta DECLARAÇÃO já consta bem explicitada, sem querer alcançar todos os tópicos que garantem a liberdade de iniciativa, nos seguintes artigos da Constituição Federal de 1988:

> *Art. 1º- (...)*
> *IV – fundamento dos valores sociais do trabalho e da livre iniciativa...*
> *Art. 5º- (...)*
> *XIII – É livre o exercício de qualquer trabalho, ofício ou profissão, atendidas as qualificações profissionais que a lei estabelecer...*
> *XVII - É plena a liberdade de associação para fins lícitos, vedada a de caráter paramilitar.*
> *Art. 170- A ordem econômica, fundada na valorização do trabalho humano e na livre iniciativa, tem por fim assegurar a todos existência digna, conforme os ditames da justiça social, observados os seguintes princípios....IV- livre concorrência..."*

Fica a pergunta: *"é preciso* ***declarar mais****"*? "Declarar" significa "mostrar", "tornar claro". Ora só se pode mostrar aquilo que já existe. O princípio fundamental da liberdade já estava suficientemente declarado.

---

5 *Inquério sobre a Natureza e a Causa da Riqueza das Nações*. Lisboa, Edição da Fundação Calouste Gulbenkian. Vo. I. p. 755.

Mas aqui me vem à lembrança a descoberta de Monsieur Jourdain, na obra de Molière: *"Eu fazia prosa, e não sabia que fazia prosa"* [6].

Desde 1988, temos uma Declaração de Liberdade (reafirmando todas as anteriores), um reconhecimento de um Regime de Economia de Mercado, mas é sempre útil e vantajoso **relembrar, e é esta a missão da Medida Provisória n.º 881/2019 e da Lei Federal n.º 13.874/2019** – ***repetita juvant!***

NORMA GERAL DE DIREITO ECONÔMICO

O legislador encontrou uma forma de sintetizar todo o conjunto da Lei Federal n.º 13.874/2019, no parágrafo 4° do artigo 1º:

> *"**O disposto nos artigos 1º, 2º 3º e 4º** desta Lei **constitui norma geral de direito econômico**, conforme o disposto no inciso I do caput e nos §§ 1º, 2º, 3º e 4º do art. 24 da Constituição Federal, e será observado para todos os atos públicos de liberação da atividade econômica executados pelos Estados, pelo Distrito Federal e pelos Municípios, nos termos do § 2º deste artigo".*

Fica mais uma vez reconhecida legalmente a abrangência contextual do Direito Econômico [7]. Todo o conteúdo da Lei se insere na amplitude conceitual e normativa deste atual e prospectivo ramo do Direito.

Mas precisamos incluir a Declaração de Direitos de Liberdade Econômica instituída no artigo 1º num contexto histórico mais amplo. É muito significativo ter hoje um texto legal que reforça o princípio da liberdade econômica e impõe às autoridades o dever de tornar efetiva a liberdade de iniciativa. A Lei veio também para lembrar às Autoridades um princípio constitucional basilar: o da **eficiência, inscrito no artigo 37 da Constituição.**

Falar de liberdade econômica e "liberdade de ação econômica" nos impõe relembrar e reconhecer o pioneirismo da Faculdade de Direito da UFMG e do Professor Washington Peluso Albino de Sousa, que, trilhando o caminho percorrido por Gérard Farjat [8], publicou em 1980 o seu

---

6 **MONSIEUR JOURDAIN.**- Par ma foi, il y a plus de quarante ans que je dis de la prose, sans que j'en susse rien ; et je vous suis le plus obligé du monde, de m'avoir appris cela. (MOLIÈRE, Le Bourgeois Gentilhomme, Act I, Scène IV)

7 O artigo 24, inciso I, da Constituição de 1988, já estabelecia a competência concorrente da União, dos Estados e do Distrito Federal para legislar sobre direito tributário, financeiro, penitenciário, **econômico** e urbanístico.

8 *Droit Économique,* 1.re. Édition. Paris, Presses Universitaires de France, 1971.

"Direito Econômico" [9]. Reconhecendo a intrínseca conexão com a realidade econômica e que *"os atos, os fatos e toda a atividade econômica podem ser regulamentados juridicamente"* [10], formula algumas regras de Direito Econômico. Vale ressaltar sua "sugestão" para a ***"Regra da liberdade de ação":***

> *"Uma vez assegurada* ***a liberdade de ação econômica*** *ao sujeito, pela ideologia adotada, o mesmo não pode ser responsabilizado pelas consequências decorrentes de atos de autoridade superior que venham modificar a orientação dada à política econômica vigente no momento da prática daqueles atos".*

As relações entre Direito e Economia passaram nos últimos três séculos por fases sucessivas de imbricação: depois de um antagonismo ou ignorância recíproca, vemos a partir de princípios do século XX a uma fase de interesse recíproco [11].

Em artigo de 1992, Farjat enfatizava que *"... o Direito Econômico simplesmente mudou de polo. O Direito da Concorrência sucedeu ao Direito do Planejamento. Ele é sempre um direito da organização econômica, ou mesmo um ramo do Direito: o direito organizador dos mercados"* [12].

Em 2004, Farjat explicita ainda mais o conteúdo cultural, econômico e jurídico do Direito Econômico, com uma preocupação humanista no contexto da mundialização:

> *"... O essencial para os juristas de Direito Econômico é de não cair nos ardis do economicismo e de não dissociar os* ***direitos do homem*** *do* ***direito econômico****... tanto é verdade que... a economia se tornou o verdadeiro motor da mundialização"* [13].

A disposição constante do § 1º do artigo 1º da Lei 13.874/19 determina a obrigatoriedade da aplicação da Lei *"na interpretação do direito civil,*

---

9 Sousa, Washinton Peluso Albino. *Direito Econômico.* São Paulo, Saraiva, 1980, 626p.

10 Ibid. p. 229.

11 OPPETIT, Bruno. *Droit et Économie. Archives de Philosophie du Droit.* Tome 37. *Droit et Économie.* P. 19-26. Paris, Sirey, 1992.

12 FARJAT, G. La Notion de Droit Économique. *Archives de Philosophie du Droit.* Tome 37. *Droit et Économie.* P. 28. Artigo traduzido por mim, com autorização do Autor e da Editora, e publicado pelo Movimento Editorial da Faculdade de Direito da UFMG, 1996, e pela Revista Portuguesa de Direito do Consumo. Nº 7. Setembro de 1996. P. 11-51. Coimbra, Associação Portuguesa de Direito do Consumo, 1996.

13 FARJAT, G. *Pour un Droit Économique. P. 185.* Paris, Presses Universitaires de France, 2004.

empresarial, econômico, urbanístico e do trabalho, nas relações jurídicas que se encontrem no seu âmbito de aplicação e na ordenação pública, inclusive sobre exercício das profissões, comércio, juntas comerciais, registros públicos, trânsito, transporte e proteção ao meio ambiente". Enfim, aplica-se "urbi et orbi", **a todos os recantos da atividade humana.**

A isto já se referia Farjat, em 1982:

> *"A vocação geral do direito econômico é amplamente confirmada pela constatação de que todos os ramos do direito, exatamente todos, apresentam camadas de direito econômico, ou são marcadas por evoluções que são vinculadas ao direito econômico."* [14].

O Direito Econômico realiza assim uma vinculação contextual com todos os ramos do direito. Ao se aplicar o princípio da liberdade econômica aos contratos, a própria Lei obriga o hermeneuta a ter em consideração as disposições do Direito Civil, do Direito do Trabalho, do Direito do Consumidor.

Creio que a Lei foi bastante clara ao mostrar a extensão do trabalho de interpretação que deve ser feito pelo aplicador. Esta disposição do § 1º agora citado me leva a estabelecer uma comparação com o *"Code de Droit Économique" da Bélgica, editado em 1º de janeiro de 2017. Com efeito, o texto belga enumera* **todos os setores da economia em que se faz a inserção do Direito Econômico.**

É o que podemos encontrar no "Code de Droit Économique" da Bélgica. Depois de declarar que "cada um é livre de exercer a atividade econômica de sua escolha", deixa claro que "a liberdade de empreender se exerce no respeito dos tratados internacionais em vigor na Bélgica, do quadro normativo geral da união econômica e da unidade monetária tal como estabelecido pelos ou em virtude dos tratados internacionais ***e da lei****, assim como das leis que interessam a ordem pública e os bons costumes e das disposições imperativas* [15], que entre os princípios gerais dispõe que *"o presente Código visa garantir a liberdade de empreender, a lealdade das transações econômicas e a assegurar um nível elevado de proteção dos consumidores"* [16].

O *"Code" prevê também os instrumentos a serem utilizados em casos de* **gestão de crise:**

> *"Da Regulamentação em Tempos de Crise:*
>
> *Quando circunstâncias ou eventos excepcionais colocarem ou forem suscetíveis*

---

[14] *Droit Économique, 1982, p. 35.*

[15] *Code de Droit Économique.* Livre III – Liberté d'entreprendre. Art. II- 3 et 4.

[16] *Code de Droit Économique,* Livre II, Principes Géneraux, Art. II-2

de colocar em perigo todo ou boa parte do funcionamento da economia, o Ministro pode impedir, ou controlar a oferta e a prestação de serviços, a importação, a produção, a fabricação, a preparação, a disposição, a transformação, o emprego, a repartição, a compra, a venda, a exposição, a apresentação, a oferta de venda, a entrega e o transporte dos produtos que ele designar" [17].

LIBERDADE ECONÔMICA NA VISÃO DE ESTUDIOSOS

Nos artigos agora trazidos à consideração e reflexão de juristas e economistas, podemos dizer que a iniciativa governamental trouxe um enorme subsídio para os que atuam na Administração Pública, na área empresarial e no terceiro setor.

Não tenho a pretensão de detalhar todos os tópicos suscitados pelos autores. Os questionamentos por eles trazidos são de uma riqueza que me obrigam a modestamente restringir-me à sinalização de alguns pontos somente. Os artigos reconhecem pontos positivos, criticam e apontam falhas, mas trazem uma provocação aos leitores, convidando-os a uma leitura que será muito proveitosa, incluída a rica bibliografia que indicam. Ouçamos com respeito a provocação e aceitemos o convite. O campo é vasto, por isso vamos destacar somente alguns tópicos que chamaram minha atenção.

O primeiro artigo [18], partindo do pressuposto constitucional de não intervenção do Estado no domínio econômico e de fixação de sua atuação como agente normativo e regulador, evidencia o contexto de excepcionalidade criada pela pandemia do Covid-19, colocando-nos diante da situação em que *"o poder público não pode assistir passivamente à morte de milhares de pessoas que são infectadas com o Covid-19"*.

Para enfrentamento de uma situação de crise social e econômica, a Lei Federal n.º 13.979, de 6 de fevereiro de 2020, autoriza a União, os Estados e os Municípios a adotarem, no âmbito de suas competências, dentre as mencionadas, as seguintes medidas: *isolamento e quarentena, suspensão de atividades de ensino, restrições de comércio e atividades culturais,* que repercutem fortemente na liberdade e na atividade dos cidadãos e das empresas. Diante desse quadro excepcional, penso que a atuação do Estado deve se concretizar numa contextualização, numa composição integrativa de liberdades.

---

17 *Code de Drroit Économique, Livre XXVIII, Instruments de Gestion de Crise.*

18 *Intervenção do Estado.* Fernando Frederico de Almeida Júnior – José S. Carvalho Filho – Simone Letícia Severo e Sousa Dabés Leão.

O segundo artigo[19] suscita o questionamento da interpretação da Lei Federal n.º 13.874, relativamente à proteção do consumidor, ressaltando que a legislação consumerista tem uma elasticidade que *"lhe permite amoldar à situação de fragilidade do consumidor perante o fornecedor no tempo e no espaço" de tal sorte a atualizar sempre a proteção. Um ponto importante é o reconhecimento da promoção de padrões de consumo sustentáveis e de uma proteção aos consumidores do comércio eletrônico, como também a garantia da privacidade das informações dos consumidores, seguindo padrões da ONU.*

*Aqui me permito uma observação: a Lei de Liberdade Econômica contempla, expressamente, a proteção do consumidor, ao dispor no parágrafo 1º do artigo 1º que "o disposto nesta Lei será observado na aplicação e na **interpretação** do direito civil, empresarial, **econômico**, urbanístico e o trabalho **nas relações jurídicas que se encontrem no seu âmbito de aplicação...**", com observância ao disposto no* **artigo 24 da Constituição Federal. Relevo que o inciso VIII do artigo 24 se refere expressamente à proteção ao consumidor.**

No terceiro artigo [20], os Autores ressaltam que um dos objetivos da Lei é de reduzir a burocracia na área negocial. E expressam o temor de que haja um impacto direto nas questões ambientais, diante da possibilidade de concessão automática de licença ambiental na hipótese de silêncio da autoridade competente.

Ora, a Lei nova deve ser cumprida em consonância e em compatibilidade contextual com a Lei Complementar n.º 140/2011, que prevê no artigo 6º as ações de cooperação entre a União, os Estados, o Distrito Federal e os Municípios, e que deverão ser desenvolvidas de modo a atingir os objetivos previstos no artigo 3o e a garantir o desenvolvimento sustentável, harmonizando e integrando todas as políticas governamentais. É de se presumir, com razoabilidade, que todos estes entes tenham pessoal devidamente gabaritado e responsável para o cumprimento dos objetivos da lei.

O quarto artigo [21] trata dos subsídios internacionais na produção agroindustrial. Neste ponto, há que notar que a Lei Federal n.º 13.874/2019, ao estabelecer, no artigo 1º, "normas de proteção à livre iniciativa e ao livre exercício de atividade econômica" está precisamente ratificando o já disposto no **artigo 187 da Constituição de 1988:** *"a política agrícola será planejada*

---

19 *Interpretação e Direito do Consumidor,* Michelle Lucas Cardoso Balbino – Olemar Guilherme da Cunha.

20 *Impacto na Área Ambiental.* Paulo Campanha Santana e Maria Eduarda Senna Mury

21 *SUBSÍDIOS INTERNACIONAIS NA PRODUÇÃO AGROINDUSTRIAL* – Mateus Schaeffer Brandão.

na forma da lei, com a participação efetiva do setor de produção, envolvendo produtores e trabalhadores rurais, bem como dos setores de comercialização, de armazenamento e de transportes..." ou seja, envolvendo todos os setores.

É muito enriquecedora a abordagem comparativa, mostrando que a política agrícola tem realce internacional. O artigo ressalta a atuação principalmente da União Europeia e dos Estados Unidos.

Não posso silenciar o extraordinário desempenho da EMBRAPA, criada em 1974, e a atuação do Ministro Alysson Paulinelli, natural de Bambuí-MG, que deu impulso à pesquisa agrícola. Consequência daquele impulso é a atuação pujante do agronegócio, que, como ressalta o artigo é a "mola propulsora da atividade econômica do país, em especial em tempos de pandemia, tendo como norte a análise macroeconômica da produção nacional frente aos subsídios das grandes potências mundiais".

O quinto artigo [22] versa sobre o impacto da nova Lei nas relações de trabalho. Entende a autora que a Lei Federal n.º 13.874/19 traz um *"afunilamento dos direitos trabalhistas". Afirma que esta Lei "faz crescer as formas de contratação precária e a exploração da classe operária"*, e que teria como resultado a *"concretização de um modelo ainda mais excludente dos direitos dos trabalhadores".*

Creio que não podemos desconhecer os avanços da economia mundial, em que as relações se alteraram profundamente. Não podemos nos colocar numa situação de deplorar as dificuldades pelas quais passa toda a sociedade. As relações de trabalho estão passando por um processo revolucionário. Seria interessante, a este propósito, ler o livro de Klaus Schwab [23] sobre a quarta revolução industrial. A era digital criou a figura do teletrabalho, que muda radicalmente as relações. Há que olhar para diante e enfrentar esta nova realidade.

O desafio que a sociedade enfrenta hoje é o de transformar o "*hipossuficiente*" em suficiente e capaz. A primeira, segunda e terceira revoluções industriais, como assinala Schwab, trouxeram desafios que impuseram à sociedade uma visão criativa e prospectiva. Entendo que tudo isso seja muito difícil, mas é o futuro.

Ser contrário à instituição da Carteira de Trabalho e Previdência Social **por meio eletrônico**, modificação trazida pelo artigo 14 da CLT, não se apresenta como sugestão razoável, ante os avanços trazidos pela tecnologia.

---

22 FLEXIBILIZAÇÃO DOS DIREITOS TRABALHISTAS – Naiara de Moraes e Silva.

23 SCHWAB, Klaus. *The Fourth Industrial Revolution*. Geneva, World Economic Forum, 2016. Kindle edition.

O sexto artigo [24] salienta as alterações introduzidas pelo artigo 7º da Lei nos dispositivos do Código Civil, especificamente quanto ao Fundo de Investimento, garantidor da previdência privada, inserindo os artigos 1368-C a 1368-F. Salienta a autora que *"o Regime de Previdência Complementar ou Privada tem o intuito de demonstrar uma nova face da seguridade, embasado no investimento feito pelos participantes em empresas que deverão aplicar esses recursos, para a devolução no momento próprio, entenda-se, no momento acordado através de contrato entre as partes, contemplando várias formas de investimento".*

Devo uma explicação de linguagem para a questão. "Complementar" significa completar, o que vem a dizer que algo está faltando. No caso da previdência "complementar", o intuito da Constituição e da Lei é o de preservar o nível de vida de que usufrui o trabalhador.

A Lei Federal n.º 13.874/19 veio desempenhar a função de "lei complementar", como previsto pelo artigo 202 da Constituição de 1988, com as alterações da Emenda Constitucional n.º 20, de 1998.

No sétimo artigo [25], os autores nos levam à consideração de um tema de extrema relevância, que é o da responsabilidade social corporativa. Sua inserção no contexto da Lei Federal n.º 13.874/19, é de grande atualidade. Focalizam diversos diplomas internacionais, dentre os quais menciono o Guia da OCDE para as empresas multinacionais, que determina ser *"a obediência às leis de cada Estado a primeira obrigação das empresas"* [26]. O texto da Lei me dá oportunidade para uma correlação com o Direito Econômico.

Ainda em 2004, Gérard Farjat já assinalava que os códigos de conduta privados constituíam um novo tipo de regulação para a Europa e para a sociedade internacional. Estes códigos, *"em sua forma mais pura, decorrem de um sistema moral. Não se regulamenta de maneira abstrata, descreve-se um comportamento desejável, um modelo de comportamento"* [27]. Do ponto de vista do Direito Econômico, o princípio da responsabilidade deve ser conceituado de forma prospectiva. As boas condutas de uma empresa devem ser um instrumento

---

24 *IMPACTO NA PREVIDÊNCIA COMPLEMENTAR* - Carla Aliny Peres Dias.

25 RESPONSABILIDADE SOCIAL CORPORATIVA - Michelle Lucas Cardoso Balbino - Júlio Alves Caixeta Junior - Laiane Aparecida Soares de Souza.

26 "Obeying domestic laws is the first obligation of enterprises" – OECD Guidelines for Multinational Entyerprises – I. Concepts and Principles. N. 2 – 2011 Edition.

27 FARJAT, G. Pour un droit économique. P. 117, Paris, Presses Universitaires de France, 2004.

de promoção da concorrência no mercado. Trata-se sobretudo de premiar a melhor empresa, a que mais respeita a ordem jurídica, a que mais dignifica o empregado, a que melhor produto e por preço mais acessível oferta ao consumidor. Responsabilidade Social Corporativa, em síntese, é isto.

O oitavo artigo [28] estabelece a distinção entre os três setores: o primeiro (Poder Público), o segundo (os entes privados) e o terceiro (pessoas jurídicas de Direito privado, sem fins lucrativos, que executam atividades de interesse social). A vinculação entre a normatização e atuação do terceiro setor e os princípios e regras estabelecidos na Lei Federal n.º 13.874/19, está evidenciada pelo conteúdo do artigo 1º da Lei Federal n.º 13.019/2014, que visa as parcerias entre a administração pública e organizações da sociedade civil, para consecução de finalidades de interesse público e recíproco.

Mostra o autor com muita proficiência que estas entidades, embora não visem lucro, têm uma produção econômica, pois ofertam com muita eficiência bens e serviços à sociedade.

O nono artigo [29] trata de um tema que me é muito caro: a relação entre Economia e Direito. O Direito Econômico é a realização desse entrelaçamento entre duas ciências sociais. É fundamental que os juristas tenham um conhecimento da Economia. Mas tenho que divergir do Autor, quando afirma que "a partir da *definição lógico-matemática do comportamento racional dos agentes econômicos, sejam eles consumidores ou produtores, a Teoria Microeconômica consegue definir matematicamente a curva de demanda, a curva de oferta e o ponto de equilíbrio na intersecção de ambas as curvas*".

Como ponto de partida para uma indagação sobre a imprescindível necessidade do estudo da Economia para o Direito Econômico, invoco as ponderações de WOUTER P. J. WILS, economista e advogado, Professor no King's College London. Afirma ele que "na verdade, a relevância da Economia para o Direito da Concorrência é tão óbvia que é impossível acreditar que tanto uma interpretação quanto uma aplicação do Direito da Concorrência possam ser realizadas sem um embasamento no pensamento econômico" [30].

---

28 Declaração de Direitos de Liberdade Econômica (Lei 13.874/19) e o Terceiro Setor: aplicação da AIR e ARR na Normatização da Atuação das Organizações da Sociedade Civil - Renato Dolabella Melo.

29 TEORIA ECONÔMICA E A LEI - Hermano Caixeta Ibrahim.

30 The Judgment of the EU General Court in **Intel** and the so-called 'more economic approach' to abuse of dominance. *World Competition*, Vol. 37, Issue 4, December 2014, pp. 405-434. Wouter P.J. Wils é "Hearing Officer, European Commission; Visiting Professor, King's College London".

Mas é o próprio WILS a afirmar que *"embora muitos economistas possam tentar simular vestindo seus pensamentos em fórmulas matemáticas, a Economia não é uma ciência exata, como a Física ou a Química, mas uma ciência social, como a sociologia, a história ou a filosofia moral"* [31].

Não posso deixar passar a ocasião para também lembrar Ronald H. COASE que escreveu: *"na minha juventude dizia-se que aquilo que fosse muito idiota para ser dito podia ser cantado. Na moderna economia isto poderia ser expressado em matemática"* [32].

O décimo artigo [33] me traz uma lembrança agradável, pois em 2012 e 2015, tive oportunidade de, como Professor Voluntário da Faculdade de Direito, ministrar dois semestres sobre regulação, em nível de pós-graduação, focalizando, entre outros tópicos, o da análise do impacto regulatório. Entre um curso e outro, surgiu a 7ª edição do meu *"Direito Econômico", em que incluí dois itens sobre a questão* [34]. Adotamos naqueles dois semestres, em 2012 e 2015, como roteiro, o livro de BERTRAND DU MARAIS [35].

Os autores do artigo tratam o tema com maestria, dando cumprimento ao disposto na Lei por eles comentada. Retomando o tema constitucional da previsão do papel regulador do Estado, com uma abordagem comparativa mostram o surgimento da Análise do Impacto Regulatório. Em junho de 2019, após a edição da MP n.º 881, de 30 de abril de 2019, e antes da promulgação da Lei Federal n.º 13.874, de setembro de 2019, surge a Lei Federal n.º 13.848, de junho de 2019 – Lei Geral das Agências Reguladoras –, que prevê expressamente que *"a adoção e as propostas de alteração de atos normativos de interesse geral dos agentes econômicos, consumidores ou usuários dos serviços prestados serão, nos termos de regulamento, precedidas da realização de análise de Impacto Regulatório (AIR), que conterá informações e dados sobre os possíveis efeitos do ato normativo"*.

E, mostrando atualização sobre o tema, informam que o regulamento foi editado pelo Decreto n.º 10.411, de 30 de junho de 2020.

---

31 Ibid. p. 10.

32 COASE, R.H. *The Firm the Market and the Law – Notes on the Problem of Social Cost.* Chicago, The University of Chicago Press, 1988 – p. 185.

33 ANÁLISE DE IMPACTO REGULATÓRIO – Caroline Ubaldo Gomes da Silva - Paulo Márcio Reis Santos.

34 *Direito Econômico.* 7ª edição. Pags. 242-246. Rio de Janeiro, Forense, 2014.

35 MARAIS, Bertrand du. *Droit Public de la Regulation Économique.* Paris, Presses de Sciences Po/Dalloz, 2004, 602p.

O décimo primeiro artigo [36] ressalta que *"a Lei da Liberdade Econômica estabeleceu uma relevante alteração legislativa no tocante ao instituto da desconsideração da personalidade jurídica"*, como se vê pelo artigo 7° da Lei Federal n.° 13.874/19, que trouxe alterações no Código Civil de 2002.

A Autora salienta aspectos importantes da Lei, como a preocupação com a garantia da segurança jurídica, imprescindível para estimular o investimento nas atividades econômicas. Convida-nos a pôr em prática o propósito da Lei que é o de definir "critérios objetivos" capazes de identificar os conceitos estabelecidos. O aplicador da Lei deverá efetuar uma "análise substancial", uma "análise econômica" de cada situação [37], de modo a identificar os elementos concretos e objetivos para sustentar uma decisão. Para ilustrar esse tipo de análise, a Autora encerra seu artigo com o voto do Ministro Ricardo Villas Boas Cueva, do Superior Tribunal de Justiça, em decisão recente, de 02 de fevereiro de 2021.

CONCLUSÃO – PROVOCAÇÃO

O prefaciador, muitas vezes, como é agora o caso, se inebria, se encanta com o tema e com as discussões apresentadas. Mas vamos terminar dizendo simplesmente que a Lei Federal n.° 13.874, de 2019, foi competentemente analisada pelos autores a quem tenho a honra de apresentar. No mais, cabe aos estudiosos ler, concordar, discordar, criticar e dar seguimento às provocações que foram feitas. Podem começar a ler. Tenham certeza de que também sairão enriquecidos.

Belo Horizonte, 15 de maio de 2021.

João Bosco Leopoldino da Fonseca

---

36 *A Desconsideração da Personalidade Jurídica à Luz da Lei da Liberdade Econômica*, Maria da Glória Costa Gonçalves de Sousa Aquino.

37 Cr. RIEM, Fabrice. L'Analyse substantielle, p. 75-95, in *Le Dropit Économique au XXIe. Siècle – Notions et Enjeux*. Paris, L.G.D.J., 2020.

SUMÁRIO

APRESENTAÇÃO

Recebi com especial alegria, o convite da Professora Dra. Simone Letícia Severo e Sousa Dabés Leão para escrever esta apresentação da obra coletiva intitulada: "O impacto da Lei de Liberdade Econômica no Direito Brasileiro", sobre a orientação da dupla coordenação, além da Professora Simone Letícia Severo e Sousa Dabés Leão, da Professora Dra. Michelle Lucas de Cardoso Balbino. Antes de apresentar esta produção intelectual, cabe a seguinte informação: trata-se de produção intelectual de pesquisadores no âmbito do sistema nacional de pós-graduação em sentido estrito.

Estão neste volume os trabalhos dos pesquisadores e pesquisadoras de grande envergadura acadêmica, entre profissionais, professores, já conhecidos e amigos reunidos ao longo de três décadas, bem como, pesquisadores mais jovens (mestrandos, mestres, doutorandos e recém doutores) que se destacam em trabalhos de ponta da vanguarda da pesquisa jurídica aplicada. São eles: Carla Aliny Peres Dias, Caroline Ubaldo Gomes da Silva, Fernando Frederico de Almeida Junior, Hermano Caixeta Ibrahim, José S. Carvalho Filho, Júlio Alves Caixêta Júnior, Laiane Aparecida Soares de Souza, Maria Eduarda Senna Mury, Mateus Schaeffer Brandão, Michelle Lucas Cardoso Balbino, Naiara de Moraes e Silva, Olemar Guilherme da Cunha, Paulo Campanha Santana, Paulo Márcio Reis Santos, Renato Dolabella Melo, Simone Letícia Severo e Sousa Dabés Leão. Nesse time há, além de pesquisadores, mestres, doutores e, inclusive, coordenadores de outros PPGDs como o caríssimo Professor Campanha, da UDF. A obra está dividida em três eixos: 1) o impacto da lei de liberdade econômica no direito público, 2) o impacto da lei de liberdade econômica no direito privado, e, 3) olhar econômico da implementação das regras de liberdade econômica no Brasil. Depreende-se, desde já, que a pesquisa parte da demanda social (observada nos aspectos socioeconômicos precedentes e) criada a partir da Medida Provisória número 881, de 30 de abril de 2019, convertida na, assim denominada, Lei da Liberdade Econômica (Lei nº 13.874/19), sancionada em 20 de setembro de 2019. Da mesma forma que o plano nacional de desestatização (PND), criado após a promulgação da Constituição da República Federativa do Brasil, engendrou a expectativa de redução do Estado, a Lei de Liberdade Econômica parece ter gerado a expectativa de redução da intervenção estatal.

A obra em tela traz a questão no seu objeto. Nesse ponto, surge uma nova aplicação para a categoria dogmática do abuso de direito (art. 187 do C.C.), qual seja, o abuso de direito regulatório. No entanto, o direito positivo não está restrito a este ponto, nem seus efeitos e externalidades, sejam estas positivas ou sejam negativas, esgotadas com a sua respectiva aprovação legislativa. A liberdade é uma faculdade e, como tal, *facultas agendi*, um direito subjetivo, cujo constrangimento é ato ilícito. A liberdade em questão, aqui, é a liberdade de empreender de todos os cidadãos brasileiros. O exemplo do álcool em gel, ou simplesmente, álcool gel (a escassez e o sobre preço) **frequentemente** mencionada por autores e palestrantes de renome, coloca a questão na conta da regulação sanitária (que teria funcionado, então, como uma barreira a entrada), cuja flexibilização teria rearranjado a aparente, senão efetiva, falha de mercado. Pois então, falamos também, não só de direito de acesso aos mercados, mas também, da livre concorrência. Claro, se não derrubada a barreira a entrada, falha de mercado permanece, e o consumidor sofrerá a dupla consequência nefasta: a escassez e o sobrepreço.

Dados estes supostos de imprevisão, indagar-se-ia, aqui, qual seria o papel da pesquisa acadêmica. Pois bem, a produção intelectual acadêmica não é um fim em si mesmo. Trata-se de um compromisso do pesquisador com a extensão, o ensino e com a pesquisa (na forma do famoso Parecer Sucupira). Quando nasce no âmbito do sistema nacional de pós-graduação, ganham ainda destaque dois aspectos relevantes para a qualidade da pesquisa: a aderência e o impacto.

Portanto, a pesquisa, não deve ser resultado de preferências pessoais ou capricho do pesquisador, mas resultado de demandas sociais. Não à toa a regulação da pós-graduação tem na demanda social sua pedra angular. A missão do pesquisador é melhorar o mundo. Especialmente, obrigação de melhorar o nosso País. Não só para fins de mero crescimento intelectual estéril, mas o crescimento econômico e, não só isso, cooperando com políticas públicas dedicadas à distribuição equitativa dos resultados, da geração de conhecimento e da inovação (o dilema de Piketty sobre a polêmica questão da concentração da riqueza): ao fim, geração de emprego e renda. Simples assim. Para isso, existem – ou devem existir - as políticas públicas. A estrutura jurídico institucional das políticas públicas – como elemento de intervenção estatal - está na ciência jurídica, e construídas sobre o poderoso alicerce da Constituição da República Federativa do Brasil. O papel do coordenador da pesquisa, do PPG, é dirigir o trabalho coletivo, como um maestro que rege uma orquestrada dedicada a única obra musical. Ambos, coordenadores e pesquisadores, o fazem, por certo, por dever de ofício, até porque, os recursos que financiam a pesquisa, em maior ou menor grau, são invariavelmente públicos. Não podem ser desviados de seu fim social, as custas do bem-estar de um povo. Mesmo no caso de mantedoras privadas, a universidade não se confunde com aquela, e assim, é pública. As ajudas, financiamentos e bolsas são recursos públicos. As filantropias, também. Trata-se de dinheiro público, do contribuinte, do trabalhador e do empreendedor. Temos o dever de – a bem da boa gestão destes recursos – repensar os problemas do Brasil. Exatamente, um dever do pesquisador, uma obrigação do coordenador. A vida acadêmica traz realizações e responsabilidades.

A maior responsabilidade está em repassar o conhecimento que recebemos de nossos professores, orientadores, das redes de pesquisa com colegas pesquisadores, com o uso de recursos públicos do Estado brasileiro – e na ponta da linha, conforme o papel de cada uma das 49 áreas do conhecimento no âmbito do SNPG, pugnar pelo direito ao desenvolvimento –. Nesse sentido, as disciplinas formativas não são menores, e a pesquisa aplicada, tampouco. O conhecimento tratado por preciosismo estéril não soluciona problemas reais. Condensá-lo, o conhecimento de domínio público, de forma inteligível e estratégica (como bem fazem os países desenvolvidos) para, em resposta às demandas sociais de nosso país, é, com efeito, uma questão de sobrevivência. Uma questão de combate à pobreza, a fome e a bem da defesa da saúde: pugna pela vida. Assim, por a pesquisa a serviço das grandes causas nacionais é uma obrigação inalienável de cada professor brasileiro. Uma obrigação do sistema nacional de pós-graduação. Com efeito, para um professor vocacionado a maior realização é contribuir com o aperfeiçoamento intelectual de nossos alunos, mas, especialmente, nada se compara a gerar conhecimento a bem de todos os cidadãos brasileiros de forma geral. Seja uma invenção resultado de pesquisa aplicada (uma vacina ou uma bateria que permita um automóvel elétrico ter maior autonomia a baixo custo: a vida e o desenvolvimento sustentável), ou seja, uma tese a bem da liberdade de empreender que impeça microempresa de existir nos primeiros anos por abuso, seja da Administração ou seja de monopolistas. Ao fim e ao cabo, o abuso de direito tende a concentrar o mercado e diferir ou impedir a distribuição de riqueza pela geração e manutenção de emprego e renda. Nosso exército de pesquisadores socialmente conscientes e tecnicamente preparados a serviço da igualdade, a bem de cada microempresário, cada startup, cada estudante, cada microempreendedor individual, cada músico, cada artista, enfim, de cada cidadão que não tem meios de se defender com paridade de armas nos sofisticados embates das relações profissionais. A nova economia e a pandemia impuseram grande recessão e desemprego em massa. Ajuda emergencial é providencial, mas, paliativa que é, não soluciona o problema do desenvolvimento. As políticas de desenvolvimento, por sua vez, não funcionam sem o direito, a partir da colaboração da mão de juristas comprometidos com o bem comum. Trata-se, insisto, de um dever de ofício.

O principal problema do país, hoje é a saúde pública. O segundo, a recessão. São dois problemas a serem solucionados não só a partir dos limites do orçamento e da contabilidade social, mas, também, dos valores e direitos constitucionais. A pedra angular está na dignidade da pessoa e os alicerces sobre o direito ao desenvolvimento. A meta, ao fim e ao cabo, é geração de emprego e renda. O problema é catalisado sobre o velho, e polêmico, problema da distribuição de riqueza. Mas muito além do que limitado um discurso político de ocasião, trata-se de uma questão de políticas públicas e de estratégia de estado. Não falamos aqui de qualquer política, não, mas políticas públicas a bem de valores e direitos inalienáveis: como a saúde, a vida e a dignidade. O ataque e estes valores pela adversidade maior da pandemia, impôs a revisão da função do estado. A demanda social exigiu seu inconteste crescimento, conforme ratifica, entre outros elementos, a solução aparentemente unânime ajuda emergencial – mas não está restrito a este ponto, claro que não –. A principal "caixa remédios" contra as distorções da concentração do produto e da renda é, ao lado de incentivos a atividade econômica (políticas públicas de desenvolvimento), a disciplina da regulação e a tutela jurídica das liberdades, de empreender e concorrer.

De outro lado, apropriar a inovação decorrente da pesquisa aplicada usando o domínio público ou em volta do domínio privado (*creating and inventing around*), também é dever de ofício de todo pesquisador. Dever das universidades, dever da regulação da pós-graduação e, principalmente, dever do estado em decorrência do artigo 218 da Constituição da República Federativa do Brasil. Temos que devolver ao nosso povo o que ele nos deu: recursos públicos.

O direito ao desenvolvimento demanda políticas de crescimento econômico, mas não só isso, senão a distribuição **equitativa dos resultados**. A desconcentração da riqueza, das estruturas do mercado, imprescindível ao desenvolvimento. Entretanto, de um lado, o produto do país concentra mais rápido do que cresce, de outro lado, o crescimento econômico tende ser mais célere através da inovação aplicada do que as taxas de crescimento experimentadas pela exportação de comodidades (imprescindíveis a nossa balança comercial, para cumprimento de obrigações financeiras surgidas com o TRIPs, e esquecida pela OMC). As mais importantes como soja e milho fazem parte de mercados de tecnologia muito concentrados e mercados de inovação com rarefeita concorrência dinâmica. O agronegócio mostra-se combalido pela concentração estrutural dos mercados de tecnologias transgênicas combinadas com variedades vegetais. Por certo, dependendo do mercado relevante de que se trate (produto, tecnologia ou inovação), mais falhas de mercado. A inovação para que se torne útil, escassa e conversível em valor, i.e., apta para gerar emprego e renda, depende da proteção mundial e estratégica da propriedade intelectual. Não há outra forma de se tentar reverter o desemprego em massa senão através da criatividade patrimonialmente atribuída e estrategicamente negociada em âmbito internacional e/ou mundial. Como se não bastasse, a pandemia acabou engendrando um grande incremento na curva de aquisições e fusões no triênio 2019-2021, chegando a um movimento de recursos da ordem de R$221 bilhões, segundo a consultoria TTR. Pode ser uma solução para empresários economicamente combalidos, mas não será sempre tão bom para o consumidor e nem para os médios e pequenos negócios obrigados a lidar, ao mesmo tempo, com poder de monopólio e poder de monopsônio em todos os níveis da escala produtiva vertical. Principalmente se tais monopólios controlam as estruturas, fontes de matéria prima, canais de distribuição e, principalmente controle sobre a pesquisa aplicada inovadora e, ao fim, o monopólio sobre a geração de patentes padrão essenciais. Se nada acontecer, se o gigante não acordar, não será impossível a tendência das gerações futuras pagarem *royalties* a alienígenas por comer carne de porco ou respirar oxigênio.

Por fim, não basta ser um país em 14º posição mundial, ou próximo disso, na publicação de artigos científicos qualificados, se, de outro lado, o Brasil sequer aparece no ranking de inovadores, de competitivos e de depositantes de patentes, nem no Brasil, nem nos Estados Unidos e nem na China, e participação pífia em matéria de PCT (pedidos internacionais no âmbito do *Patent Cooperation Treaty* administrado pela prestigiosa OMPI, sendo o INPI brasileiro uma autoridade examinadora).

Com efeito, há sim, problemas estruturais, mas, no entanto, o primeiro obstáculo é cultural. O empresariado brasileiro, aqui residente, de capital nacional, resiste, e tende a não investir em pesquisa e desenvolvimento. Há exceções sim, como o Centro de Tecnologia Canavieira, que merece minhas homenagens, mas, são exceções. O desinteresse sobre a propriedade intelectual é tal que gera resistências injustificáveis, como em avaliar a pouca propriedade intelectual que se tem – pela própria parte interessada –, desde o cálculo do preço justo da ação em oferta pública (cf. art. 4º da LSA), até em massas falidas ou em recuperação judicial a bem de credores. Não haverá saída possível para o desemprego em massa se nossas políticas públicas não mudar nosso curso errático a partir da educação, com o ensino do empreendedorismo e inovação já no ensino fundamental, com ensino técnico de qualidade, com pesquisa aplicada (cooperando estado, indústria e universidade). Isso, responde à demanda social pela convergência entre ensino, pesquisa aplicada, e, insisto, o uso estratégico da propriedade intelectual. O professor deve preparar seu aluno para ser grande, não só no nosso querido Brasil, mas, principalmente, no mundo, no mercado global.

Na sequência, precisamos de nossas agências, reguladoras e de autoridade antitruste, e, principalmente, uma política de propriedade intelectual para nossos preciosos CNPq e CAPES.

Quanto maior a tensão entre potencias pelo controle da produção de conhecimento aplicado, de facilidades industriais e patentes padrão essenciais, maior o incremento da intervenção ostensiva e direta dos estados nas suas economias. Se os Estados Unidos alocam grandes volumes de negócios, agora, por exemplo, para o retorno das fábricas de *chips* (circuitos integrados) para seu território, será que o estado brasileiro não deve ser mais estado empreendedor (no sentido de Mazzucato) ou, pelo menos, pugnar pelos interesses de seus nacionais e estrangeiros domiciliados no Brasil?

Conclui-se, então, o seguinte: da mesma forma que o PND ao reduzir o estado empresa (intervenção direta), incrementou o estado regulador (intervenção indireta), a Lei de Liberdade Econômica ao defender contundentemente a liberdade dos empresários brasileiros, grandes ou pequenos, implicará, necessariamente, no incremento da intervenção na defesa da liberdade, seja contra abuso de poder regulatório do próprio Estado, seja contra o abuso de direito de monopólios e monopsônios por agentes privados. Se o Estado não pode subtrair a liberdade de um empreendedor, por óbvio, também não pode fazê-lo o monopolista.

A criatividade humana pode ser poderoso instrumento de geração de negócios e emprego. A proteção e usos estratégicos da propriedade intelectual é imprescindível, mas se o Estado não fizer o seu papel, nada acontecerá. O centro das políticas públicas de desenvolvimento é, frise-se mais uma vez, a distribuição equitativa dos resultados da atividade econômica: não só dando meios aos agentes para entrarem nos mercados, nacional e internacional (com criatividade e inovações protegidas), mas, também, sua permanência leal evitando (pela aplicação do direito positivo) que abusos de direito expulsem agentes econômicos honestos e justos destes mesmos mercados.

Trata-se aqui, ao fim e ao cabo da antiga polêmica acerca da concentração de riqueza, e os respectivos remédios a serviço do direito ao desenvolvimento: a bem da geração de emprego e renda.

João Marcelo de Lima Assafim.

Professor Associado II da Faculdade Nacional de Direito da UFRJ.

Doctor en Derecho Mercantil – Universidad de Santiago de Compostela – USC.

Doutor em Direito Comercial na Universidade de São Paulo – USP.

Discípulo do Catedrático Prof. Dr. Manuel Botana Agra – Instituto de Derecho Industrial (IDIUS) – Facultad de Derecho – Universidade de Santiago de Compostela (USC).

Professor Titular no PPGD em Direito e Desenvolvimento da UCAM.

PARTE 1

O IMPACTO DA LEI DE LIBERDADE ECONÔMICA NO DIREITO PÚBLICO

Capítulo 1

A NOVA LEI DE LIBERDADE ECONÔMICA E A INTERFERÊNCIA DO PODER PÚBLICO NO CONTEXTO DO COVID-19

Fernando Frederico de Almeida Junior
José S. Carvalho Filho
Simone Letícia Severo e Sousa Dabés Leão

Resumo: A Lei 13.874/19 (Lei de Liberdade Econômica) objetiva diminuir a intervenção estatal nas atividades econômicas brasileiras, com o escopo de promover celeridade e desburocratização dos órgãos públicos. Este trabalho apresenta reflexões acerca das principais medidas de intervenção do Estado na ordem econômica brasileira, com ênfase no contexto específico da crise sanitária de Covid-19. Analisam-se tanto iniciativas legislativas – notadamente as medidas provisórias editadas pelo Presidente da República – como a chamada judicialização da crise, fenômeno em que o Judiciário é convocado a arbitrar conflitos políticos e sociais relativos à ordem econômica, no âmbito de excepcionalismo do novo coronavírus. A metodologia empregada é qualitativa, do tipo exploratória, por coleta de dados, conjugada com revisão bibliográfica.

Palavras-chave: Lei 13.874/19. Intervenção Estatal na Economia. Interferência. COVID-19.

Abstract: The Brazilian Economic Freedom Act aims to reduce state intervention in economic activities, with the purpose of promoting speed and reducing bureaucracy in public bodies. This paper presents some reflections on the main measures of State intervention in the Brazilian economic order, with emphasis on the specific context of the health crisis of Covid-19 in Brazil. Both normative acts – notably the provisional measures issued by the President of the Republic – and judicial acts are analyzed. The methodology used is qualitative, exploratory, by data collection, combined with bibliographic review.

Keywords: Brazilian Economic Freedom Act. State Intervention in the Economy. COVID-19.

1 INTRODUÇÃO

A Lei da Liberdade Econômica (Lei 13.874/19), sancionada em 20 de setembro de 2019, teve a sua origem na Medida Provisória 881, de 30 de abril de 2019, e apresenta como objetivo viabilizar o livre exercício da atividade econômica e a livre iniciativa, no intuito de garantir autonomia do particular para empreender. Referido estatuto estabelece medidas para desburocratização e simplificação de processos para empresas e empreendedores, bem como flexibiliza algumas regras trabalhistas, permite o exercício de atividades econômicas em qualquer dia e horário, desde que não atinja o meio ambiente, a regulação condominial e a legislação trabalhista. A lei prevê, ainda, a figura do abuso regulatório, o qual tem a função de impedir que o Poder Público edite regras que afetem a exploração da atividade econômica.

Ocorre que, pouco após a edição desse diploma, houve a instalação da crise sanitária de ordem global decorrente do Covid-19, reconhecida pela Organização Mundial de Saúde como pandemia. Esse fenômeno trouxe inúmeros impactos sociais e provocou a necessidade de medidas emergenciais nas searas da saúde, das relações de trabalho e na ordem econômica, com o escopo de minimizar os efeitos nocivos da crise sanitária.

Diante desse cenário, o objetivo central desse trabalho é analisar as medidas de intervenção do Estado na ordem econômica com ênfase no contexto específico da crise sanitária do Covid-19 no Brasil. Assim, reflete-se tanto sobre as medidas legislativas – notadamente as medidas provisórias editadas pelo Presidente da República – como sobre a chamada judicialização da crise, em que o Judiciário é convocado, por meio do Supremo Tribunal Federal, a arbitrar conflitos políticos e sociais relativamente à ordem econômica no âmbito de excepcionalismo do novo coronavírus.

2 A INTERVENÇÃO DO ESTADO NO DOMÍNIO ECONÔMICO

A iniciativa econômica pública, embora sujeita a outros tantos condicionamentos constitucionais, se torna legítima quando destinada a assegurar a todos a existência digna, conforme os ditames da Justiça social.

A responsabilidade e ação do Estado é princípio fundamental do Direito Público contemporâneo. Na atual conjuntura, a intervenção do Estado no domínio econômico, configura-se elemento fundamental para o estudo do Direito Econômico, independentemente do regime político adotado. Conforme expõe André Ramos Tavares:

> O Estado, portanto, é co-responsável no que se refere à economia nacional. Sua "interferência" nesse segmento é considerada, pois, essencial e "natural". A progressiva implementação de políticas públicas, especialmente aquelas de cunho social, também contribuiu para essa concepção de Estado. Contudo, a relação entre Estado e economia é das mais complexas, tendo em vista as implicações com temas como a liberdade individual e, mais genericamente, com o modelo de constituição adotado. (TAVARES, 2003, p. 48)

Ressalte-se que o Estado pode interferir na ordem econômica mediante atuação direta,[1] assumindo ele próprio o papel de produtor ou prestador de bens e serviços. Tal modalidade de intervenção assume duas apresentações distintas: a) prestação de serviços públicos e b) exploração de atividades econômicas. Para Giovani Clark:

> A intervenção direta é realizada quando o Estado cria as chamadas empresas estatais (empresas públicas e sociedades de economia mista) para atuarem no domínio econômico, como agentes, concorrendo com os particulares ou detendo o monopólio; ou, ainda, quando o Estado cria as agências reguladoras para regularem e fiscalizarem serviços e atividades econômicas. Essa modalidade de intervenção pode ser também denominada Direito Institucional Econômico.[2] (CLARK, 2001, p. 33)

---

1 De acordo com o art. 173 da Constituição Federal: Ressalvados os casos previstos nesta Constituição, a exploração direta de atividade econômica pelo Estado só será permitida quando necessária aos imperativos da segurança nacional ou a relevante interesse coletivo, conforme definidos em lei.

2 Giovani Clark aduz que existem quatro forma de intervenção estatal: orientadora, dirigida, combinada e contratual. Na **intervenção orientadora**, o Estado intervém na economia orientando os agentes privados para atuarem, de determinada forma, no intuito de alcançarem determinados objetivos. Não existe nesse tipo de ação econômica estatal qualquer espécie de comando normativo coator ou proibitivo, mas ao contrário, incitações e seduções ao particular para agir de determinada maneira, oferecendo prêmios, concessões de imóveis, isenções e incentivos tributários, avais, etc. Na **intervenção dirigida**, a ação do Estado é imperiosa. Diferentemente da primeira, o Estado determina, coage os particulares e os atores econômicos estatais a se comportarem de determinada maneira, sob pena de sanções. A norma proíbe ou impõe uma ação ou omissão. Os exemplos mais claros desse tipo de intervenção são os planos econômicos dos nazistas, na Alemanha, dos facistas na Itália, dos comunistas na antiga União Soviética e o Plano Marshall para construir a economia de mercado dos países europeus, destruída pela Segunda, – sejam empresários, trabalhadores, consumidores, profissionais liberais, ambientalistas – por intermédio de suas entidades representativas, trocam informações e dados econômicos;

Marçal Justen Filho ressalta que a prestação de serviço público diretamente pelo Estado ou até mesmo por particular deve orientar-se pelos princípios e regras do Direito Público. Já a atividade econômica, em que pese muitas vezes seja prestada pelo Estado, deve regular-se pelo Direito Privado[3] (JUSTEN FILHO, 2003, p. 18). Por seu turno, Giovani Clark entende que deve ser utilizada a expressão "atuação econômica estatal" para aludir ao legítimo exercício do Poder Econômico do Estado, seja como agente direto, seja indiretamente nas suas funções regulatórias, fiscalizatórias e de planejamento (CLARK, 2011, p. 58).

A Constituição Federal, além de partilhar a competência de prestação de serviço público entre os entes federados, também prevê a forma em que esses serviços serão executados. O art. 175 da Constituição Federal determina que cabe ao Poder Público a prestação de serviços públicos essenciais, no interesse da sociedade. E o art. 173, por sua vez, enumera as hipóteses em que é permitida a exploração direta de atividade econômica pelo Estado. Portanto, tanto a atividade econômica em sentido estrito quanto a prestação de serviço público estão sujeitas a esses regimes jurídicos. Nessa conjuntura, Eros Grau faz alusão à atuação do Estado além da esfera do público (titularidade própria), para explicar que pode haver intervenção na esfera do privado:

> Daí se verifica que o Estado não pratica *intervenção* quando presta serviço público. Atua no caso, em área de sua própria titularidade, na esfera pública. Por isso mesmo, dir-se-á que o vocábulo intervenção é, no contexto, mais correto do que a expressão atuação estatal: intervenção expressa *atuação estatal* em área de titularidade do setor privado; *atuação estatal*, simplesmente, expressa significado mais amplo. Pois é certo que essa expressão, quando não qualificada, conota inclusive atuação na esfera do público... *Intervenção* indica em sentido forte (isto é, na sua conotação mais vigorosa), no caso, *atuação estatal* em área de titularidade do

---

estabelecem metas, objetivos, comportamentos conjuntos ou individuais, bem como estabelecem-executam as medidas de políticas econômicas... Na **intervenção contratual**, posteriormente à combinação, particulares e Estados celebram acordos e contratos para sua concretização. (CLARK, 2001, p. 31-32). (**Grifou-se**).

3 Para Marçal Justen Filho: a concessão de serviço público é um contrato plurilateral, por meio do qual a prestação de serviço é temporariamente delegada pelo Estado a um sujeito privado, que assume seu desempenho diretamente em face dos usuários, mas sob controle estatal e da sociedade civil, mediante remuneração extraída do empreendimento, ainda que custeada parcialmente por recursos públicos. (JUSTEN FILHO, 2003, p. 96).

> setor privado; atuação estatal, simplesmente, ação do Estado tanto na área da titularidade quanto em área de titularidade do setor privado. Em outros termos, teremos que *intervenção* conota atuação estatal no campo da *atividade econômica em sentido estrito; atuação estatal*, ação do Estado no campo da *atividade econômica em sentido amplo*. Isso nos remete ao tema da distinção que aparta o campo dos *serviços públicos* do campo da *atividade econômica em sentido estrito*[4]. (GRAU, 2012, p. 90-91)

Eros Grau afirma que o gênero *atividade econômica* compreende duas *espécies*: o *serviço público* e a *atividade econômica*. A *atividade econômica em sentido amplo* conota gênero; a *atividade econômica em sentido estrito*, a espécie. Para o autor, inexiste, em primeiro momento, oposição entre *atividade econômica* e *serviço público*, pelo contrário, na segunda expressão está subsumida a primeira. A prestação de serviço público está voltada à satisfação de necessidades, o que envolve a utilização de bens e serviços – recursos escassos. Daí pode-se afirmar que o *serviço público* é um tipo de *atividade econômica*. Ainda, *serviço público* é o tipo de *atividade econômica* cujo desenvolvimento compete *preferencialmente* ao setor público. Não *exclusivamente*, note-se, visto que o setor privado presta serviço público em regime de concessão e permissão. Desde aí pode-se também afirmar que o *serviço público* está para o setor público assim como a *atividade econômica* está para o setor privado (GRAU, 2012, p. 99-100).

O autor distingue três modalidades de intervenção em sentido estrito: a) *intervenção por absorção ou participação*; b) *intervenção por direção* e c) *intervenção por indução*:

> No primeiro caso, o estado intervém no domínio econômico, isto é, no campo da *atividade econômica em sentido estrito*. Desenvolve ação, então como agente (sujeito) econômico. Intervirá então, por *absorção* ou *participação*. Quando o faz por *absorção*, o Estado assume o integralmente o controle dos meios de produção e-ou troca de determinado setor da *atividade econômica em sentido estrito*; atua em *regime de monopólio*. Quando o faz por *participação*, o Estado assume o controle de parcela dos meios de produção e-ou troca em determinado setor da *atividade econômica em sentido estrito*; atua em *regime de competição* com empresas privadas que permanecem a exercitar suas atividades nesse mesmo setor. No segundo e no terceiro casos, o Estado intervirá *sobre* o domínio

4 Para o autor, *intervenção* é atuação na área da *atividade econômica em sentido estrito*; exploração de *atividade econômica em sentido estrito* e *prestação de serviço público* estão sujeitas a distintos regimes jurídicos (arts. 173 e 175 da Constituição de 1988). (GRAU, 2012, p. 107).

> econômico, isto, sobre o campo da *atividade econômica em sentido estrito*. Desenvolve ação, então, como regulador dessa atividade. Intervirá, por *direção* ou *indução*. Quando o faz por *direção*, o Estado exerce pressão sobre a economia, estabelecendo mecanismos e normas de comportamento compulsório para os sujeitos da *atividade econômica em sentido estrito*. Quando o faz por *indução*, o estado manipula os instrumentos de intervenção em consonância e na conformidade das leis que regem o funcionamento dos mercados. (GRAU, 2012, p. 143).

Por meio da atuação direta, o Estado passa a atuar como empresário, comprometendo-se com a atividade produtiva, quer sob a forma de empresa pública, quer sob a de sociedade de economia mista. Sob estas duas formas, podem ele atuar em regime concorrencial, em que se equipara às empresas privadas, ou em regime monopolístico. A intervenção direta pode fazer-se ainda por outro caminho: o Estado assume a gestão da empresa privada, passando a dirigi-la quando interesses de ordem social o exijam (FONSECA, 2010, p. 245).

O Estado pode participar da atividade econômica quando determinado campo é reservado em caráter de monopólio pela Constituição, devido à relevância da atividade, para desenvolvimento somente pelo Estado.

Além disso, o Estado pode atuar na seara econômica de **maneira indireta** (art. 174) como ente regulador e fiscalizador da atividade desenvolvida pelos agentes particulares ou, ainda, como ente fomentador de determinadas atividades econômicas. É o caso da criação de infraestruturas, da política econômica e do fomento. É por meio da intervenção indireta que o Estado, em exercício de seu poder normativo e regulador, exerce as funções de fiscalização da política econômica, de fomento e planejamento (criação de infraestruturas) da atividade econômica.

Para Floriano de Azevedo Marques Neto, a **intervenção indireta** é:

> Toda atividade do poder público no campo da economia que não implique nem na assunção da atividade direta da atividade econômica por ente estatal mesmo que em regime de mercado (...), é pois, uma forma de intervenção de poder público sobre o campo da economia, onde em regra, deve imperar a liberdade dos agentes econômicos. (MARQUES NETO, 2005, p. 1)

Portanto, a intervenção indireta se dá quando o Estado não participa diretamente da atividade econômica, ao contrário, regula, ordena, por meio de normas cogentes ou diretivas. O Estado aqui estimula a cooperação do setor privado.

O art. 174 da Constituição Federal define a função do Estado enquanto agente normativo e regulador da atividade econômica, cabendo a ele fiscalizar, incentivar e planejá-la, sendo determinante para o setor público e indicativo para o setor privado.

Evidencia-se, ainda, que é próprio do papel do Estado procurar influir diretamente nas condutas dos agentes econômicos, por meio dos mecanismos de fomento – incentivos fiscais, financiamentos públicos, redução de alíquotas de impostos – sem que se possa obrigar a iniciativa privada a aderir. Nos termos do art. 174 da Constituição Federal, o Estado exercerá as funções de incentivo e planejamento, sendo este determinante para o setor público e indicativo para o setor privado.

Assim, pode o Estado agir indiretamente na economia, por meio da regulação e fiscalização, a fim de inibir abusos que possam ocorrer pelo mercado, notadamente por instrumento como tabelamento de preços e o controle de abastecimentos.

Em que pese o dever do Estado de garantir o acesso a serviços e ações na esfera econômica, a demanda social é maior do que os recursos (financeiros, humanos, materiais) necessários para a sua implementação, o que gera insatisfações individuais quanto coletivas. Diante desse quadro, o Poder Judiciário muitas vezes é chamado a intervir em impasses da ordem econômica, para que decida se, neste ou naquele caso, o ente público deveria ser obrigado a prestar o atendimento nos moldes dos pleitos formulados.

Nota-se que os arts. 173 e 174 da Constituição procuram definir o papel que passaria a ser desempenhado pelo Estado. O art. 173 se refere à exploração direta de atividade econômica pelo Estado, limitando-a. Já o art. 174 delineia o papel do Estado como agente normativo e regulador da atividade econômica, delineando assim esse papel dentro do contexto da *Nova Ordem Jurídico-Econômica*. Preceitua-se aí a atuação do Estado como *agente normativo e regulador* da atividade econômica, com as funções precípuas de fiscalizar, incentivar e planejar.[5]

Economicamente, o Estado assume a importante função de zelar e garantir, por meio de fiscalização, incentivo e planejamento, a eficácia dos

---

5 Nesse sentido, SOUZA (2005, p. 371): a atuação indireta prevista no art. 174 da CF tem o condão de dar ao Estado o papel do agente precípuo, como indutor da economia, ao fiscalizar, incentivar e planejar atividade econômica, funções estatais muito sacrificadas com a imposição do neoliberalismo regulador e a primazia do Mercado.

princípios elencados no art. 170 da Constituição Federal, em especial o princípio da concorrência, fundamental para o desenvolvimento econômico.[6] Tal dispositivo nomeia como fundamentos da Ordem Econômica a valorização do trabalho e a livre-iniciativa, com o objetivo de assegurar a todos a existência digna, conforme os ditames da Justiça social.

A livre concorrência incentiva a competitividade, que tende a oferecer ao consumidor produtos de melhor qualidade e com preços mais acessíveis, além de apresentar vantagens ao meio ambiente e ao mercado de trabalho.

As regras basilares a reger a atuação do Estado na economia encontram-se nos arts. 173 e 174 da Constituição Federal. No plano macrojurídico, o Estado assume o perfil de empresário, com o intuito de corrigir as imperfeições concorrenciais. Atua, ainda, por meio do poder de polícia, objetivando o bem-estar social. Ressaltando que a fiscalização, também chamada de acompanhamento, é a própria atuação prévia do Estado, enquanto agente normativo e regulador. O incentivo nada mais é que o estímulo, o implemento de determinada atividade econômica pelo Estado, incidindo na autonomia dos particulares, guiando-a ao interesse público. Já em relação ao planejamento, se dá quando o Estado atua efetivamente na economia como prestador de serviços. Cabe ao Estado o poder-dever de garantir o equilíbrio da ordem econômica. Já no plano microjurídico, o Estado interfere no plano privado (publicização do Estado), por meio do dirigismo contratual, dos interesses processuais de defesa, da tutela penal e civil.

O Estado passa, então, a atuar como regulador dos mercados, por intermédio das Agências Reguladoras. Nessa seara, aduz Marçal Justen Filho:

> O Estado Regulador é, antes de tudo, uma organização institucional que se relaciona às concepções do estado de direito. Essa figura pressupõe não apenas o monopólio do Direito por parte do estado, mas também a submissão deste àquele. Para compreender o conceito de Estado Regulador, é necessário reconhecer a supremacia da ordem jurídica sobre a atuação política. (JUSTEN FILHO, 2002, p. 16)

---

6 Expressa Giovani Clark, que na realidade brasileira, contudo esta atuação se impõe pela vontade da Constituição, de natureza dirigente, na busca pelo desenvolvimento econômico e social, haja vista as limitações das ações econômicas privadas orientadas, basicamente, para alcançar apenas os ganhos do capital, sem se importar em promover os princípios constitucionais de assegurar uma existência digna a todos, conforme os ditames da justiça social (CLARK, 2011, p. 62).

Desse modo, a interferência estatal no mercado passa a ter uma nova configuração, sob esse enfoque de regulação, quando passa a monitorar o comportamento e alcance dos mercados, ora propiciando os meios de sua expansão, ora colocando limites à sua atuação (GREGORI, 2010, p. 57). Nesse sentido, afirma Leila Cuéllar:

> Ainda no que tange à atuação estatal no domínio econômico, frise-se que, como administrador e planificador da economia, o Estado utiliza-se e ação fomentadora, propiciando estímulos, incentivos à iniciativa privada (mediante, por exemplo, implantação de insfraestrutura, concessão de financiamentos, apoio técnico e isenção de tributos) ou de ação disciplinar, proibindo e condicionando atividades econômicas, coordenando-as e fiscalizando-as, por meio de seu poder de polícia. Isso se verifica com a edição de normas legais e regulamentares, fiscalização de sua observância (vigilância) e expedição de atos administrativos de caráter preventivo (licenças, autorizações) ou repressivo (multas, invalidações de atos de fusão ou associações). Desempenha o Estado, portanto, função reguladora em relação às atividades econômicas. (CUÉLLAR, 2001, p. 52)

Todavia, a liberdade de atuação econômica não é absoluta, de maneira que a própria liberdade concorrencial também não é absoluta, estando sujeita a limitações. Diante disso, há imposição de controle a várias formas de atuação dos agentes econômicos no mercado, em defesa do próprio mercado.

Se antes a regra era a regulamentação da atividade econômica, a nova Lei de Liberdade Econômica inaugura a ideia de intervenção mínima, apenas quando bastante necessária. Ocorre que a instalação da crise sanitária decorrente do Covid-19 institui justamente um contexto de excepcionalismo que justifica a intervenção do Estado na Ordem Econômica.

3 AS INTERFERÊNCIAS DO PODER PÚBLICO NO CONTEXTO DO COVID-19

Segundo o art. 1º da Lei da Liberdade Econômica (Lei 13.874/19), referido tem aplicação ampla, incidindo sobre os mais diversos ramos que envolvam atividades econômicas. O art. 2º, por seu turno, norteia todo o regramento disposto, destacando os princípios que devem ser observados pelo agente público ao tratar com o particular, assegurando a liberdade no exercício de atividades econômicas e a intervenção subsidiária e excepcional do Estado. Assim, o dispositivo elenca os princípios que guiam a atuação da Administração Pública na Ordem Econômica:

> Art. 2º São princípios que norteiam o disposto nesta Lei:
> I – a liberdade como uma garantia no exercício de atividades econômicas;
> II – a boa-fé do particular perante o poder público;
> III – a intervenção subsidiária e excepcional do Estado sobre o exercício de atividades econômicas; e
> IV – o reconhecimento da vulnerabilidade do particular perante o Estado.
> Parágrafo único. Regulamento disporá sobre os critérios de aferição para afastamento do inciso IV do *caput* deste artigo, limitados a questões de má-fé, hipersuficiência ou reincidência.

A liberdade de iniciativa – que envolve as liberdades de indústria e comércio, de empresa e de contratar – transmite a ideia segundo a qual todo cidadão tem o direito de se lançar no mercado da produção de bens e serviços por sua conta e risco. Embora essa liberdade não possa ser exercida de forma absoluta, ela deve ser encarada como diretriz da Ordem Econômica, de modo que qualquer restrição deve decorrer diretamente da Constituição ou de leis que justifiquem um estado de exceção.

O art. 3º dessa nova legislação traz a declaração de direitos, dentre os quais o de o particular começar um negócio de "baixo risco" sem prévia autorização, concessão, credenciamento, expedição de alvará e demais atos públicos; desenvolver atividade econômica em qualquer horário ou dia da semana, inclusive feriados, sem encargos adicionais; bem como a liberdade para definir preços segundo a oferta e demanda em mercados não regulados. Nesse dispositivo, verifica-se, ainda, que a nova legislação buscou elencar os direitos que os cidadãos brasileiros possuem no que tange à execução de atividades econômicas, amenizando o grau de intervenção estatal nas empresas, mormente em atividades mais simples e de menor risco, e estimulando o desenvolvimento do mercado nacional.

Em seu art. 4º, a nova legislação determina que a Administração Pública e suas agências reguladoras devem evitar o "abuso de poder regulatório", no intuito de incentivar o desenvolvimento econômico. Desse modo, agências reguladoras de atividades econômicas como ANS, Anvisa, Anatel, Anac, Ancine, em todas as suas regulações, devem evitar criar reservas de mercado de modo a favorecer um grupo em detrimento de outro; dificultar a entrada de novos competidores em um ramo; exigir laudos técnicos sem nenhuma utilidade; obstaculizar a criação e introdução no mercado de novas tecnologias, entre outras condutas prejudiciais ao livre mercado[7].

---

[7] BRIDJE. MP da Liberdade Econômica: o que é?.2020. Disponível em: https://www.politize.com.br/mp-da-liberdade-economica/.

Não obstante todas essas considerações, a pandemia do coronavírus coloca-nos diante de um contexto de excepcionalidade, que afeta significativamente a forma como o Estado intervém na Ordem Econômica, com o escopo de proteger a vida, os postos de trabalho dos cidadãos e a empresas que fazem circular o capital.

Considerando-se a saúde como direito prestacional a cargo do poder público, para que haja sistema de saúde eficaz, cabe ao Estado definir políticas públicas adequadas para otimizar o orçamento estatal nessa área, além de regular o setor privado que presta esse serviço público em regime de colaboração, de modo a corrigir eventuais falhas de mercado, garantindo a qualidade na prestação de serviços à sociedade (GREGORI, 2010, p. 37). Diante da instalação da pandemia decorrente do Covid-19, evidencia-se ainda mais que a proteção da saúde pressupõe atuação do Estado, direta ou indiretamente, na formulação de políticas públicas voltadas ao enfrentamento dessa violenta crise sanitária.

Insta ressaltar que o Sistema Único de Saúde (SUS) é um dos maiores do mundo, sendo o único a garantir assistência integral e completamente gratuita para a totalidade da população, inclusive a pacientes portadores de HIV, sintomáticos ou não, a pacientes renais crônicos e a pacientes com câncer (SOUSA, 2015, p. 118). Não obstante, nem o sistema público (SUS), nem o sistema privado têm condições de atender eficazmente à demanda de pacientes infectados com o novo coronavírus, diante da quantidade expressiva de casos que se assomam diuturnamente.

Como corolário desse caos social e do contexto de excepcionalidade, o Estado precisa intervir na Ordem Econômica, seja por meio de atuação direta, seja por fomento ou regulação. Fato é que o poder público não pode assistir passivamente à morte de milhares de pessoas que são infectadas com o Covid-19.

A crise do novo coronavírus (COVID-19)[8] surgiu de forma assustadora, inicialmente na China, onde se observou, de maneira recorrente, aumento de casos de síndrome respiratória aguda grave. Rapidamente, expandiu-se

8 Coronavírus é uma família de vírus que causam infecções respiratórias. O novo agente do coronavírus foi descoberto em 31-12-2019 após casos registrados na China. A doença provocada pelo novo coronavírus chama-se COVID-19, sigla em inglês para *"coronavirus disease 2019"*. Os primeiros coronavírus humanos foram isolados pela primeira vez em 1937. No entanto, foi em 1965 que o vírus foi descoberto como coronavírus, em decorrência do perfil na microscopia, parecendo uma coroa. (Disponível em: https://www.saude.sc.gov.br/coronavirus/doenca.html)

pelo mundo todo, causando milhares de mortes, principalmente na China, Itália, Espanha e Estados Unidos.

Nessa conjuntura, evidencia-se que é imperiosa a atuação do poder público para enfrentar os problemas sanitários e econômicos advindos da epidemia.

Em 11/março/2020, após 114 países terem sido atingidos pelo coronavírus, alcançando os cinco continentes, a Organização Mundial da Saúde decretou o COVID-19 como uma pandemia, declarando que os países deveriam efetuar a realização de testes em massa, isolar os infectados e tomar providências de distanciamento social, definindo medidas de isolamento para evitar a transmissão crescente do vírus.[9]

No Brasil, a Lei 13.979, de 6 de fevereiro de 2020, dispõe sobre as medidas para enfrentamento da emergência de saúde pública de importância internacional decorrente do coronavírus responsável pelo surto de 2019, tendo recebido acréscimos e alterações efetivados por Medidas Provisórias, especialmente a de 926/2020, que dispõe sobre procedimentos para aquisição de bens, serviços e insumos destinados ao enfrentamento da emergência de saúde pública de importância internacional decorrente do coronavírus.

Segundo o art. 3° da Lei 13.979/2020:

> Art. 3º Para enfrentamento da emergência de saúde pública de importância internacional decorrente do coronavírus, as autoridades

---

9 **Pandemia**: é definida quando uma doença infecciosa se propaga e atinge simultaneamente um grande número de pessoas em todo o mundo em 2009, por exemplo, a gripe suína que matou milhares de pessoas foi classificada como pandemia. Além do COVID-19, são **exemplos de pandemias**: AIDS, tuberculose, peste, gripe asiática, gripe espanhola e tifo. **Epidemia**: também classifica as doenças infecciosas e contagiosas, mas que ocorrem somente em uma comunidade e ou região específica. A nível municipal, por exemplo, uma epidemia ocorre quando vários bairros apresentam casos da doença; estadual quando ocorre em várias cidades e nacional em diversas regiões do país. Em resumo, são surtos de doenças em diversas regiões, sem propagação entre países, por exemplo. Podemos citar casos de epidemia quando a dengue acontece em várias cidades. **Endemia**: os casos de endemias não são classificados levando em conta o número de ocorrência. A doença é endêmica quando aparece com frequência em um local, não se espalhando por outras comunidades a chamada endêmica típica. A endemia também é classificada de modo sazonal. A febre amarela, comum na região amazônica, é uma doença endêmica. (Disponível em: https://www.educamaisbrasil.com.br/educacao/noticias/pandemia-epidemia-e-endemia-entenda-a-diferenca)

poderão adotar, no âmbito de suas competências, dentre outras, as seguintes medidas: (Redação dada pela MP 926 de 2020)
I – isolamento;
II – quarentena;
III – determinação de realização compulsória de:
a) exames médicos;
b) testes laboratoriais;
c) coleta de amostras clínicas;
d) vacinação e outras medidas profiláticas; ou
e) tratamentos médicos específicos;
IV – estudo ou investigação epidemiológica;
V – exumação, necropsia, cremação e manejo de cadáver;
VI – restrição excepcional e temporária de entrada e saída do País, conforme recomendação técnica e fundamentada da Agência Nacional de Vigilância Sanitária (Anvisa), por rodovias, portos ou aeroportos;
VII – requisição de bens e serviços de pessoas naturais e jurídicas, hipótese em que será garantido o pagamento posterior de indenização justa; e
VIII – autorização excepcional e temporária para a importação de produtos sujeitos à vigilância sanitária sem registro na Anvisa, desde que:
a) registrados por autoridade sanitária estrangeira; e
b) previstos em ato do Ministério da Saúde.

De acordo com o inc. II do art. 2º dessa legislação, entende-se por **quarentena**: restrição de atividades ou separação de pessoas suspeitas de contaminação das pessoas que não estejam doentes, ou de bagagens, contêineres, animais, meios de transporte ou mercadorias suspeitos de contaminação, de maneira a evitar a possível contaminação ou a propagação do coronavírus.

Quanto aos serviços considerados essenciais – de acordo com § 1º do art. 3º do Decreto regulamentar 10.282/2020 –, são considerados aqueles indispensáveis ao atendimento das necessidades inadiáveis da comunidade, que, se não atendidos, colocam em perigo a sobrevivência, a saúde ou a segurança da população, como: assistência à saúde, assistência social, segurança, transporte intermunicipal, interestadual e internacional de passageiros e o transporte de passageiros por táxi ou aplicativo; telecomunicações e internet; serviço de *call center*; captação, tratamento e distribuição de água; captação e tratamento de esgoto e lixo; iluminação pública, dentre outros.

Do ponto de vista federativo, a Constituição atribuiu competência para legislar sobre proteção e defesa da saúde *concorrentemente* à União, aos Estados e aos Municípios (CF-88, art. 23, XII e 30, II). À União cabe o estabelecimento de normas gerais (art. 24, § 1º); aos Municípios, legislar sobre os assuntos de interesse local, podendo igualmente suplementar a legislação federal e a estadual, no que couber (art. 30, I e II). Uma particularidade importante do sistema brasileiro de saúde, em relação à qual são importantes os esclarecimentos sobre a competência legislativa concorrente, é que tanto a União quanto os Estados, os Municípios e o Distrito Federal têm competência em matéria de saúde, ou seja, cada um manterá o seu próprio sistema de saúde, mas todos devem integrar-se em um sistema harmônico, que recebe na Constituição a denominação de Sistema Único de Saúde.

Em consequência, cada ente pode legislar sobre os pontos que dizem respeito ao seu respectivo sistema. A própria União pode legislar sobre peculiaridades do sistema de saúde mantido pelo governo federal, mas nesse caso também ela estará obrigada a observar o que tiver sido estabelecido em lei nacional que fixe normas gerais[10] (DALLARI, 2006, p. 71).

Os municípios brasileiros estão duplamente titulados para legislar sobre proteção e defesa da saúde. O primeiro título refere-se à competência para suplementar a legislação federal (limitada a normas gerais) e a estadual no que couber (competência enumerada no artigo constitucional – art. 30, II). O segundo, prioritário, é relativo à predominância do interesse local pela proteção e defesa da saúde como objeto da competência dos Municípios descrita no artigo 30, I, da Constituição: "legislar sobre assuntos de interesse local" (SOUSA, 2015, p. 108-109).

Nos termos do art. 23, XII, da Constituição de 1988, compete à União, ao Distrito Federal e aos Estados legislar **concorrentemente** sobre saúde pública. Salientando que o município também pode legislar sobre saúde para atender o interesse local (art. 30, II, da CF). Na ausência de normas federais e estaduais sobre saúde que atendam o interesse do município, compete-lhe legislar sobre temas de sua atribuição no interesse local.

Ressalte-se que a expressão "competência comum" do art. 23, II, da Constituição de 1988, deve ser compreendida como a capacidade e o direito que têm a União, os Estados, o Distrito Federal e os Municípios de praticar todos os atos administrativos necessários ao cuidado da saúde.

A propósito, em decisão de 8 de abril de 2020, o Ministro Alexandre de Moraes, do Supremo Tribunal Federal, deferiu medida cautelar na Arguição de Descumprimento de Preceito Fundamental 672, proposta

---

10 No âmbito da União, a direção do SUS ficará a cargo do Ministério da Saúde; nos Estados e no Distrito Federal, das Secretarias de Saúde ou de órgãos equivalentes; na esfera dos Municípios, da Secretaria de Saúde local ou de qualquer entidade correspondente (Art. 9º da Lei nº. 8.080-90).

pelo Conselho Federal da Ordem dos Advogados do Brasil, para assentar que que governos estaduais e as prefeituras têm competência para adotar medidas restritivas da circulação de pessoas durante a pandemia do Covid-19, como a imposição de distanciamento/isolamento social, quarentena, suspensão de atividades de ensino, restrições de comércio e atividades culturais. Nessa decisão, o Min. Alexandre de Moraes ponderou que a gravidade da emergência causada pela pandemia do coronavírus (COVID-19) exige das autoridades brasileiras, em todos os níveis de governo, a efetivação concreta da proteção à saúde pública, com a adoção de todas as medidas possíveis e tecnicamente sustentáveis para o apoio e manutenção das atividades do Sistema Único de Saúde. Sua excelência destacou, ainda, que, nas últimas semanas, várias questões relacionadas ao enfrentamento da pandemia chegaram à jurisdição constitucional da Corte, tendo sido proferidas inúmeras decisões, nas quais se reconhece a grandeza dos efeitos da pandemia e a extrema necessidade de coordenação na destinação prioritária de recursos e esforços para a saúde pública, no sentido de minimizar os reflexos nefastos da pandemia. Transcreve-se relevante trecho de suas ponderações:

> Não compete ao Poder Judiciário substituir o juízo de conveniência e oportunidade realizado pelo Presidente da República no exercício de suas competências constitucionais, porém é seu dever constitucional exercer o juízo de verificação da exatidão do exercício dessa discricionariedade executiva perante a constitucionalidade das medidas tomadas, verificando a realidade dos fatos e também a coerência lógica da decisão com as situações concretas. Se ausente a coerência, as medidas estarão viciadas por infringência ao ordenamento jurídico constitucional e, mais especificamente, ao princípio da proibição da arbitrariedade dos poderes públicos que impede o extravasamento dos limites razoáveis da discricionariedade, evitando que se converta em causa de decisões desprovidas de justificação fática e, consequentemente, arbitrárias.
>
> Dessa maneira, não compete ao Poder Executivo federal afastar, unilateralmente, as decisões dos governos estaduais, distrital e municipais que, no exercício de suas competências constitucionais, adotaram ou venham a adotar, no âmbito de seus respectivos territórios, importantes medidas restritivas como a imposição de distanciamento/isolamento social, quarentena, suspensão de atividades de ensino, restrições de comércio, atividades culturais e à circulação de pessoas, entre outros mecanismos reconhecidamente eficazes para a redução do número de infectados e de óbitos, como demonstram a recomendação da OMS (Organização Mundial de Saúde) e vários estudos técnicos

> científicos, como por exemplo, os estudos realizados pelo Imperial College of London, a partir de modelos matemáticos (*The Global Impact of COVID-19 and Strategies for Mitigation and Suppression, vários autores; Impact of non-pharmaceutical interventions (NPIs) to reduce COVID19 mortality and healthcare demand*, vários autores)11.(ADPH 672, 2020)

Assim, para o Min. Alexandre de Moraes, em momentos de crise é imprescindível a ampliação de cooperação entre os entes federativos, para que adotem medidas de enfrentamento à crise sanitária de maneira coordenada, sem que uma esfera federativa se sobreponha às demais.

Além dessa decisão, o Plenário do Supremo Tribunal Federal confirmou o entendimento segundo o qual as soluções adotadas pelo Governo Federal na Medida Provisória (MP) 926/2020 para o enfrentamento do novo coronavírus não afastam a competência concorrente nem a tomada de providências administrativas pelos Estados, pelo Distrito Federal e pelos municípios. Esse entendimento foi adotado na sessão realizada por videoconferência em 15/4/2020, em análise do referendo da medida cautelar deferida pelo ministro Marco Aurélio na Ação Direta de Inconstitucionalidade 6.341.

Na ocasião, a maioria dos ministros aderiu à proposta do Min. Edson Fachin sobre a necessidade de que o artigo 3° da Lei 13.979/2020 seja interpretado de acordo com a Constituição, a fim de deixar claro que a União pode legislar sobre o tema, mas que o exercício desta competência deve sempre resguardar a autonomia dos demais entes. De acordo com o Min. Fachin, a possibilidade de o chefe do Executivo Federal definir, por decreto, a essencialidade dos serviços públicos, sem observância da autonomia dos entes locais, afrontaria o facto federativo.[12]

No contexto do COVID-19, não há uniformidade da política de enfrentamento da crise sanitária. Alguns Estados e municípios têm adotado medidas mais restritivas do que outros e do que a própria União. Nesse cenário, a questão sobre o conflito federativo em relação à crise de saúde pública tem sido bastante judicializada.

---

11 BRASIL. **Ministro assegura que Estados, DF e Municípios podem adotar medidas contra a pandemia**. Notícias STF. 2020. Disponível em: http://www.stf.jus.br/portal/cms/verNoticiaDetalhe.asp?idConteudo= 441075.

12 BRASIL. **STF reconhece competência concorrente de Estados, DF, Municípios e União no combate à Covid-19**. 2020. Disponível em: http://portal.stf.jus.br/noticias/verNoticiaDetalhe.asp?idConteudo=441447& ori=1.

Um dos primeiros e mais notórios embates foi travado no Mandado de Segurança 1007834-59.2020.811.0000, onde o Município de Cuiabá aponta que o Decreto Estadual de MT 425/2020 diverge do Decreto Municipal 7.850/2020, relativamente às medidas restritivas inerentes às atividades econômicas municipais, uma vez que possibilitou a abertura de *shoppings centers*, lojas de departamento, galerias e congêneres, destacando que tal liberação contraria as recomendações do Ministério da Saúde e das autoridades sanitárias mundiais, que orientam para o isolamento social como forma de combater a disseminação do coronavírus. Em 29/3/2020, o Desembargador plantonista responsável pelo caso concedeu parcialmente a liminar pleiteada pelo Município, para suspender as disposições contidas no art. 3°, incs. I e II, art. 4°, incs. XXXIX, LX e LXII, art. 8°, § 2° e art. 13, todos do Decreto Estadual 425 de 2020, até o julgamento do mérito, ao argumento de que a Organização Mundial de Saúde, o Ministério da Saúde e a comunidade científica mundial, indicam a prevenção ao Covid-19 por meio do isolamento social. Os órgãos técnicos de saúde destacam que, na ponderação entre o interesse econômico e o interesse à saúde, este deve prevalecer em relação àquele.[13]

Esse debate evidencia que, além do reconhecimento da competência ampla dos entes federativos para a adoção de medidas de enfrentamento à crise sanitária do Covid-19, a atuação da Administração Pública deve se pautar nas orientações médicas e seguir as recomendações da medicina baseada em evidências. Fato é que todas essas medidas adotadas no contexto de excepcionalidade do coronavírus repercutem na Ordem Econômica, direta ou indiretamente.

Além dessas medidas de ordem sanitária, com o COVID-19 ampliou-se a necessidade de utilização de alguns equipamentos de segurança, de

[13] Para o Relator, a situação poderia ser assim colocada: diante de uma epidemia com potencial para atingir toda a população de um Estado, o governo regional pode, dentro das normas gerais traçadas na legislação federal, determinar o fechamento de atividades econômicas e recolhimento de pessoas de uma determinada cidade, para impedir a disseminação e o alastramento da doença a outros Municípios. Todavia, não pode invadir a competência municipal, para, sob pretexto de legislar para o Estado, determinar o levantamento de restrições, impostas pelo Município às atividades econômicas locais e aos munícipes, ordenadas para conter o avanço da epidemia, notadamente quando o ente menor demonstra não ter condição de atender a demanda pelo Sistema Único de Saúde, se se perder o controle sobre a contaminação. (Mandado de Segurança nº. 1007834-59.2020.811.0000. Rel. Des. Orlando de Almeida Perri. Data do julgamento: 29 de março de 2020).

modo que muitos Estados e Municípios editaram resoluções para fiscalizar o preço abusivo de máscaras de proteção e álcool em gel. A introdução de políticas públicas nessa seara decorre da necessidade de combater abusos no mercado, como a elevação exagerada no preço desses equipamentos em alguns estabelecimentos.[14] Segundo o PROCON-SP, houve um aumento em 590% no preço do álcool em gel em alguns estabelecimentos.[15]

Nesse contexto, o Governador de São Paulo anunciou um acordo com a Associação Brasileira de Redes de Farmácias e Drogarias (Abrafarma) para que as unidades de redes ofereçam álcool em gel a preço de custo em todo o Estado de São Paulo.[16]

Em sentido semelhante, a Resolução 1 da Prefeitura de Campo Grande estabelece a obrigatoriedade a todos os estabelecimentos que comercializam álcool gel e máscaras cirúrgicas de informar os preços praticados nos próximos 90 (noventa) dias. Determina, ainda, que os estabelecimentos devem impor limites quantitativos aos consumidores para aquisição dos produtos, álcool gel e máscaras.[17]

O PROCON-RJ, por seu turno, está recomendando aos comerciantes que limitem a venda de álcool gel, máscaras e luvas cirúrgicas aos

---

14 Governo, limite o aumento do preço do álcool gel a 25% do habitual ajustado pelo IPCA. A ideia é limitar o aumento a 25% a mais do valor habitual antes da crise do coronavírus, ajustada ao IPCA (assim o comerciante não teria desvantagem frente à inflação), porém garantindo que mesmo os mais pobres da sociedade possam adquirir o insumo e usá-lo como precaução. (Disponível em: https://www12.senado.leg.br/ecidadania/visualizacaoideia?id=133496)

15 Até o dia 6 de abril, o Procon-SP recebeu 2.831 denúncias de consumidores que tiveram problemas relacionados ao avanço do coronavírus, desse total, 60% (1.706) refere-se a preços abusivos de álcool em gel e outros itens. (Disponível em: https://exame.com/minhas-financas/preco-do-alcool-gel-subiu-ate-590-diz-procon-sp/)

16 O limite máximo por pessoa será de dois frascos, com objetivo de evitar o acúmulo individual e excessos, o que acaba prejudicando outras pessoas que também queiram fazer uso do produto. (Disponível em https://www.saopaulo.sp.gov.br/sala-de-imprensa/release/governo-de-sp-faz-acordo-tambem-com-farmacias-para-alcool-gel-a-preco-de-custo/)

17 O descumprimento dos dispositivos contidos nesta Resolução, motivara a aplicação das sanções administrativas previstas no art. 56 e incisos da Lei Federal n.8.078/90. (Disponível em: http://www.campogrande.ms.gov.br/cgnoticias/noticias/resolucao-do-procon-campo-grande-estabelece-limite-para-vendas-de-alcool-gel-e-mascaras/)

consumidores do Estado. O objetivo, segundo o órgão, é evitar o desabastecimento diante do aumento da procura por esses materiais que são fundamentais para evitar a propagação da pandemia por coronavírus.[18]

Em várias cidades de Minas Gerais, após denúncias de consumidores acerca de preços abusivos, o PROCON-MG, Ministérios Públicos e Polícias estão efetuando fiscalizações e ações de combate à prática de preços abusivos de álcool em gel e de máscaras em estabelecimentos comerciais, principalmente em hipermercados, supermercados e farmácias.

A Associação Nacional de Farmacêuticos Magistrais (ANFARMAG) ingressou com ação judicial com tutela de urgência em face da Anvisa, sustentando que, embora a agência tenha liberado de forma temporária e excepcional que as farmácias de manipulação possam manipular álcool em gel, estabeleceu limitação de forma desproporcional e extremamente onerosa ao determinar que as preparações deverão ser efetuadas em embalagens de até 50ml. A juíza da 20ª Vara Federal Cível do Distrito Federal suspendeu liminarmente a norma da Anvisa que limitava o tamanho da embalagem em 50 ml, permitindo que as farmácias de manipulação possam produzir álcool em gel sem limite de volume, em embalagens que melhor atendam à logística de cada farmácia, destacando que são públicos e notórios os transtornos gerados pela pandemia do COVID-19, inclusive no que tange à falta de disponibilidade de álcool em gel no comércio.

Enfim, embora a regra estabelecida pela nova Lei da Liberdade Econômica seja a não intervenção do Estado no mercado, contextos de excepcionalidade, como o originado pelo Covid-19, justificam a intervenção do Estado na ordem econômica, seja direta – para otimizar a prestação do serviço público de saúde –, seja indiretamente – para regular a atividade econômica, no intuito de coibir práticas abusivas, como o aumento injustificado de preço de produtos essenciais; ou restringir o funcionamento de atividades comerciais, para diminuir a circulação de pessoas e atender às recomendações dos técnicos em saúde.

4 CONCLUSÕES

O objetivo maior da nova Lei de Liberdade Econômica (Lei 13.874/19) é diminuir a intervenção estatal nas atividades econômicas brasileiras,

---

18 O Procon-RJ recomenda ainda que os estabelecimentos informem, na área externa da loja, a disponibilidade, o preço e a quantidade de unidades ou caixas permitidas para venda por cada consumidor. (Disponível em: https://oglobo.globo.com/sociedade/coronavirus-servico/coronavirus-procon-rj-recomenda-que-comercio-limite-venda-de-alcool-gel-mascaras-luva-24318091)

visando à celeridade e desburocratização dos órgãos públicos, permitindo o exercício das atividades econômicas em qualquer dia e horário, inclusive em feriados, sem cobranças ou encargos adicionais, desde que não atinja o meio ambiente, a regulação condominial e a legislação trabalhista, prevendo, ainda, a figura do abuso regulatório.

Evidenciou-se que com a redução da burocracia estatal e dos custos para os empresários, com a evolução da concorrência, os produtos e os serviços chegam aos consumidores de forma aperfeiçoada, mais rápida e com preços mais acessíveis.

Por outro lado, epidemias e pandemias são problemas sociais que demandam atuação positiva do Estado, a fim de assegurar a qualidade de vida dos cidadãos e respeito à dignidade humana. Os efeitos sociais e econômicas que provocam as epidemias podem ser catastróficos, afetando não só a saúde da população, mas também a economia e a estabilidade do país.

Diante desse quadro de excepcionalidade, a liberdade econômica pode ser mitigada para que o Estado intervenha na ordem econômica com o escopo de conformar a situação de anormalidade e minimizar os efeitos nocivos da crise sanitária.

REFERÊNCIAS

ABOUD, Alexandre. Princípio da supremacia do interesse público sobre o privado: destruição, reconstrução ou assimilação? **Revista Jurídica Consulex**. Ano XXII, 267, 2008.

ARANHA, Márcio Iorio; TOJAL, Sebastião Botto de Barros. (Orgs.). Direito internacional sanitário. **Curso de Especialização à distância em Direito Sanitário para membros do Ministério Público e da Magistratura.** Brasília: UNB, 2002.

BACHELET, Michelle; GRANDI, Filippo. **Pandemia de coronavírus é um teste de nossos sistemas, valores e humanidade**. jul, 2020. Disponível em: https://saudeamanha.fiocruz.br/onu-pandemia-de-coronavirus-e-um-teste-de-nossos-sistemas-valores-e humanidade/#.YDRf6OhKjDc.

BALDWIN, Peter. ***Contagion and the State in Europe 1830-1930***. New York: *Cambridge University Press,* 1999.

BARATA, Rita de Cássia Barradas. Epidemias. **Caderno de Saúde Pública**. v.3. Rio de Janeiro, jan./mar.1987.

BARROSO, Luís Roberto. **Interpretação e aplicação da Constituição**. 6. ed. São Paulo: Saraiva, 2004.

BARTOLOMEI, Carlos. *et al*. **Legislação em saúde**. 2. ed. São Paulo: BIREME-OPAS-OMS, 2004.

BERCOVICI, Gilberto. **Constituição econômica e desenvolvimento**. São Paulo: Malheiros, 2005.

BLACK, H. C. ***Black's law dictionary***. *St. Paul: West Publishing Co, 1979.*

BOSON, Gerson de Britto Mello. **Direito Internacional Público**: o Estados em direito das gentes. 3. ed. Belo Horizonte: Del Rey, 2000.

CANOTILHO, José Joaquim Gomes. **Direito constitucional e teoria da Constituição**. 4. ed. Coimbra: Almedina, 2000.

COSTA, Alexandre. *et al*. **O direito achado na rua:** uma visão internacional do Direito à Saúde. Brasília: UNB, 2009.

CLARK, Giovani. **O município em face do direito econômico**. Belo Horizonte: Del Rey, 2001.

CLARK, Giovani. **O mito da regulação e sua pandemia**. 2009. Disponível em: http://www.recantodasletras.com.br/textosjuridicos/1592583.

CLARK, Giovani. **Política econômica e Estado**. S.d. Disponível em: http://pt.scribd.com/doc/52481847/Giovani-Clark-Politica-Economica-e-Estado.htm.

CARVALHEIRO, José da Rocha. **Epidemias em escala mundial e no Brasil**. Estudos avançados. v. 64, 22, 2008.

CARVALHEIRO, José da Rocha. **Pestilências**: velhos fantasmas, novas cadeias. São Paulo: Saúde e Sociedade, v. 1. 1, p. 25-42. 1992.

CUÉLLAR, Leila. **As agências reguladoras e seu poder normativo**. São Paulo: Dialética, 2002.

COURA, José R. Endemias e Meio Ambiente no Século XXI. **Caderno de Saúde Pública**. Rio de Janeiro, 8, jul./set, 1992.

BRASIL. Ministério da Saúde. Secretaria de Vigilância em Saúde. **Programa Nacional de Controle da Dengue:** amparo legal à execução das ações de campo – imóveis fechados, abandonados ou com acesso não permitido pelo morador. 2. ed. p. 61-81. Brasília: Ministério da Saúde, 2006. Disponível em: http://www.saude.mppr.mp.br/arquivos/File/dengue/dengue _amparo_legal_web.pdf.

DANTAS, Ivo. **Direito constitucional econômico**: Globalização & Constitucionalismo. Curitiba: Juruá, 1999.

DAVID, René. **Os Grandes Sistemas do Direito Contemporâneo**. 4. ed. São Paulo: Martins Fontes, 2002.

DELDUQUE, Maria Célia. **Controle judicial da política pública da vigilância sanitária:** a proteção da saúde no Judiciário. Tese (doutorado). São Paulo: Faculdade de Saúde Pública da Universidade de São Paulo, 2010.

DORES, Camilla Japiassu. Controle judicial de políticas públicas de saúde. **Revista Jus Navigandi**, ISSN 1518-4862. Teresina, ano 17, n.3149, fev. 2012. Disponível em: https://jus.com.br/artigos/21077.

DUGUIT, Leon. ***Lãs transformaciones del derecho (publico y privado).*** Buenos Aires: Editorial Heliasta, 1975.

FERRAJOLI, Luigi. **Por uma teoria dos direitos e dos bens fundamentais.** Tradução de Alexandre Salim. *et al.* Porto Alegre: Livraria do Advogado, 2011.

FONSECA, João Bosco Leopoldin. **Direito Econômico**. 5. ed. Rio de Janeiro: Forense, 2010.

FRENK, Julio; GÓMEZ-DANTÉS, Octavio. ***Globalization and the challenges to health systems***. *Health Affaire*, 2002.

GARCIA, María del Mar Hidalgo. ***Las pandemias y La seguridad internacional***. Instituto Espanhol de Estudos Estratégicos, 2014.

GIESTEIRA, Bruno; RIBEIRO, G. J. A. **Defesa da concorrência**. Lisboa: Rei dos Livros, 1994.

GONZÁLEZ Felipe. *El sistema interamericano de derechos humanos y su eficácia: evaluación y perspectivas futuras*. ***Estudios básicos de derechos humanos***. 6. São José: Costa Rica: IIDH, 1996.

GONZALO, M. M. ***El "nuevo reguamento sanitário internacional"***. – RSI (2005). In: Revista Española de Salud Pública, v. 81, 3, mai-jun. 2007.

GRAU, Eros Roberto. **A ordem econômica na Constituição de 1988**. 15. ed. São Paulo: Malheiros, 2012.

GREGORY, Maria Stella. **Planos de saúde**: a ótica da proteção do consumidor. 2.ed. São Paulo: Revista dos Tribunais, 2010.

GUAN, Wei-jie. *et al. Clinical Characteristics of Coronavirus Disease 2019 in China*. Engl: J Med, 2020.

HENAO-KAFFURE, Liliana. **O conceito de pandemia**: debate e implicações sobre a pandemia de influenza de 2009. Colômbia: Universidade Nacional de Colômbia, 2010.

HOCHMAN, Gilberto. **A era do saneamento**: as bases da política da saúde pública no Brasil. São Paulo: Hucitec-Anpocs, 1998.

JUSTEN FILHO, Marçal. **O direito das agências reguladoras independentes**. São Paulo: Dialética, 2002.

JUSTEN FILHO, Marçal. **Teoria geral das concessões de serviço público.** São Paulo: Dialética, 2003.

LARENZ, Karl. ***Methodenlehre der Rechtswissenschaft***. 6. ed. apud ÁVILA. **Teoria dos Princípios**. 9. ed. São Paulo: Editora Malheiros, 2009.

LEAL, Monia Clarissa Henning. **A constituição como princípio**: os limites da jurisdição constitucional brasileira. São Paulo: Manole, 2003.

LIMBERGER, Têmis; GRISON, Leonardo. Políticas públicas de direito à saúde: a necessidade de critérios hermenêuticos para a intervenção judicial. **Revista Estudos Jurídicos**. ISSN Eletrônico 2175-0491, Santa Cruz do Sul: 2010.

Instituto BRIDJE. **MP da Liberdade Econômica: o que é?** 2020. Disponível em: https://www.politize.com.br/mp-da-liberdade-economica/.

MARQUES NETO, Floriano de Azevedo. Limites à abrangência e à intensidade da regulação estatal. **Revista Eletrônica sobre a Reforma do Estado.** Salvador: maio, 2005.

MARQUES NETO, Floriano de Azevedo. **Agências reguladoras independentes**: fundamentos e seu regime jurídico. Belo Horizonte: Fórum, 2005.

MELLO, Celso Antônio Bandeira de. **Curso de Direito Administrativo**. 12. ed. São Paulo: Malheiros, 2000.

ONU. ORGANIZAÇÕES DAS NAÇÕES UNIDAS. Escritório do Alto Comissariado para Direitos Humanos. *CESCR General Comment 14:* ***The rigth to the highest attainable standard of health*** (art. 12). (*Document E-C 12-2000-4*). Genebra: ONU, maio, 2000.

ORGANIZAÇÃO MUNDIAL DE SAÚDE. ***Lista de verificación de La OMS Del plan de preparación para uma pandemia de influenza.*** Suiça: *Minimum Graphics*, 2005.

ORGANIZION MUNDIAL DE SALUD. **Gripe estacional.** 2018. Disponível em: www.who.int-mediacentre-factsheets-fs211-es.

PAIVA, Deslange. **Da descoberta de uma nova doença até a pandemia**: a evolução do COVID-19 registrada nos tuítes da OMS. 2020. Disponível em: https://g1.globo.com/bemestar/coronavirus/noticia/2020/04/03/da-descoberta-de-uma-nova-doenca-ate-a-pandemia-a-evolucao-da-covid-19-registrada-nos-tuites-da-oms.ghtml.

PEREZ, Clotilde. **Coronavírus**: o egoísmo e a promoção da morte. 2020. Disponível em: https://jornal.usp.br/artigos/coronavirus-o-egoismo-e-a-promocao-da-morte/.

PORTER, Dorothy. ***Health, civilization na the State***: *a history of public health fron anciento to modern times.* New York: Routledge, 1999.

QUEIROZ, Renato da Silva. **As epidemias como fenômenos sociais totais**: o surto da gripe espanhola em São Paulo (1918). São Paulo: Revista USP, 63, p. 64-73, set./nov. 2004.

REUTER, Paul. ***Institutions internationales.*** 6. ed. Paris: P.U.F, 1969.

SINNWCKER, Human. ***General epidemiology.*** Transl. Walker. London: John Wiley & Sons, 1976.

SOUSA, Simone Letícia Severo. **Direito à Saúde e Políticas Públicas**: do ressarcimento aos gestores públicos e privados da saúde. Belo Horizonte: Del Rey, 2015.

TAVARES, António. **Métodos e técnicas de planejamento em saúde**. Lisboa: Ministério da Saúde, Departamento de Recursos Humanos de Saúde, 1990.

TAVARES, António. **Direito Constitucional econômico**. São Paulo: Método, 2003.

TEIXEIRA, Maria Glória. **Vigilância em saúde**: é necessária uma Legislação de Emergência. Revista de Direito Sanitário, v. 10, 2, p. 126-144, jul./out. 2009.

VENTURA, Deisy. "Pandemias e estado de exceção". In: Marcelo Catoni e Felipe Machado (Org). **Constituição e processo**: a resposta do constitucionalismo à banalização do terror. Belo Horizonte: Del Rey, 2009.

Capítulo 2

O IMPACTO LIMITADO DAS NOVAS REGRAS DE LIBERDADE ECONÔMICA NA INTERPRETAÇÃO DO DIREITO DO CONSUMIDOR NO BRASIL

Michelle Lucas Cardoso Balbino

Olemar Guilherme da Cunha

Sumário: 1 Introdução. 2 Adequação normativa consumerista para a garantia da liberdade econômica e livre concorrência no Brasil. 2.1 A proteção normativa internacional dos direitos do consumidor reflexiva no ordenamento jurídico brasileiro. 2.2 Os impactos nas normas consumerista trazidas pelas novas regras de liberdade econômica no Brasil. 3 A insegurança jurídica como fator limitante a efetivação das novas regras de liberdade econômica em adequação ao direito consumerista. 3.1 A insegurança jurídica derivada da limitação ao poder regulatório da Administração Pública. 3.2 A violação do princípio da igualdade como limite na presunção da equidade nas relações contratuais. 4 Conclusões. Referências.

Resumo: O presente estudo possui como objetivo analisar os impactos da Lei 13.874 (Lei de Liberdade Econômica) nas normas consumeristas. As regras positivadas pela referida legislação impacta não somente a regulação mercantil, seja pela flexibilização de normas que permitem ao mercado a regulação da economia diretamente ou por alterar dispositivos que possuem, direta ou indiretamente, vínculos com as normas de consumo. Para tanto, utilizou-se como procedimento metodológico para a presente investigação, uma abordagem qualitativa, com realização de um estudo normativo-jurídico a partir da análise de princípios e normas que correlacionam com o tema de pesquisa. Em primeiro momento foi possível identificar que a Lei de liberdade Econômica segue alguns parâmetros estabelecidos por organismo internacionais de cooperação e desenvolvimento econômico. Contudo, o estudo demonstrou que a limitação de poderes do Estado, como ocorreu da referida norma, possui o condão de gerar insegurança jurídica nas relações de consumo, como ocorre com a violação do princípio da igualdade por meio da presunção de paridade nas relações contratuais.

Palavras-chave: Liberdade econômica. Direito do Consumidor. Segurança jurídica.

Résumé: Cette étude vise à analyser les impacts de la loi n ° 13 874 (loi sur la liberté économique) sur les normes de consommation. Les règles rendues positives par la législation référencée ont un impact non seulement sur la réglementation commerciale, soit par la flexibilité des règles qui permettent au marché de réguler directement l'économie, soit en modifiant les dispositifs qui ont, directement ou indirectement, des liens avec les normes de consommation. À cette fin, une approche qualitative a été utilisée comme procédure méthodologique pour la présente enquête, avec une étude normative-juridique basée sur l'analyse des principes et des normes en corrélation avec le thème de la recherche. Dans un premier temps, il a été possible de constater que la loi sur la liberté économique suit certains paramètres établis par les organisations de coopération internationale et de développement économique. Cependant, l'étude a démontré que la limitation des pouvoirs de l'État, telle qu'elle se présentait dans la règle citée, a la capacité de générer une insécurité juridique dans les relations de consommation, comme cela se produit avec la violation du principe d'égalité par la présomption de parité dans les relations contractuelles.

Mots-clés: Liberté économique. Droit de la consommation. Sécurité juridique.

1 INTRODUÇÃO

A ausência de uma estrutura fixa e única de mercado marca o início do processo de globalização do mercado, definido pela ruptura na década de 1970 da dominação econômica e política global exercida pela tríade geográfica de dominação econômica e política internacional. A tríade representa as três áreas geográficas que dominavam a economia global e a condução da política internacional, sendo elas: América do Norte (Estados Unidos e Canadá); Europa Ocidental (União Europeia, Noruega e Suíça), e Ásia-Pacífico (com Japão e Coréia do Sul) (MAUREL, 2009).

Essa colocação é importante para deixar claro que a globalização não deve ser entendida como um sinônimo de americanização (STIGLITZ, 2008). O termo globalização representa a reorganização dos padrões de comerciais e processos produtivos em nível global (aspectos econômicos) (VARELLA, 2013). Toda essa reorganização das estruturas em nível global fez surgir um processo de inserção de novos atores e no reposicionamento de padrões de produção e conhecimentos (globalização), resultou em um redirecionamento das posições e percepções das normas jurídicas. Esse mundo globalizado condicionou a aplicação da Teoria do Direito em Redes (OST; KERCHOVE, 2010), nascendo um reposicionamento das normas no panorama transnacional (LHUILIER, 2016), derivado as complexidades jurídicas criadas pela globalização[1]. A teoria recondiciona a atuação das normas para além do modelo piramidal, destacando os papéis dos diversos atores da sociedade internacional, diante de seus poderes, definindo o engajamento e as

[1] Esse reposicionamento está presente no item 2.1.2.3.

responsabilidades, além de incorporar à autonomia privada com o processo de autorregulação (TEUBNER, 2016), diretamente vinculado a garantia da liberdade econômica e livre concorrência.

Seguindo o reposicionamento econômico mundial, em setembro de 2019, o Brasil institui a Lei 13.874, que fez a conversão da Medida Provisória 881, de 2019, para a instituição da Declaração de Direitos de Liberdade Econômica, estabelecendo garantias de livre mercado (BRASIL, 2019). A referida norma traz impactos em diversas esferas jurídica nacionais, principalmente aquelas vinculadas à regulação, o que também ocorre na esfera consumerista. A relação de consumo possui regulação tanto no direito internacional como no direito interno brasileiro, estando definida pela Lei 8.078, de 11 de setembro de 1990, que dispõe sobre a proteção do consumidor (BRASIL, 1990).

Essa relação consumerista tem uma integração importante no processo econômico mundial, o que define o questionamento norteador deste trabalho: qual o impacto da Lei de Liberdade Econômica brasileira no direito do consumidor? Sendo necessário para tanto verificar, em uma análise global, e trazendo a Teoria do Direito em Redes como fundamento, o impacto sofrido pelo direito consumerista após a promulgação da referida norma. O que leva a definição de dois objetivos específicos para análise: definir como ocorre a adequação normativa consumerista para a garantia da liberdade econômica e livre concorrência no Brasil, e, conhecer os limites que existem na efetivação das novas de liberdade econômica em adequação ao direito consumerista no Brasil.

Para tanto, utilizou-se como procedimento metodológico para a presente investigação, uma abordagem qualitativa (LÜDKE; ANDRÉ, 2012), com realização de um estudo normativo-jurídico a partir da análise de princípios e normas que correlacionam com o tema de pesquisa (BITTAR, 2017). Tendo como argumento a ser sustentado neste trabalho de que a Lei de Liberdade Econômica impacta não somente a regulação mercantil, como também as normas das relações de consumo, seja pela flexibilização de normas que permitem ao mercado a regulação da economia diretamente; seja por alterar dispositivos que possuem, direta ou indiretamente, vínculos com as normas de consumo.

É sabido que a legislação de proteção ao consumidor possui natureza elástica que lhe permite amoldar à situação de fragilidade do consumidor perante o fornecedor no tempo e no espaço, de modo a conferindo-lhe proteção e equidade. Tal fato destaca um impacto limitado das novas regras de liberdade econômica na interpretação do direito do consumidor no Brasil.

Estes limites estão presentes na adequação normativa consumerista para a garantia da liberdade econômica e livre concorrência (1) e ainda, na insegurança jurídica de efetivação das novas regras de liberdade econômica em adequação ao direito consumerista (2).

2 ADEQUAÇÃO NORMATIVA CONSUMERISTA PARA A GARANTIA DA LIBERDADE ECONÔMICA E LIVRE CONCORRÊNCIA NO BRASIL

Para que exista uma garantia da liberdade econômica e livre concorrência no Brasil é essencial que se realize a adequação normativa consumerista para este fim. Essa adequação parte de uma análise da proteção normativa internacional dos direitos do consumidor com reflexos no ordenamento jurídico brasileiro (2.1), além de identificar os impactos nas normas consumerista trazidas pelas novas regras de liberdade econômica no Brasil (2.2).

2.1 A proteção normativa internacional dos direitos do consumidor reflexiva no ordenamento jurídico brasileiro

A proteção internacional do consumidor é ponto discutido há muito tempo pela comunidade internacional. A Resolução 39/248 da Organização das Nações Unidas (ONU), de 1985, reconhecida como um dos documentos mais importante da proteção internacional do consumidor (SANTANA, 2014), destaca diretrizes para governos e outras partes interessadas para proteção do consumidor. Dentre os princípios gerais o acesso dos consumidores a uma informação adequada, através da educação consumerista; a proteção dos consumidores quanto aos custos de saúde e segurança e aos interesses econômicos e a possibilidade de compensação efetiva do consumidor (ONU, 1985).

Trata-se de um documento de referência, que os governos e outras partes interessadas deverão observar para priorizar a proteção dos consumidores, considerando as condições econômicas e sociais e os custos e benefícios para a população (SANTANA, 2014). Para a realização das ações propõem diretrizes em relação à segurança física; promoção e proteção dos interesses econômicos e dos consumidores; normas para a segurança e qualidade de serviços e bens de consumo; sistemas de distribuição de serviços e bens de consumo essenciais; medidas que permitem aos consumidores obterem compensações; programas de educação/informação e medidas relativas a esferas concretas. E ainda, propõe a cooperação internacional dessas diretrizes (ONU, 1985).

Os princípios orientadores foram revisados em 1999 (ONU, 1999) e novamente em 2015 (ONU, 2015) para garantir que estejam atualizados e respondam aos desafios reais enfrentados por pessoas reais. Dentre os pontos de inclusão dos processos de revisão vale registrar como alteração nos objetivos da norma, a inclusão da promoção de padrões de consumo sustentáveis, na revisão de 1999, e a alteração do posicionamento quando ao incentivo na produção de bens e serviços [item c do art. 1° de todas as normas] (ONU, 2015). Quanto aos princípios orientadores, observa-se uma inclusão quanto a consideração do consumidor como vulnerável [art. 5°, b], a escolha informada como princípio para adequação das informações aos consumidores [art. 5°, e], a promoção de padrões de consumo sustentáveis [art. 5°, i], a inclusão proteção eficaz aos consumidores do comércio eletrônico [art. 5°, j] e a garantia da privacidade das informações dos consumidores (proteção de dados) em todo o mundo [art. 5°, k] (ONU, 2016). Os princípios e recomendações estabelecidos aqui expostos, embora não sejam juridicamente vinculativos, são amplamente reconhecidos como referência internacional de boas práticas de proteção do consumidor, estando intimamente associados à direitos humanos estabelecidos nas Resoluções e Declarações da ONU (2016).

As Diretrizes para as Empresas Multinacionais da Organização para a Cooperação e Desenvolvimento Econômico (OCDE), de 2011, destaca um capítulo sobre os interesses do consumidor (Capítulo VIII). Estas diretrizes buscam a implementação de práticas corretas e justas das suas atividades empresariais, principalmente quanto ao comércio e publicidade. Elas reforçam o entendimento trazido nos Princípios Orientadores da ONU para a proteção do consumidor, ao assegurar o atendimento de padrões de saúde e segurança do consumidor, além do fornecer informações precisas, verificáveis e claras, por meio da promoção da educação do consumidor, o que garantirá o processo de tomada de decisões. Além da proteção contra práticas enganosas, falaciosas, fraudulentas ou desleais, e ainda, o respeito à privacidade e a proteção dos dados pessoais do consumidor.

Sobre a proteção da privacidade e do processamento de dados pessoais, vale registrar que desde 1980 já existem as Diretrizes para a Proteção da Privacidade e dos Fluxos Transfronteiriços de Dados Pessoais da OCDE (2002). Essas diretrizes foram adotas como recomendação pelo Conselho da OCDE, buscando apoiar-se em três princípios comuns dos países membros: democracia pluralista, respeito aos direitos humanos e economias de mercado aberto. Trata-se de um consenso internacional para definir o respeito à coleta e ao gerenciamento da informação pessoal, inclusive sobre o levantamento de perfis de consumidores. Tais diretrizes foram essenciais para a implementação de parâmetros para a proteção do direito consumidor em campo internacional. Garantindo uma oportunidade de correlacionar o consumidor ao mercado.

No direito brasileiro, a proteção do consumidor é resguardada desde a Constituição Federal, que define a obrigatoriedade do Estado na promoção da defesa de seus direitos [art. 5º, inciso XXXII]. Além de vincular a defesa do consumidor como princípio basilar da ordem econômica, estando em um patamar de igualdade com o definido pelas normas internacionais, quanto à valorização do trabalho humano, à livre iniciativa e à justiça social [art. 170, inciso V] (BRASIL, 1988). O Código de Defesa do Consumidor (CDC), de1990, aponta em seu art. 6º, os direitos básicos do consumidor (BRASIL, 1990). Os direitos protegidos pelo CDC estão em consonância com as diretrizes descritas pela ONU, levando em consideração o primeiro documento datado de 1985, pois possui vinculação direta com o período de elaboração do texto normativo infraconstitucional brasileiro. Considerando os mesmos critérios quando a proteção à vida, segurança e riscos ao consumidor, a correlação com a educação para a informação adequada e clara ao consumidor e, ainda, a proteção contra a publicidade enganosa e abusiva, dentre outros elementos.

2.2 Os impactos nas normas consumerista trazidas pelas novas regras de liberdade econômica no Brasil

Em primeiro plano, é necessário estabelecer que a própria Lei de Liberdade Econômica delimita seu campo de incidência, restringindo-o na interpretação e aplicação do direito civil, empresarial, econômico, urbanístico e trabalhista, entre outras relações pertencentes a esses grupos. Portanto, é possível identificar que o direito do consumidor não possui impacto direto pelas alterações promovidas pelo referido texto normativo.

Nesse sentido, para que se possa estudar amplamente as principais implicações na legislação consumerista ocorridas pelas novas regras de liberdade econômica, é imperioso o uso dos mecanismos apresentados pelo *Guia para Avaliação de Concorrência* elaborado pela OCDE (2017). A principal motivação do documento é a melhoria da concorrência, de modo a otimizar o desempenho econômico de cada país, visando proporcionar oportunidades de negócios aos cidadãos (OCDE, 2017).

Doravante, analisar-se-á os critérios para avaliação da concorrência na seara consumerista, pelos quais é devido avaliar os efeitos concorrenciais, promovidos por alterações ou propostas legislativas tendentes a limitar a escolha do consumidor e a informação disponível. São três os critérios delimitados pelo referido guia: a) limite a capacidade dos consumidores de escolherem a empresa à qual adquirir um bem ou serviço; b) redução da mobilidade dos consumidores entre empresas de bens ou serviços, através do aumento dos custos explícitos ou implícitos de alteração do serviço (*switching costs*); e c) altere substancialmente a informação necessária para que os consumidores possam adquirir bens e serviços de forma eficaz (OCDE, 2017).

Em relação ao primeiro critério, aquele que orienta sobre a observância da possível ocorrência limitativa da capacidade dos consumidores em escolherem a empresa pela qual desejam adquirir um bem ou serviço. Nesse ponto, o texto legal aparentemente não contraria a orientação do guia, como se pode notar da garantia elencada no art. 3°, III da Lei 13874/2019, pelo qual fica reconhecido que é direito das pessoas naturais e jurídicas definir livremente, em mercados não regulados, o preço de produtos e de serviços como consequência de alterações da oferta e da demanda (BRASIL, 2019).

Desse modo, o mercado pode se socorrer das regras de demanda e procura para fixar preços de produtos e serviços. Consequentemente, em um ambiente ideal, poderá ocorrer uma dinamização e flexibilização do mercado a ensejar oportunidades de redução de preços significativamente para o consumidor (OCDE, 2017). Entretanto, apenas a garantia de fixação dos preços de produtos e serviços não é suficiente para possibilitar a liberdade econômica.

Tal afirmação pode ser extraída do estudo das barreiras de entrada de novos agentes. Conquanto essas barreiras possuam origens na própria configuração estrutural do mercado ou criadas por mecanismos legais e podem gerar abuso dos direitos de liberdade econômica por agentes econômicos já instalados (TAVARES; RODRIGUES; CAVALCANTE; LOPES, 2018). São quatro as principais formas relativas às barreiras de entrada de novos agentes: a) barreiras naturais; b) barreiras associadas aos custos irrecuperáveis (custos afundados); c) barreiras criadas pelo comportamento dos incumbentes; e d) barreiras induzidas pela regulamentação (OCDE, 2017).

De modo geral, interessa-nos abordar brevemente seus conceitos. As barreiras naturais são aquelas resultantes de fatores naturais como economias de escala que decorrem dos elevados dos custos fixos (OCDE, 2017). De outro lado, as barreiras associadas aos custos irrecuperáveis guardam relação com os custos que determinada organização empresarial não pode reaver se optar por mudar de setor; este fato ocorre por ocorrência da natureza altamente especializada dos fatores de produção, que, por vezes, não existem alternativas de utilização (OCDE, 2017).

Há ainda, as barreiras que são criadas pelo comportamento dos incumbentes retrata as condutas de mercado que, por regras estabelecidas por empresas, podem causar prejuízos à concorrência; o exemplo mais como é o caso de contratos de cumprimento por longo prazo, que provocam a fidelização do consumidor, prevendo custos elevados pela troca de fornecedor (OCDE, 2017). Por derradeiro, existem as barreiras induzidas pela regulamentação que guardam estrita relação com a regulamentação imposta pelo governo por meio de documentos legislativos (OCDE, 2017).

Esta última barreira possui rígidas críticas pela doutrina, pois é compreendida como meio ilegítimo de proteção inversa. Isso pois, segundo autores como Tavares *et al* (2018), em lugar de oferecer mecanismos que sirvam para coibir abusos cometidos pelos fornecedores, coloca-o em nível de superioridade ao consumidor como ocorre no setor da comunicação. Exemplificam os autores o emblemático caso do aplicativo *WhatsApp*, em 2015: à época, as operadoras de telefonia móvel promoveram um movimento para regulamentar o uso do aplicativo, tendo em vista o baixo custo para realização de chamadas por meio de dados da internet. Sendo certo que, naquele momento, o Ministro das Comunicações proferiu posicionamento favorável às operadoras, afirmando a necessidade de regulamentação e que o aplicativo estaria funcionando às margens da lei.

É necessário, portanto, que a política de concorrência constitua um processo com a finalidade de estabelecer um ambiente propício ao seu desenvolvimento, valendo-se de mecanismos que proíbam ou restrinjam determinadas práticas e transações comerciais abusivas e que atentem contra a entrada de novos agentes. O simples fato de se assegurar o direito de fixar preços em razão da oferta e demanda não assegura ao consumidor o gozo de melhores valores de produtos e serviços.

Quanto critério em que a lei ou proposta reduza a mobilidade dos consumidores entre empresas de bens ou serviços, por meio do aumento dos custos explícitos ou implícitos de alteração do serviço (*switching costs*) (OCDE, 2017), a Lei de Liberdade Econômica não demonstra dispositivo capaz de produzir tais efeitos diretamente. A possibilidade que se vislumbra diz respeito à presunção de paridade e simetria entre os contratos civil e empresariais (BRASIL, 2002), pelos quais podem se vincular os consumidores. Este tema será melhor desenvolvido no próximo tópico.

Outro dispositivo que pode influir na mobilidade de consumidores entre empresas está inserido no § 2°, art. 13 do Código Civil pela Lei de Liberdade Econômica, pelo qual os contratantes pactuarão livremente regras de preenchimento de lacunas, interpretação e integração dos negócios jurídicos diversas das previstas em lei (BRASIL, 2002). Matéria que não se mostra favorável ao consumidor que, por vezes, não possui a adequada orientação jurídica de modo que sua capacidade em aceitar ou negociar meios de integração contratual pode estar comprometida.

Por fim, o terceiro critério, pelo qual deve ser observada a ocorrência de mecanismos que alterem substancialmente a informação necessária para que os consumidores possam adquirir bens e serviços de forma eficaz. Não possui impacto decorrente da Lei de Liberdade Econômica. O texto em vigor não disciplinou qualquer mecanismo relativo às informações necessárias para o convencimento do consumidor ao adquirir produtos e serviços, matéria adstrita à disciplina do Código de Defesa do Consumidor.

O Código de Defesa do Consumidor (CDC) possui regramento específico acerca da propagação de informações necessárias aos consumidores, pelo qual foi estabelecida a Política Nacional de Relações de Consumo (BRASIL, 1990). De modo a garantir aos consumidores direitos básicos como "a informação adequada e clara sobre os diferentes produtos e serviços, com especificação correta de quantidade, características, composição, qualidade, tributos incidentes e preço, bem como sobre os riscos que apresentem" (BRASIL, 1990).

Portanto, é possível identificar que diretamente o Lei de Liberdade Econômica não possui o condão de modificar a Lei Consumerista de forma substancial, inclusive por expressa previsão legal. No entanto, indiretamente a incidência dos direitos concedidos aos empreendedores, pode promover situações que violam os direitos consumeristas. Assim é imperioso que se analise a incidência de limitações no direito consumerista por meio das novas regras de liberdade econômica que tenha o condão de gerar insegurança jurídica.

3 A INSEGURANÇA JURÍDICA COMO FATOR LIMITANTE À EFETIVAÇÃO DAS NOVAS REGRAS DE LIBERDADE ECONÔMICA EM ADEQUAÇÃO AO DIREITO CONSUMERISTA

A adequação normativa ao direito consumidor das novas regras de liberdade econômica tem a insegurança jurídica como fator limitante à sua efetivação. Essa insegurança jurídica deriva da limitação ao poder regulatório da Administração Pública (3.1) e, tem a presunção da equidade nas relações contratuais como limite para a violação do princípio da igualdade (3.2).

3.1 A insegurança jurídica derivada da limitação ao poder regulatório da Administração Pública

Ao longo da história é possível notar a necessidade de intervenção estatal, como ocorreu na transição do Estado liberal para o Estado social e assim adiante (MANA, 2016). Dessa feita, adotando como marco inicial o Estado Liberal, é possível conceber que sua característica foi a difusão da ideia da liberdade, separação do poder, bem como a submissão à lei (MANA, 2016). Em meio a esses ideais, ocorreu a superveniência da I Guerra Mundial, fato que insurgiu a necessidade de combatê-los. Na medida em que ficou demonstrado que a ausência do Estado permite precarização da condição humana, por meio de dura exploração e precárias condições de vida. Além disso aquele modelo de Estado não é capaz de assegurar uma existência diga a todos (MANA, 2016).

É cediço que a legislação adotada pelos governos almeja diversos e importantes objetivos econômicos e sociais. Fato que torna imprescindível que toda reforma ou avaliação legislativa deva ser feita abrangendo uma apreciação equilibrada dos custos e benefícios, econômicos e sociais, de modo a permitir a formação de um juízo imparcial e objetivo (OCDE, 2017). Assim, "a ação do governo é vital para a promoção dos objetivos desejáveis das políticas públicas" (OCDE, 2017, p. 10).

É importante frisar que a Constituição da República Federativa do Brasil prevê como fundamento os valores sociais do trabalho e os valores da livre iniciativa, que devem ser definidos com base na dignidade da pessoa humana (BRASIL 1988; BRASIL, 1990). Por isso, há necessidade de atuação positiva do poder estatal para que viabilize a convivência social harmônica, mormente aquelas que são desenvolvidas nas relações de consumo, diante da nítida fragilidade do consumidor perante o agente econômico.

Admitindo, portanto, como pressuposto de vulnerabilidade do consumidor perante o mercado de consumo, foram traçadas as diretrizes da Política Nacional das Relações de consumo (BRASIL, 1990), pelas quais se busca o reequilíbrio das relações de consumo. Essas se dão pelo reconhecimento do consumidor como sendo a parte vulnerável perante os agentes econômicos, bem como pela proibição ou limitação de determinadas práticas mercantis (THEODORO JUNIOR, 2017).

Nesse seara, o próprio Código de Defesa do Consumidor prevê que há necessidade de se harmonizar os interesses dos envolvidos nas relações de consumo e compatibilizar a proteção do consumidor com o desenvolvimento tecnológico e econômico, visando o equilíbrio nas relações de consumo, para que se resguarde os interesses econômicos enquanto é promovida a proteção do consumidor (MANA, 2016). Embora seja necessária a concessão de liberdades ao mercado para que ele se sustente e não colapse provocando a ausência de bens e serviços para o atendimento das necessidades humanas; há a necessidade de que o Estado esteja presente no mercado de consumo para a efetiva proteção do consumidor (BRASIL, 1990).

Embora a Carta Magna atribua ao Estado o dever de promover a elaboração de normas que protejam as relações de consumo, a Lei Consumerista criou um mecanismo com discricionariedade para que entidades civis de consumidores e as associações de fornecedores ou sindicatos de categoria econômica regulem as relações de consumo por meio de Convenção Coletiva de Consumo (BRASIL, 1990). Por intermédio desse instrumento, é possível estabelecer "condições relativas ao preço, à qualidade, à quantidade, à garantia e características de produtos e serviços, bem como à reclamação e composição do conflito" (BRASIL, 1990), de modo que não haja necessidade de limitar as funções dos órgãos públicos no uso do poder regulatório (BRASIL, 1990).

Com o advento da Lei de Liberdade Econômica em 2019, no entanto, institucionalizou-se o processo de limitação do poder regulatório da Administração Pública, com vistas a promover o desenvolvimento econômico. Em que pese tais limites serem identificados em diversos dispositivos do texto legal, a possibilidade de "desenvolver, executar, operar ou comercializar novas modalidades de produtos e de serviços quando as normas infralegais se tornarem desatualizadas por força de desenvolvimento tecnológico consolidado internacionalmente" (BRASIL, 2019, art. 3°, inciso VI) permite o abuso de direito por parte do empresário. É possível, ainda, observar que fica claro as limitações sofridas pela Administração Pública em seu poder regulamentar e de fiscalizar.

Isso ocorre, pois o legislador ordinário, busca desburocratizar as regras da administração para reduzir a complexidade dos atos necessários para a implantação de novas tecnologias e modalidades de produtos e serviços. Permitindo, com isso, que por meio de uma "solução de mercado" organize e estruture o mercado sem a interferência do Estado; contudo para a validade da norma é imprescindível a existência de consolidação do desenvolvimento tecnológico internacional (COELHO, 2018). Tais critérios, contudo, não encontram fundamento na ordem constitucional vigente, pois as regras de funcionamento do mercado interno não deve se submeter às práticas internacionais em respeito à soberania estatal, inclusive pelo fato de que à norma interna se atribui o poder-dever de regulamentar o próprio mercado com base nas necessidades internas não pelas práticas internacionais, na medida que a Carta Magna prevê a proteção ao consumidor como uma garantia fundamental (BRASIL, 1988).

Outro aspecto fundamental que a Lei de Liberdade Econômica apresenta e que diverge dos deveres do Administração Pública, como o poder regulamentar, está contido no comando que reconhece como direito de toda pessoa natural ou jurídica a possibilidade de liberdade de definição, naqueles mercados que não possuem regulamentação o preço de produtos e de serviços com base nos parâmetros de oferta e demanda (BRASIL, 1990). Nesse ponto, a Lei legitima a atuação de instituições constituídas de forma regular a cometer ilegalidades como é o caso das associações de proteção veicular. É o que se extrai da análise jurisprudencial do Tribunal Regional Federal da 1° Região (TRF1), o qual apreciou que em diversos casos a atuação de tais entidades ocorre fraude na constituição da associação para que a atividade empresarial acobertada pela forma de associação e se beneficie de isenções fiscais indevidas (BRASIL, 2017; BRASIL, 2015).[2]

O referido Tribunal ao apreciar diversas ações civis públicas movidas pela Superintendência de Seguros Privados (SUSEP) decidiu que há abuso da personalidade jurídica de instituições fundadas com o escopo de associações. Ficou demonstrado que essas instituições se valem de imunidades tributárias e da impossibilidade de se lhe aplicarem as regras securitárias de forma tal que cristaliza uma concorrência desleal com o mercado segurador. Isso ocorre pois podem oferecer produtos com preço muito abaixo do mercado e muitas vezes cometem graves violações aos direitos do consumidor por não possuir um órgão que as fiscalizem e, por vezes, não cumprem com as obrigações assumidas (BRASIL, 2019).

Por ocasião de Ação Civil Pública (ACP) 0028754-13.2012.4.01.3800 apreciada pelo TRF1, reconheceu-se que pode haver um risco de dano à economia popular por não haver garantia de que os associados terão seus direitos assegurados, cometendo, ainda, um risco de dano ao mercado segurador por caracterizar concorrência desleal por não obedecer às normas específicas do setor, que entre diversos critérios tributários preveem a necessidade de que as seguradoras constituam fundos bastantes para custear suas obrigações perante o segurado (BRASIL, 2014).

---

2 Consultar também as decisões do TRF1 nos processos: Ação Civil Púbica; 0024114-91.2012.4.01.3500 – Ação Civil Pública; 0090137-21.2014.4.01.3800 – Ação Civil Pública; 0001266-36.2015.4.01.3814 – Ação Civil Pública; 45.762-03.2012.4.01.3800 – Ação Civil Pública; 0065828-33.2014.4.01.3800; 0019655-75.2014.4.01.3500.

A partir desse exemplo especificamente, portanto, é possível observar que a Lei de Liberdade Econômica possui o condão de legitimar diversas situações como a citada para legalizar e tornar legítima atuação de instituições constituídas por meios fraudulentos que não atingem a função social para o qual a lei estabeleceu. Com isso inviabiliza a atuação de instituições que se submetem aos fins estabelecidos pelo ordenamento jurídico e podem entrar em colapso desestruturando o mercado diante de preços definidos conforme as supostas alterações da oferta e demanda.

Situação que fere o princípio da segurança jurídica, mormente quando trata dos direitos do consumidor, pois como definido pelo referido tribunal, o consumidor figurará em uma situação na qual nem mesmo o provimento judicial lhe será favorável, porque diante de uma simulação jurídica para angariar clientes e recursos financeiros, não restará meios suficientes para satisfazer o provimento judicial favorável à demanda do consumidor (BRASIL, 2014).

De outro lado, há previsão no sentido de que a liberdade de definição de preço não se aplica no caso de a) situações nas quais o preço de serviços e produtos tenha finalidade de redução do valor do tributo, de adiar a arrecadação ou remeter ao exterior lucros em forma de custo; e b) aos direitos do consumidor, legislação de defesa da concorrência e demais situações em que há proteção por lei federal (BRASIL, 2019). A própria lei possui se contradiz, pois ao mesmo tempo em que confere a liberdade para definir os preços ela cria uma reserva de controle.

Dado que o Brasil é regido nas relações comerciais pela livre iniciativa, as disposições identificadas na Lei de Liberdade Econômica não se violam determinadas recomendações de organismos internacionais. Na medida em que essas recomendações são no sentido de que as reformas legislativas devem possuir conteúdo de diminuir ou evitar barreiras de entrada no mercado, não necessariamente reduzir ou limitar o poder regulatório do Estado (OCDE, 2017).

Ademais, é possível notar que um Estado menos interventivo, em que sua atuação é mais voltada a orientar, possui capacidade semelhante à do Estado interventor em promover a proteção dos direitos fundamentais dos consumidores. Situação em que no Estado garantidor há maiores chances de condições favoráveis ao desenvolvimento da economia, enquanto se respeita, protege e reforça o mercado (MANA, 2016). Situações que podem refletir diretamente na proteção dos direitos dos consumidores e o bem-estar social.

3.2 A violação do princípio da igualdade como limite na presunção da equidade nas relações contratuais

Com a Lei 13.874, de 2019, surgiu a figura da presunção de paridade e simetria nos contratos civis e empresariais, nos termos do dispositivo inserido no Código Civil.[3] Nesse contexto, há fragilização do consumidor perante os agentes econômicos essas presunções são hábeis a descaracterizar o reconhecimento da vulnerabilidade do consumidor no mercador de consumo (BRASIL, 2002). Inclusive por consequência direta da limitação à revisão contratual elencada no art. 421-A do Código Civil.

A regra insculpida no texto da Constituição é a da igualdade perante a lei sem distinção de qualquer natureza. Todavia, a doutrina leciona que o núcleo essencial do princípio da igualdade constitui um fundo material para atingir maior alcance e permitir um equilíbrio entre as partes desiguais, ou seja, pelo princípio da igualdade deve-se buscar um tratamento igual àqueles que se encontram em mesmo patamar e conferir tratamento desigual aos desiguais na medida de suas desigualdades (LENZA, 2019).

O legislador ao inserir norma que determina abstratamente a equidade e paridade dos contratos de natureza civis e empresariais, contraria a normas de âmbito constitucional e consumerista. Com isso, cria distinção desfavorável ao consumidor descaracterizando sua notória vulnerabilidade perante os agentes econômicos.

Assim, o Estado deve atuar de modo a proteger as relações de consumo, adotando como finalidade o preceito da equidade de acordo com uma justiça distributiva, pela qual busque satisfazer as necessidades dos consumidores. Para tanto há de se considerar o respeito à dignidade humana, segurança, saúde, equilíbrio nas relações de consumo, a transparência, mormente os interesses econômicos (MANA, 2016).

Nesse sentido, há ainda que se observar a aplicação de determinados princípios básicos que norteiam a proteção do consumidor que são em essência: o reconhecimento da hipossuficiência do consumidor; coibição e

---

[3] Art. 421-A. Os contratos civis e empresariais presumem-se paritários e simétricos até a presença de elementos concretos que justifiquem o afastamento dessa presunção, ressalvados os regimes jurídicos previstos em leis especiais, garantido também que:
I – as partes negociantes poderão estabelecer parâmetros objetivos para a interpretação das cláusulas negociais e de seus pressupostos de revisão ou de resolução;
II – a alocação de riscos definida pelas partes deve ser respeitada e observada; e
III – a revisão contratual somente ocorrerá de maneira excepcional e limitada

repressão dos abusos; ação governamental em sua defesa; educação e informação para o consumo (MANA, 2016).

Embora haja quem defenda que "o estado regulador é filho das políticas que têm vindo a anular a responsabilidade do Estado no terreno da economia e a esvaziar a sua capacidade de intervenção como operador nos setores estratégicos e na área dos serviços públicos" (NUNES, 2011, p. 04), mormente para quem o Estado Liberal "visando, em última instância, assegurar o funcionamento de uma economia de mercado em que a concorrência seja livre e não falseada e em que – afastada a intervenção do estado – o mercado regule tudo, incluindo a vida das pessoas" (NUNES, 2011, p. 04). Acaba por olvidar a existência de regras de cunho constitucional, de funcionamento e proteção da ordem social, que não visa apenas o desenvolvimento do capital por meio da aquisição de bens e serviços, mas da efetivação da dignidade da pessoa humana como corolário da justiça social.

Outrossim, apesar de a Lei de Liberdade Econômica influir na igualdade entre as partes contratante de modo a afetar equilíbrio, os consumidores estão sob a tutela de uma das mais avançadas legislações consumeristas. De modo que o atual sistema de proteção aos direitos do consumidor possui mecanismos eficientes e capazes para solução dos entraves decorrentes da violação dos direitos consumeristas.

4 CONCLUSÕES

Há um claro reposicionamento mundial no sentido de intensificar a adequação das regras dos Estados a garantia da liberdade econômica e livre concorrência, principalmente devido a reconfiguração da estrutura econômica global e o surgimento das relações transnacionais. No entanto, observa-se que, no Brasil, a legislação que implementa estas alterações nas regras de liberdade econômica possui um impacto limitado à interpretação do direito do consumidor.

As novas regras estabelecem uma adequação no processo de interpretação do direito consumidor para a garantia da liberdade econômica e livre concorrência, sendo certo que tais regras consumerista no Brasil estão em consonância com as diretrizes internacionais estabelecidas pela ONU e OCDE. Ademais, importante ressaltar que a Lei de Liberdade Econômica não possui o condão de modificar a Lei Consumerista de forma substancial e direta, inclusive por expressa previsão legal, porém, em via indireta, pode existir nos casos concretos, uma incidência na igualdade entre as partes contratante de modo a afetar equilíbrio entre estes, o que define uma insegurança jurídica capaz de limitar a efetivação dessas regras no Brasil.

Portanto, para que exista uma efetivação das novas regras de liberdade econômica e livre concorrência no Brasil é essencial que o Estado exerça o seu papel vinculado a proteção e promoção dos direitos fundamentais do consumidor, contudo, sem retirar o sentido das recomendações internacionais em diminuir ou evitar barreiras de entrada no mercado. Este fator nos leva a considerar que, as normas não podem retirar o poder regulatório dos Estados, mas sim, definir regras fundamentais para proteger o direito dos consumidores, inclusive para o seu adensamento no mercado econômico internacional.

REFERÊNCIAS

BITTAR, Eduardo Carlos Bianca. **Metodologia da pesquisa jurídica**: teoria e prática da monografia para os cursos de direito. 15 ed. São Paulo: Saraiva, 2017.

BRASIL. Constituição da República Federativa do Brasil de 1988. **Planalto**. Disponível em: http://www.planalto.gov.br/ccivil_03/constituicao/constituicao.htm.

BRASIL. Lei 10.406, 10 de janeiro de 2002. Institui o Código Civil. **Planalto**. Disponível em: http://www.planalto.gov.br/ccivil_03/Leis/2002/L10406compilada.htm.

BRASIL. Lei 13.874, de 20 de setembro de 2019. Institui a Declaração de Direitos de Liberdade Econômica; estabelece garantias de livre mercado; altera as Leis nos 10.406, de 10 de janeiro de 2002 (Código Civil), 6.404, de 15 de dezembro de 1976, 11.598, de 3 de dezembro de 2007, 12.682, de 9 de julho de 2012, 6.015, de 31 de dezembro de 1973, 10.522, de 19 de julho de 2002, 8.934, de 18 de novembro 1994, o Decreto-Lei 9.760, de 5 de setembro de 1946 e a Consolidação das Leis do Trabalho, aprovada pelo Decreto-Lei 5.452, de 1º de maio de 1943; revoga a Lei Delegada 4, de 26 de setembro de 1962, a Lei 11.887, de 24 de dezembro de 2008, e dispositivos do Decreto-Lei 73, de 21 de novembro de 1966; e dá outras providências. **Planalto**. Disponível em: http://www.planalto.gov.br/ccivil_03/_ato2019-2022/2019/lei/L13874.htm

BRASIL. Lei 8.078, de 11 de setembro de 1990. Dispõe sobre a proteção do consumidor e dá outras providências. **Planalto**. Disponível em: http://www.planalto.gov.br/ccivil_03/leis/l8078.html

BRASIL. Tribunal Federal da 1º Região. Ação Civil Pública. Licenças. **Processo 0028754-13.2012.4.01.3800**. Juíza Sônia Diniz Viana. 6ª Vara Belo Horizonte. Julgado em 16/07/2014, publicado DJ 29/07/2014. Disponível em: https://processual.trf1.jus.br/consultaProcessual/

processo.php.

BRASIL. Tribunal Federal da 1ª Região. Ação Civil Pública. Seguro. **Processo 45.762-03.2012.4.01.3800**. Juíza Itelmar Raydan Evangelista. 20ª Vara Belo Horizonte. Julgado em 10/12/2014, publicado DJ 28/01/2015. Disponível em: https://processual.trf1.jus.br/consulta

Processual/processo.php.

COELHO, Fábio Ulhôa. **Novo Manual de direito comercial:** direito de empresa. ed. 30. São Paulo: Thomson Reuthers Brasil, 2018.

CONSUMERS INTERNACIONAL. ***Guide Pratique sur les principes directeurs des Nations Unies pour la protection du consommateur.*** *Consumers International*: 2016. Disponível em: https://www.consumersinternational.org/media/2050/un-consumer-protection-guidelines-french.pdf

LENZA, Pedro. **Direito constitucional esquematizado**. ed. 23. São Paulo: Saraiva Educação, 2019.

LHUILIER, Gilles. ***Le droit transnational***. *Collection: Méthodes du droit. Editeur: Dalloz,* 2016.

LÜDKE, Menga; ANDRÉ, Marli. A. **Pesquisa em educação**: abordagens qualitativas. São Paulo: E.P.U, 2012.

MANA, Raquel de Freitas. O estado garantidor e a intervenção na ordem econômica para proteção do direito fundamental à Defesa dos consumidores. **Revista Videre**: Dourados, MS, v. 8, n.15, jan./jun. 2016 – ISSN 2177-7837216.

MAUREL, Olivier. *L'appel à une nouvelle responsabilité des entreprises.* In: ***La responsabilité des entreprises en matière de droits de l'homme.*** *Les Études de la Commission nationale consultative des droits de l'homme* (CNCDH). Paris: 2009.

NUNES, António José Avelãs. As duas últimas máscaras do estado capitalista. **Revista Pensar.** Fortaleza: Coimbra, 2011. ISSN: 2317-2150. Disponível em: https://estudogeral.sib.uc.pt/bitstream/10316/15565/1/FILOMENO%20MORAIS.pdf.

OCDE. **Guia para Avaliação de Concorrência**. v. 2. Diretrizes: 2017. Disponível em: www.oecd.org/competition/tollkit.

OCDE. Organização para a Cooperação e Desenvolvimento Econômico. **Diretrizes da OCDE para as Empresas Multinacionais**. 2011. Disponível em: http://www.fazenda.gov.br/assuntos/atuacao-internacional/ponto-de-contato-nacional/diretrizes-da-ocde-para-empresas-multinacionais#section-4.

OECD. *Organisation for Economic Co-operation and Development.* ***Guidelines On The Protection Of Privacy And Transborder Flows Of Personal Data***. 2002. Disponível em: http://www.oecd.org/sti/ieconomy/15590254.pdf

ONU. Organização das Nações Unidas. *Principes directeurs des Nations Unies pour la protection du consommateur (tels qu'étendus en 1999).* **Assembleia Geral das Nações Unidas**, New York, 2003. Disponível em: https://www.un.org/esa/sustdev/publications

/consumption_fr.pdf

ONU. Organização das Nações Unidas. **Resolução 39/248**. Proteção do consumidor. Assembleia Geral das Nações Unidas. 1985. Disponível em: https://undocs.org/es/A/RES/39/248.

ONU. Organização das Nações Unidas. *Résolution 70/186 adoptée par l'Assemblée générale le 22 décembre 2015. Principes Directeurs pour la Protection du Consommateur.*

Conférence des Nations Unies sur le Commerce et le Développement. **Assembleia Geral das Nações Unidas**, 4 fev. 2016. Disponível em: https://unctad.org/meetings/fr/SessionalDocuments/
ares70d186_fr.pdf

OST, François; KERCHOVE, Michel Van de. ***De la pyramide au réseau?*** *Pour une théorie dialectique du droit. Presses de l"Université Saint-Louis*, 2010.

SANTANA, Hector Valverde. *International protection of consumers: the need of a legislation harmonization*. Brasília: **Revista de Direito Internacional**, v. 11, 1, 2014.

STIGLITZ, Joseph E. ***Um autre monde:*** *contre la fanatisme du marché*. Poche: out. 2008.

TAVARES, Carlos Mende. *et al*. Impacto regulatório no setor de telecomunicações: entraves à sociedade, à inovação e à concorrência. **Conhecer**: debate entre o público e o privado. 2018, v. 08, 20. ISSN 2238-0426

TEUBNER, Gunther. **Fragmentos Constitucionais**: constitucionalismo social na globalização. São Paulo: Saraiva, 2016.

THEODORO JÚNIOR, Humberto. **Direitos do consumidor**. ed. 9. Ref., rev. e atual. Rio de Janeiro: Forense, 2017.

VARELLA, Marcelo Dias. **Internacionalização do Direito**: direito internacional, globalização e complexidade. Brasília: UniCEUB, 2013.

Capítulo 3

O IMPACTO DA LEI DE LIBERDADE ECONÔMICA NO LICENCIAMENTO AMBIENTAL

Paulo Campanha Santana
Maria Eduarda Senna Mury

Sumário: 1 Introdução. 2 O Meio Ambiente e a Sustentabilidade no Desenvolvimento Econômico. 3 Lei de Liberdade Econômica. 4 Reflexos Ambientais da Lei de Liberdade Econômica. 5 Conclusões. Referências

Resumo: No ano de 2019, a Lei 13.874 instituiu a Declaração de Direitos de Liberdade Econômica. Uma de suas motivações foi o Brasil estar na segunda metade dos países do mundo no ranking internacional de liberdade econômica. Entretanto, esta norma gerou reflexos em várias áreas da sociedade, sendo o objetivo do presente trabalho analisar os possíveis impactos nas questões ambientais, para que possa permitir uma maior reflexão na busca do desenvolvimento sustentável. Portanto, fruto de uma pesquisa normativa e doutrinária, pode-se concluir que a inovação normativa impacta diretamente o processo de licenciamento ambiental, em razão da possibilidade da concessão automática da licença.

Palavras-chave: Liberdade econômica. Declaração de direitos. Impacto ambiental. Licenciamento.

Abstract: In 2019, the Law 13,874 instituted the Declaration on the Rights of Economic Freedom. One of its motivations was Brazil was ranked in the second half of the countries in the world in the international ranking of economic freedom. However, this norm generated reflexes in several areas of society, and the aim of the present work is to analyze the possible impacts on environmental issues, so that it can allow a greater reflection in the search for sustainable development. Therefore, as a result of normative and doctrinal research, it can be concluded that normative innovation directly impacts the environmental licensing process, due to the possibility of automatic license granting.

Key-words: Economic freedom. Bill of rights. Environmental impact. Licensing.

1 INTRODUÇÃO

A relação entre o meio ambiente e o desenvolvimento socioeconômico teve início na Conferência das Nações Unidas sobre o Meio Ambiente

Humano, em 1972, na cidade de Estocolmo/Suécia. Ela foi a primeira ocasião em que a degradação ambiental foi tratada em nível internacional, fruto de estudo anterior, denominado "Os Limites do Crescimento", elaborado pelo *Massachusetts Institute of Technology* (MIT), que apontou o possível fim dos recursos naturais, diante do padrão estabelecido, em decorrência da poluição e da demanda energética, populacional, entre outras.

Em seguida, em 1987, a Comissão Mundial sobre Meio Ambiente e Desenvolvimento publicou o Relatório chamado de "Nosso Futuro Comum", que conceituou a expressão desenvolvimento sustentável. A partir deste momento, surgem inúmeras discussões, onde passa-se a ter destaque o tripé que dessa sustentabilidade, com as preocupações com as questões ambiental, econômica e social.

Nesse alinhamento, a Organização da Nações Unidas (ONU) lança, em 2000, os Objetivos de Desenvolvimento do Milênio (ODM), com oito objetivos. Em 2015, as Nações Unidas ampliam este número para dezessete, criando os Objetivos de Desenvolvimento Sustentável (ODS), definindo a Agenda 2030, com 169 metas no total, abrangendo o mencionado tripé.

No Brasil, a Constituição Federal de 1988 foi a primeira a destinar um capítulo específico para o meio ambiente, e, na própria Carta Magna, no título da ordem econômica e financeira, há um capítulo sobre os princípios gerais da atividade econômica. Nele, um dos artigos prevê que a ordem econômica deve valorizar o trabalho humano e a livre iniciativa, devendo observar vários princípios, entre eles, a defesa do meio ambiente.

E é nesse contexto que surge, em 2019, a Lei 13.874, de 20 de setembro, conhecida como Lei da Liberdade Econômica (LLE), que institui a Declaração de Direitos de Liberdade Econômica. Entre os motivos de sua propositura, ressaltou-se a baixa classificação do país em rankings internacionais de liberdade econômica, e a necessidade de redução da burocracia no campo dos negócios. Com isso, a nova norma define princípios e estabelece direitos para as pessoas naturais ou jurídicas.

Com isso, gera-se o questionamento se esta lei trará impacto na área ambiental, sendo o objetivo deste trabalho analisar esta possibilidade. Portanto, fruto de uma pesquisa normativa e doutrinária, será apresentada uma parte conceitual sobre o meio ambiente, a sustentabilidade e o desenvolvimento, tanto em uma perspectiva internacional quanto nacional.

Em seguida, tratar-se-á da LLE, destacando alguns aspectos da exposição de motivos que fundamentaram a medida provisória que a originou, bem como suas referências constitucionais, princípios e direitos que garante. Por fim, serão apresentadas algumas considerações sobre os reflexos ambientais dessa lei.

2 O MEIO AMBIENTE E A SUSTENTABILIDADE NO DESENVOLVIMENTO ECONÔMICO

O conceito e entendimento ocidental de Desenvolvimento Sustentável é fruto de intensos debates que se iniciaram na superação da noção liberal do desenvolvimento econômico, a qual, por meio da máxima *"laissez faire, laissez aller, laissez passer"*[1] permitia ao mercado que comandasse a economia durante parte do século XX (OLIVEIRA; COUTINHO, 2012). A busca por um Estado mais forte levou à criação de um desenvolvimentismo econômico que abarcasse políticas sociais, culturais e ambientais de forma eficiente (OLIVEIRA; COUTINHO, 2012).

A utilização do termo "desenvolvimento sustentável", entretanto, possui sua origem na Conferência das Nações Unidas sobre o Meio Ambiente Humano, realizada em 1972 na cidade de Estocolmo (UKAGA et al, 2010). Esta Conferência destacou de forma embrionária a ligação entre o meio ambiente e o desenvolvimento socioeconômico, chamado à época de 'ecodesenvolvimento' (LEUZINGER; CUREAU, 2013).

Anos depois, em 1987, a Comissão Mundial sobre Meio Ambiente e Desenvolvimento catalisou ainda mais a discussão, publicando o Relatório de Brundtland, documento intitulado Nosso Futuro Comum (Comissão Mundial de Desenvolvimento Sustentável, 1991, p. 57), definindo-o: "o desenvolvimento sustentável é o desenvolvimento que encontra as necessidades atuais sem comprometer a habilidade das futuras gerações de atender suas próprias necessidades".

Após este marco, diversos autores buscaram elaborar definições práticas e metodologias para como deveria ocorrer este movimento de forma a oferecer uma alternativa média entre o crescimento desenfreado e o fundamentalismo ecológico (SPREKLEY, 1981; SACHS, 2002; ELKINGTON, 1997). Dentre estes, o trabalho de John Elkington (1997) trouxe pela primeira vez o conceito "Tripé da Sustentabilidade" (*Triple Bottom Line*), no qual deveriam ser observados três "P": *Planet* (Planeta); *Profit* (Lucro) e *People* (Pessoas). Em outras palavras, o desenvolvimento deveria ocorrer erigido em três bases: a viabilidade econômica, a relevância social e a prudência ambiental (ELKINGTON, 1997; SACHS, 2002LEUZINGER; CUREAU, 2013).

Nesse alinhamento, Márcia Leuzinger e Sandra Cureau (2013, p. 7) complementam o conceito trazido pelo Relatório de Brundtland para além do meio ambiente natural, tendo em vista que não basta a manutenção de estoques de

1 "Deixai fazer, deixai ir, deixai passar".

recursos naturais para as gerações futuras, "mas a criação de um modo de vida sustentável, que possa ser legado às geradoras vindouras, em que não haja a exclusão social e em que exista um patamar mínimo de igualdade, gerando ações e projetos voltados para educação, saúde, habitação, emprego, etc.".

Ainda na esfera internacional, buscando concretizar este conceito em objetivos práticos, a Organização das Nações Unidas (ONU) publicou em setembro de 2015, o documento "Transformando nosso mundo: a Agenda 2030 para o Desenvolvimento Sustentável" (ODS, 2015). Este documento estabeleceu os Objetivos de Desenvolvimento Sustentável (ODS), os quais substituíram os Objetivos de Desenvolvimento do Milênio (ODM)[2] com a finalidade de concluir o que estes não foram capazes de alcançar (ARORA; MISHRA, 2019; ODS, 2015). Este documento estabeleceu 17 Objetivos e 169 Metas globais a serem aplicados até 2030 (ODS, 2015). A agenda é bastante ampla, se estendendo pelas esferas social, econômica e ambiental (ARORA; MISHRA, 2019).

Quanto à sua efetividade, em 2019, foi lançado um novo relatório, intitulado "O Futuro é Agora: Ciência para Alcançar o Desenvolvimento Sustentável" (GSDR, 2019), o qual conclui que o atual modelo de desenvolvimento não é sustentável e que o progresso alcançado nas suas últimas décadas está em risco devido ao agravamento das desigualdades sociais e declínios potencialmente irreversíveis no ambiental natural que nos sustenta (GSDR, 2019). Os cientistas concluem que um futuro otimista somente é possível com mudanças drásticas nas políticas de incentivo às ações de desenvolvimento (GSDR, 2019).

Além disso, em 2020, inicia-se a chamada "Década da Ação", termo utilizado pela CEO do Pacto Global, Lise Kingo, em sua carta anual, destacando falhas em cumprir com os objetivos de desenvolvimento sustentável e os agraves das mudanças climáticas (KINGO, 2020):

> Com a adoção da Agenda 2030 para o desenvolvimento sustentável em 2015, 193 países-membros da ONU prometeram não deixar ninguém para trás. Mas a realidade é que, cinco anos depois, desigualdades estão crescendo entre ricos e pobres, homens e mulheres, jovens e velhos, Norte e Sul. E a nossa falha em evitar as mudanças do clima deixarão os mais vulneráveis ainda mais atrás. (KINGO, 2020)

---

2 Em setembro de 2000, na sede das Nações Unidas em Nova York, os líderes mundiais se comprometeram a uma nova parceria global para reduzir a pobreza extrema através de 8 objetivos, com prazo para o seu alcance em 2015. Disponível em: https://nacoesunidas.org/tema/odm/.

Extrai-se do exposto, que o mundo está inserido num contexto em que o balanço entre o desenvolvimento e a sustentabilidade está em xeque, especialmente se considerarmos a crise climática que se busca combater. Além disso, o desafio ao desenvolvimento sustentável deve levar em consideração que a relação do homem com a natureza é cultural e vai desde a força do poder econômico até à maneira distinta na qual uma sociedade se manifesta (OLIVEIRA, 2012; COUTINHO, 2012; LEUZINGER; CUREAU, 2013). Portanto, qualquer projeto de desenvolvimento clama que políticas estatais e governamentais locais priorizem interesses internos que se coadunam à construção de um desenvolvimento sustentável, o qual pode ocorrer através do licenciamento ambiental (OLIVEIRA; COUTINHO, 2012).

Ao considerar os recursos naturais, assim como todos os demais bens estimados pela sociedade, eles passam pelo processo de valorização previsto pela Teoria Econômica de Adam Smith, à luz do princípio fundamental da oferta e demanda[3] (SMITH, 1996; SAMPAIO; OLIVEIRA, 2013). Contudo, devido à visão antropocêntrica que, historicamente, rege a relação do homem com o meio ambiente, a monetização destes recursos foi minimizada na equação do equilíbrio de mercado (SAMPAIO; OLIVEIRA, 2013). Essa filosofia de exploração da natureza entende o ser humano como central e o seu direito a usufruir da natureza como ilimitado; dessa forma, interpreta as fontes ambientais como inesgotáveis, tornando a degradação uma solução mais "barata" ao desenvolvimento (SOARES, 2001; CABRAL; LEONETTI, 2014).

Nesse contexto, Claudia Dias Soares (2001) defende que, num primeiro momento, a essência da atividade econômica era centrada na produção do "capital" por meio da exploração brutal do "trabalho" e do "ambiente". Posteriormente, esta "livre economia de mercado" fora sucedida por uma economia de mercado social, colocando o "trabalho" em primeiro plano (CABRAL; LEONETTI, 2014). Contudo, a qualidade de vida dos cidadãos, foco das ações prioritárias de governo, ao invés de acompanhar o crescimento da segurança material da sociedade, viu-se prejudicada diante da degradação ambiental e das estruturas sociais (SOARES, 2001, p. 37). Assim, em uma terceira etapa, a maximização da qualidade de vida aliou-se ao crescimento

3 Adam Smith, em "A Riqueza das Nações" deu início ao estudo da Teoria Econômica, amplamente aceita na época e utilizada posteriormente nos estudos de diversos economistas. Sua obra foi escrita de forma clara e compreensível, tornando-se lida e reverenciada por muitos. Seus ideais a favor da baixa interferência governamental nos negócios, na taxação e tributação, e do livre comércio influenciaram a economia mundial desde o século XIX até os dias de hoje. (SMITH, 1996).

econômico e, consequentemente, à proteção ambiental (CABRAL; LEONETTI, 2014; SOARES, 2001).

Este processo de reconhecimento das características finitas e frágeis da natureza e suas interferências na qualidade de vida humana evoluiu até o reconhecimento do Meio ambiente ecologicamente equilibrado como um direito fundamental pela Declaração de Estocolmo em 1972 (ONU, 1972). O primeiro item deste documento descreve o homem como ser essencial na proteção ambiental, sendo exclusiva sua responsabilidade de manutenção da mesma (ONU, 1972, p. 1):

> 1. O homem é ao mesmo tempo obra e construtor do meio ambiente que o cerca, o qual lhe dá sustento material e lhe oferece oportunidade para desenvolver-se intelectual, moral, social e espiritualmente. Em larga e tortuosa evolução da raça humana neste planeta chegou-se a uma etapa em que, graças à rápida aceleração da ciência e da tecnologia, o homem adquiriu o poder de transformar, de inúmeras maneiras e em uma escala sem precedentes, tudo que o cerca. Os dois aspectos do meio ambiente humano, o natural e o artificial, são essenciais para o bem-estar do homem e para o gozo dos direitos humanos fundamentais, inclusive o direito à vida mesma. (ONU, 1972, p.1)

No que tange ao Brasil, a evolução dessa consciência ecológica e, consequentemente do desenvolvimento sustentável resultaram na edição da Lei de Política Nacional de Meio Ambiente, Lei 6.938/1981, fornecendo ao ordenamento jurídico, um tratamento autônomo para a tutela do meio ambiente (LEUZINGER; CUREAU, 2013; FERREIRA; FERREIRA, 2006).

Em 1988, com o advento da atual Constituição Federal, os elementos contidos nessa Lei foram incorporados culminando na elaboração art. 225 que determina ao Estado e à coletividade o dever de proteger e preservar o meio ambiente para as presentes e futuras gerações (BRASIL, 1988; LEUZINGER; CUREAU, 2013), que assim prevê: "Todos têm direito ao meio ambiente ecologicamente equilibrado, bem de uso comum do povo e essencial à sadia qualidade de vida, impondo-se ao Poder Público e à coletividade o dever de defendê-lo e preservá-lo para as presentes e futuras gerações".

Ainda, reforçando esta tutela constitucional ao meio ambiente, os ideais de desenvolvimento sustentável até então idealizados pela doutrina, passaram a constituir um de seus objetivos fundamentais, conforme art. 3°, II da Carta Magna[4]. Assim, a defesa do meio ambiente elevou-se à categoria de

---

[4] Art. 3° Constituem objetivos fundamentais da República Federativa do Brasil:
II – garantir o desenvolvimento nacional;

princípio que deverá reger a atividade econômica expressamente prevista no capítulo I "Dos princípios gerais da atividade econômica" do Título VII "Da ordem Econômica Financeira", assim prevendo o inciso VI do art. 170 da Constituição Federal (LEUZINGER; CUREAU, 2013; BRASIL, 1988):

> Art. 170. A ordem econômica, fundada na valorização do trabalho humano e na livre iniciativa, tem por fim assegurar a todos existência digna, conforme os ditames da justiça social, observados os seguintes princípios:
>
> VI – defesa do meio ambiente, inclusive mediante tratamento diferenciado conforme o impacto ambiental dos produtos e serviços e de seus processos de elaboração e prestação;

Todavia, nesse mesmo artigo 170, há o inciso IV que também prevê como princípio a livre concorrência, estabelecendo no seu parágrafo único que "é assegurado a todos o livre exercício de qualquer atividade econômica, independentemente de autorização de órgãos públicos, salvo nos casos previstos em lei" (BRASIL, 1988). O artigo 174 prevê que "como agente normativo e regulador da atividade econômica, o Estado exercerá, na forma da lei, as funções de fiscalização, incentivo e planejamento, sendo este determinante para o setor público e indicativo para o setor privado" (BRSIL, 1988). Portanto, como base nesses dispositivos, é que surge a Lei de Liberdade Econômica, que será tratada a seguir.

3 LEI DE LIBERDADE ECONÔMICA

No dia 30 de abril de 2019, entrou em vigor a Medida Provisória 881, que instituiu a Declaração de Direitos de Liberdade Econômica, estabeleceu garantias de livre mercado e análise de impacto regulatório (BEASIL, 2019). Na exposição de motivos 83/2019, que encaminhou a proposta da Medida ao Presidente da República, pelo Ministério da Economia, Advocacia-Geral da União e Ministério da Justiça e Segurança Pública, foram feitas diversas considerações pela sua propositura (GUARANYS; MORO; FRANÇA, 2019).

Uma das observações apresentadas foi sobre a percepção que, na sociedade brasileira, as atividades econômicas devem ser exercidas se o Estado permitir, e que isso tem gerado insegurança nos empresários do país. Como consequência, ela relaciona essa situação às baixas posições que o Brasil tem alcançado em rankings internacionais de liberdade econômica, ficando entre a 123ª e a 150ª colocação, além de apontar um liame entre estes posicionamentos e a existência, à época, de mais de 12 milhões de pessoas sem emprego, e o inexistente crescimento da renda dos brasileiros e a economia estagnada (GUARANYS; MORO; FRANÇA, 2019).

A exposição continua ressaltando que estudos indicam que a liberdade é necessária e fundamental para que o país possa crescer e desenvolver economicamente um país. O texto exemplifica que, no âmbito da América Latina, o país considerado com maior liberdade econômica é também o que mais se destaca entre seus vizinhos por ter o maior Índice de Desenvolvimento Humano, que é a República do Chile.

Os subscritores da exposição de motivos indicam que a proposta visa a adoção de instrumentos para reduzir a burocracia na área negocial, ao mesmo tempo que insere direitos na Declaração de Liberdade Econômica. Eles expressamente afirmam que a norma deverá ser seguida no "direito civil, empresarial, econômico, urbanístico e do trabalho" (GUARANYS; MORO; FRANÇA, 2019). Quanto ao meio ambiente, a única referência constante dele foi a equiparação do documento microfilmado ou digital ao físico, conforme regulação, que, além da preservação ambiental, reduzirá os custos transacionais.

Pois bem, em 20 setembro do mesmo ano (2019), a Medida Provisória é convertida na Lei 13.874, com alguns vetos. O artigo 1° desta lei invoca o inciso IV do caput do artigo 1° e o parágrafo único do artigo 170 e o caput do artigo 174 da Constituição Federal, e institui a Declaração de Direitos de Liberdade Econômica, para proteger a livre iniciativa e o livre exercício de atividade econômica.

O artigo 2° da lei dispõe sobre os princípios que são: liberdade como garantia no exercício de atividades econômicas (I); boa-fé particular perante o poder público (II); intervenção subsidiária e excepcional do Estado sobre atividades econômicas (III); e reconhecimento da vulnerabilidade do particular perante o Estado (IV).

O artigo 3° da nova lei estabelece os direitos das pessoas naturais ou jurídicas, destacando, entre outros: o desenvolvimento de atividade econômica de baixo risco, sem que seja necessário qualquer ato público de liberação de atividade econômica (inciso I); o recebimento de tratamento isonômico de órgãos e de entidades da administração pública (inciso IV); a garantia de que nas solicitações de atos públicos de liberação de atividade econômica, haverá a estipulação de prazo para análise, e o silêncio da autoridade competente gerará a aprovação tácita para todos os efeitos, salvo as hipóteses vedadas em lei (inciso IX); e a não exigência pela administração pública direta ou indireta certidão sem previsão expressa em lei (XII).

Para definir o conceito de baixo risco, previsto no mencionado inciso I do artigo 3° da então Medida Provisória 881, de 2019, o Comitê para Gestão da Rede Nacional para Simplificação do Registro e da Legalização de

Empresas e Negócios (CGSIM), por meio da Resolução 51, de 11 de junho de 2019, do próprio Comitê, padronizou o que se denomina baixo, médio e alto risco. O anexo I desta norma apresentou uma extensão lista com 287 (duzentas e oitenta e sete) atividades consideradas de baixo risco.

Por fim, a seguir, serão apresentados, em linhas gerais, quais reflexos ambientais podem existir com essas normas previstas na Lei de Liberdade.

4 REFLEXOS AMBIENTAIS DA LEI DE LIBERDADE ECONÔMICA

A Lei de Liberdade Econômica estabelece situações que refletem diretamente em questões ambientais, sendo a primeira delas a aprovação tácita de solicitações de atos públicos de liberação de atividade econômica (art. 3°, IX), que impactará diretamente no processo de licenciamento ambiental, pois, no caso de silêncio da autoridade competente, a licença será concedida. Para dar alcance do reflexo desta situação, será tratado a seguir como ocorre este processo e o risco decorrente deste possível cenário de concessão automática.

Em 1981, a Política Nacional do Meio Ambiente (BRASIL, 1981), em seu artigo 9°, apresentou um rol de instrumentos para os objetivos propostos na lei, sendo um deles o licenciamento e a revisão de atividades efetiva ou potencialmente poluidoras (inciso IV). O artigo 10 desta norma dispõe que "a construção, instalação, ampliação e funcionamento de estabelecimentos e atividades utilizadores de recursos ambientais, efetiva ou potencialmente poluidores ou capazes, sob qualquer forma, de causar degradação ambiental dependerão de prévio licenciamento ambiental".

Por sua vez, o seu artigo 11 prevê que compete ao IBAMA propor ao CONAMA normas e padrões para implantação, acompanhamento e fiscalização desse licenciamento previsto no artigo 10. No âmbito constitucional, o inciso IV do § 1°, do artigo 225 da CF/88, prevê que "caberá ao Poder Público exigir, na forma da lei, para instalação de obra ou atividade potencialmente causadora de significativa degradação do meio ambiente, estudo prévio de impacto ambiental, a que se dará publicidade" (BRASIL, 1981).

Ao regulamentar a cooperação entre os entes da federação nas questões ambientais, previstas no artigo 23 da CF/88, a LC 140/2011 prevê que os empreendimentos e atividades são licenciados ou autorizados por um único ente da federação. Como consequência, a maior parte dos processos de licenciamento ambiental é de responsabilidade dos Estados, cabendo ao Conselhos do Meio Ambiente destes entes definirem a tipologia local para que os municípios licenciem atividades e empreendimentos, conforme critérios por eles definidos.

Com isso, o inciso XIV do artigo 7º da LC 140/2011, dispõe sobre as ações administrativas da União; o inciso XIV do artigo 8º trata das ações administrativas dos Estados. No caso do Distrito Federal, ele exercerá as atribuições dos Estados e dos Municípios (Art. 10).

O inciso XIV do artigo 9º da LC 140/2011, ao dispor sobre as ações administrativas dos Municípios, prevê que eles, observando as atribuições dos demais entes federativos, promoverão o licenciamento ambiental das atividades ou empreendimentos: a) que causem ou possam causar impacto ambiental de âmbito local, conforme tipologia definida pelos respectivos Conselhos Estaduais de Meio Ambiente, considerados os critérios de porte, potencial poluidor e natureza da atividade; ou b) localizados em unidades de conservação instituídas pelo Município, exceto em Áreas de Proteção Ambiental (APAs).

Portanto, os municípios realizam licenciamento, quando são competentes, pelo impacto ser de ordem local, por assim ter sido definido pelos respectivos conselhos, podendo também licenciar quando for por convênio ou em caráter suplementar. Ademais, o Conselho Estadual de Meio Ambiente (CEMA) definirá a tipologia para o licenciamento em âmbito local, que poderá variar em cada Estado.

Só esta divisão para o licenciamento, diante da diversidade e complexidade do país, com a precariedade de diversos entes federativos, inclusive de alguns Estados, e, principalmente dos municípios, no que tange à existência de pessoal e material disponível para atuação, torna vulnerável a proteção do meio ambiente. E agora esta situação torna-se mais preocupante, pela possibilidade de concessão automática de licença, pelo silêncio da autoridade competente.

Para melhor compreensão sobre a licença ambiental, a Resolução nº 237, de 19 de dezembro de 1997, define o seu conceito[5], bem como dispõe sobre os empreendimentos e atividades a serem licenciados pelo IBAMA (Art. 4º), pelos Estados e o Distrito Federal (Art. 5º) e pelo Município (Art.

---

5 Art. 1º Para efeito desta Resolução são adotadas as seguintes definições: "(...) II – Licença Ambiental: ato administrativo pelo qual o órgão ambiental competente, estabelece as condições, restrições e medidas de controle ambiental que deverão ser obedecidas pelo empreendedor, pessoa física ou jurídica, para localizar, instalar, ampliar e operar empreendimento ou atividades utilizadoras dos recursos ambientais consideradas efetiva ou potencialmente poluidoras ou aquelas que, sob qualquer forma, possam causar degradação ambiental".

6º), que serão licenciados em um único nível de competência. As licenças previstas são a prévia (LP), de instalação (LI) e de ocupação (LO). A prévia é concedida na fase preliminar, em que é aprovado o local e a concepção, e atestada a viabilidade ambiental para as próximas fases de sua implementação. A de instalação autoriza que seja instalada a atividade ou empreendimento, nos termos das especificações. Por fim, a de operação autoriza que se opere o que se pretende, verificando-se o cumprimento do previsto nas licenças anteriores (Art. 8º).

Além dessas licenças, a depender do ente da federação, há outras, como a Licença de alteração, onde, uma vez existindo a LI ou a LO, modifica o contrato social, a licença pode sofrer ampliações ou ajustes. Além dessas, há a Licença de Instalação e de Operação (LIO), onde os procedimentos dessas fases são unificados; a Licença Prévia e de Instalação (LPI), que unifica as fases indicadas; a Licença Ambiental Simplificada (LAS), para os casos de baixo potencial poluidor, onde, em uma única fase, atesta-se a viabilidade ambiental, para os empreendimentos e atividades de pequeno ou micro porte; a Licença Única (LU), que unifica os procedimentos prévio, de instalação e de operação em uma única licença. Entretanto, em algumas atividades o licenciamento ambiental é dispensado, seja por ser uma atividade de muito baixo impacto ambiental, seja por não constarem nas atividades a serem licenciadas pelos entes federativos (MMA, 2020).

Todas as licenças possuem prazo de validade: a LP não pode ser superior a 5 anos; a LI, a 6 anos; e a LO, que considera os planos de controle ambiental, são de, no mínimo, 4 anos e, no máximo, 10 anos, nos termos do artigo 18 da Resolução CONAMA nº 237/97, em seus incisos I, II e III, respectivamente. O § 4º deste artigo prevê que a renovação da LO deve ser requerida com, pelo menos, 120 dias de antecedência, do prazo da licença. Ela fica prorrogada automaticamente até que o órgão competente se manifeste em definitivo. Por sua vez, o § 4º do artigo 14 da LC 140/2011 dispõe que a renovação de licenças deve ser requerida neste prazo de 120 dias. O § 1º do artigo 10 da PNMA dispõe que os pedidos de renovação serão publicados no jornal oficial ou em meio eletrônico de comunicação do órgão competente.

A exigência da licença apresenta duas consequências. A primeira para o particular, que dependerá dela para fruir de sua propriedade, quando ela for obrigatória. A outra para o administrador, que não suportará a realização de certas atividades, sem que ela seja concedida, pois não estará no campo de sua discricionariedade exigi-la ou não. A sua emissão estará guiada pelo Estudo de Impacto Ambiental, quando for exigido, e pelos ditames constitucionais e legais (MILARÉ, 1993).

No caso de licenciamento ambiental de obras do setor de geração de energia elétrica, há a Resolução CONAMA 6, de 16 de setembro de 1987. Entretanto, se o empreendimento tiver pequeno potencial de impacto ambiental, a Resolução do CONAMA que trata o tema é a de número 279, de 27 de junho de 2001. Esta norma estabelece o procedimento simplificado para a atividade, buscando a celeridade do procedimento. Portanto, ao requerer a licença prévia ao órgão ambiental, o empreendedor deverá apresentar o Relatório Ambiental Simplificado, atendendo as disposições normativas que regulam o tema (Art. 3°).

Para que se possa ter uma ideia do quantitativo de licenças concedidas em regiões do país, serão utilizados os dados dos Estados da Região Sudeste, composta pelo Espírito Santo, Minas Gerais, Rio de Janeiro e São Paulo. O Produto Interno Bruto (PIB) regional é o maior do país, totalizando 52,87% do equivalente nacional.

Quadro 1 – Licenciamento ambiental na região sudeste.

Estado	2013	2014	2015	2016	2017
Espírito Santo	2239	1915	1506	1600	1364
Minas Gerais	6541	6710	6681	7975	5146
Rio de Janeiro	3676	3621	3451	5007	4812
São Paulo	20503	20463	18161	21196	22693

Fonte: Elaborado pelos autores, com os dados obtidos na página eletrônica do órgão licenciador ou pelo Portal Nacional de Licenciamento Ambiental (MMA, 2020).

Pois bem. Os dados constantes da tabela acima permitem ter uma noção do impacto ambiental que pode ocorrer em uma eventual concessão automática de licença, se houver silêncio da autoridade competente. Ademais, esta situação é expressamente vedada pelo artigo 14, § 3°, da Lei Complementar 140, de 8 de dezembro de 2011, estabelece que "o decurso dos prazos de licenciamento, sem a emissão da licença ambiental, não implica emissão tácita nem autoriza a prática de ato que dela dependa ou decorra, mas instaura a competência supletiva (...)" (BRASIL, 2011).

O mencionado artigo 2° da Lei de Liberdade Econômica destaca como princípio a boa-fé do particular, com reconhecimento de sua vulnerabilidade perante o Estado, fazendo com que o Poder Público tenha o ônus de provar eventual dúvida de ato do empreendedor. Ademais, o inciso XII do artigo 3° da Lei 13.784, de 2019, veda que seja exigida certidão sem previsão legal. Entretanto, a despeito de não estar em lei, há exigências que são previstas na mencionada Resolução CONAMA 237/97. O seu artigo 10, § 1°, prevê que o procedimento de licenciamento ambiental deverá constar, obrigatoriamente, a certidão da Prefeitura municipal.

Com relação ao anexo I da Resolução CGSIM 51, de 2019, ele enumera as atividades de baixo impacto, onde quase a totalidade não depende de licença ambiental. Todavia, aquelas que possam ser enquadradas como poluidoras poderão contrariar normas ambientais dos entes federativos.

Por fim, a Lei de Liberdade Econômica, desde seu nascedouro, que foi a Medida Provisória 881, de 2019, tem sido objeto de discussões e críticas quanto à constitucionalidade de certos dispositivos normativos. Nesse sentido, diversas Ações Diretas de Inconstitucionalidade (ADI) foram propostas perante o Supremo Tribunal Federal, ainda no ano de 2019, como a de 6156, 6184 e 6217, bem como a de 6528, no ano de 2020.

A ADI 6156, de 13 de junho de 2019, foi proposta pelo Partido Democrático Trabalhista (PDT), tendo como objeto, entre outros, o inciso IX do artigo 3°, que trata da aprovação tácita por silêncio da Administração. Por sua vez, a ADI 6184, de 27 de junho de 2019, questiona outros dispositivos, e não os tratados neste trabalho, sendo que a ADI 6217, de 12 de agosto de 2019, argui a constitucionalidade formal da então Medida Provisória proposta. A ADI 6528, de 5 de agosto de 2020, também contesta o mencionado inciso IX e o inciso XI, "d", do artigo 3° da lei, por violar diversos princípios, entre eles, o do desenvolvimento sustentável.

5 CONCLUSÕES

A preocupação com a escassez dos recursos naturais fez com que o mundo voltasse sua atenção às questões ambientais, surgindo o conceito de desenvolvimento sustentável, com foco no tripé, meio ambiente, econômico e social. Com isso, a ONU estabelece os oito ODM, em 2000, evoluindo para os dezessete ODS, em 2015, definindo a Agenda 2030, pactuada por diversos países.

Em 1988, além das temáticas sociais, na Constituição Federal há um capítulo específico para o meio ambiente, bem como outro para os princípios gerais da atividade econômica. Nesse contexto, surge a LLE que institui a Declaração de Direitos de Liberdade Econômica, cujo texto prevê princípios e direitos das pessoas natural e jurídica, na perspectiva de reduzir a burocracia na área dos negócios, para favorecer o crescimento e o desenvolvimento do país.

Essa busca da redução burocrática prevê que as solicitações de atos públicos de liberação de atividade econômica terão aprovação tácita, no caso de silêncio da autoridade competente. Com essa previsão, há um impacto direito nas questões ambientais, particularmente no processo de licenciamento, pois, no caso de demora na tramitação, haverá a concessão automática da licença.

Todavia, essa possibilidade contraria a Lei Complementar 140, de 2011, que expressamente veda a emissão tácita de licença ambiental, por decurso de prazo, e não autoriza a prática de ato que dela dependa. Ademais, a LLE também prevê o princípio da boa-fé do particular, vedando a exigência de certidão sem previsão legal, o que consequentemente gera impacto nas questões ambientais, pois há previsão de emissão de certidão para o licenciamento em resolução do CONAMA, e não em lei.

Por fim, essa previsão normativa de aprovação tácita da LLE foi objeto de duas ações direta de inconstitucionalidade perante o STF, além de outras ações questionando outros dispositivos, na mesma Corte. Uma delas, é a de 6528, que argui a inconstitucionalidade da aprovação tácita para concessão de atos, por ferir diversos princípios, entre eles, o do desenvolvimento sustentável.

REFERÊNCIAS

ARORA, Naveen Kumar; MISHRA, Isha. ***United Nations Sustainable Development Goals 2030 and environmental sustainability: race against time.*** *Society for Environmental Sustainability.* 2019. Disponível em: https://link.springer.com/content/pdf/10.1007/s42398-019-00092-y.pdf.

BRASIL. Constituição da República Federativa do Brasil de 1988. **Planalto**. Disponível em: http://www.planalto.gov.br/ccivil_03/constituicao/constituicao.htm.

BRASIL. Lei Complementar 140, de 8 de dezembro de 2011. Fixa normas, nos termos dos incisos III, VI e VII do caput e do parágrafo único do art. 23 da Constituição Federal, para a cooperação entre a União, os Estados, o Distrito Federal e os Municípios nas ações administrativas decorrentes do exercício da competência comum relativas à proteção das paisagens naturais notáveis, à proteção do meio ambiente, ao combate à poluição em qualquer de suas formas e à preservação das florestas, da fauna e da flora; e altera a Lei no 6.938, de 31 de agosto de 1981. **Planalto.** Disponível em: http://www.planalto.gov.br/ccivil_03/LEIS/LCP/Lcp140.htm.

BRASIL. Lei 13.874, de 20 de setembro de 2019. Institui a Declaração de Direitos de Liberdade Econômica; estabelece garantias de livre mercado; altera as Leis nos 10.406, de 10 de janeiro de 2002 (Código Civil), 6.404, de 15 de dezembro de 1976, 11.598, de 3 de dezembro de 2007, 12.682, de 9 de julho de 2012, 6.015, de 31 de dezembro de 1973, 10.522, de 19 de julho de 2002, 8.934, de 18 de novembro 1994, o Decreto-Lei 9.760, de 5 de setembro de 1946 e a Consolidação das Leis do Trabalho, aprovada pelo Decreto-Lei 5.452, de 1° de maio de 1943; revoga a Lei Delegada 4, de 26 de setembro de 1962, a Lei 11.887, de 24 de dezembro de 2008, e dispositivos do Decreto-Lei 73, de 21 de novembro de 1966; e dá outras providências. **Planalto.** Disponível em: http://www.planalto.gov.br/ccivil_03/_ato20192022/2019/lei/L13874.htm#:~:text=Art.,IV%20do%20caput%20do%20art.

BRASIL. Lei 6.938, de 31 de agosto de 1982. Dispõe sobre a Política Nacional do Meio Ambiente, seus fins e mecanismos de formulação e aplicação, e dá outras providências. **Planalto.** Disponível em: http://www.planalto.gov.br/ccivil_03/LEIS/L6938.htm.

BRASIL. Supremo Tribunal Federal. ADI 6156, de 13 de junho de 2019. Processo nº. 0024394-21.2019.1.00.0000. Autoria: Partido Democrático Trabalhista. Proposta em: 13/06/2020. Disponível em: http://portal.stf.jus.br/processos/detalhe.asp?incidente=5718874.

BRASIL. Supremo Tribunal Federal. ADI 6.184, de 27 de junho de 2019. Processo nº. 0025143-38.2019.1.00.0000. Autoria: SOLIDARIEDADE. Proposta em: 27/06/2019. Disponível em: http://portal.stf.jus.br/processos/detalhe.asp?incidente=5727040.

BRASIL. Supremo Tribunal Federal. ADI 6.528, de 5 de agosto de 2020. Processo nº. 0099444-19.2020.1.00.0000. Autoria: Partido Socialista Brasileiro – PSB. Proposta em: 05/08/2020. Disponível em: http://portal.stf.jus.br/processos/detalhe.asp?incidente=5972781.

CABRAL, Ana Rita Nascimento; LEONETTI, Carlos Araújo. **Uma ordem econômica sustentável junto ao princípio constitucional da defesa do ambiente**. Direito e Sustentabilidade I, 2014. ISBN 978-85-68147-77-1. Disponível em: http://www.publicadireito.com.br/artigos/?cod=99880ac6c3bbe603.

COMISSÃO MUNDIAL DE DESENVOLVIMENTO SUSTENTÁVEL. **Nosso Futuro Comum**. 2 ed. Rio de Janeiro: Editora Fundação Getúlio Vargas, 1991. Disponível em: https://edisciplinas.usp.br/pluginfile.php/4245128/mod_resource/content/3/Nosso%20Futuro%20Comum.pdf.

CONAMA. Resolução 237, de 19 de dezembro de 2017. **MMA.** Disponível em: http://www2.mma.gov.br/port/conama/res/res97/res23797.html.

COUTINHO, Ana Luísa Celino; OLIVEIRA; Raisa Lustosa de. O licenciamento ambiental e o desafio do desenvolvimento sustentável no Brasil. Direito e sustentabilidade. POMPEU, Gina Vidal Marcílio; TUCUNDUVA SOBRINHO, Ruy Cardozo de Mello (orgs.). Florianópolis: FUNJAB, 2012. p. 371-399. Disponível em: http://www.publicadireito.com.br/artigos/?cod=6df182582740607d.

ELKINGTON, John. ***Cannibals with forks***: *The Triple Bottom Line of 21st Century Business*. Londres: *Capstone Publishing Limited*, 1997. ISBN 1-900961-27-X.

FERREIRA, Gabriel Luiz Bonora Vidrih; FERREIRA, Natália Bonora Vidrih. **Meio Ambiente e atividade econômica na Constituição Federal**. São Paulo: XII SIMPEP, 2006. Disponível em: https://simpep.feb.unesp.br/anais/anais_13/artigos/807.pdf.

GSDR. Global Sustainable Development Report 2019. **The Future is Now**: Science for Achieving Sustainable Development. Nações Unidas: 2019. Disponível em: https://sustainabledevelopment.un.org/gsdr2019.

GUARANYS, Marcelo Pacheco dos; MORO, Sérgio Fernando; FRANÇA, Renato de Lima. EMI 00083/2019 ME AGU MJSP: Exposição de Motivos da Medida Provisória 881 de 30 de abril 2019. **Planalto**. Disponível em: http://www.planalto.gov.br/ccivil_03/_ato2019-2022/2019/Exm/Exm-MP-881-19.pdf.

KINGO, Lise. **Carta Anual 2020**. *Pacto Mundial:* 2020. Disponível em: https://www.pactoglobal.org.br/noticia/390.

LEUZINGER, Marcia Dieguez; CUREAU, Sandra. **Direito ambiental**. Rio de Janeiro: Elsevier, 2013. ISBN 978-85-354-6382-4.

MILARÉ, Edis; BENJAMIN, Antônio Herman V. **Estudo prévio de impacto:** teoria, prática e legislação. São Paulo: Editora Revista dos Tribunais, 1993.

MMA. Ministério do Meio Ambiente. **Etapas do licenciamento**. S.d. Disponível em: http://pnla.mma.gov.br/etapas-do-licenciamento.

ODS. **Transformando Nosso Mundo**: A Agenda 2030 para o Desenvolvimento Sustentável, Objetivos de Desenvolvimento Sustentável. 2015. Disponível em: https://nacoesunidas.org/wp-content/uploads/2015/10/agenda2030-pt-br.pdf.

ONU. **Declaração da Conferência das Nações Unidas sobre Meio Ambiente**. Declaração de Estocolmo, 1972. Disponível em: https://apambiente.pt/_zdata/Politicas/DesenvolvimentoSustentavel/1972_Declaracao_

Estocolmo.pdf.

BRASIL. Medida Provisória 881 de 30 de abril 2019. Institui a Declaração de Direitos de Liberdade Econômica, estabelece garantias de livre mercado, análise de impacto regulatório, e dá outras providências. **Planalto**. Disponível em: http://www.planalto.gov.br/ccivil_03/_ato2019-2022/2019/Mpv/mpv881.htm

SACHS, Ignacy. **Caminhos para o desenvolvimento sustentável**. 2. ed. Rio de Janeiro: Garamond, 2002.

SAMPAIO, Hellano de Paulo Girão; OLIVEIRA, Davi Arêa Leão de Oliveira. **O princípio constitucional da proteção ao meio ambiente e sua influência na ordem econômica**. 2013. Disponível em: https://jus.com.br/artigos/24760/o-principio-constitucional-da-protecao-ao-meio-ambiente-e-sua-influencia-na-ordem-economica.

SMITH, Adam. **A riqueza das nações**: investigação sobre sua natureza e suas causas. Tradução de Luiz João Baraúna. vol. I e II. São Paulo: Nova Cultural, 1996.

SOARES, Claudia Alexandra Dias. **O imposto ecológico**: contributo para o estudo dos instrumentos econômicos da defesa do ambiente. Coimbra: Coimbra Editora, 2001.

SPREKLEY, Freer. ***Social Audit:*** *A Management Tool for Co-operative Working. Beechwood College*,1981. Disponível em:https://locallivelihoods.com/wpcontent/uploads/2020/06/Social-Audit-A-Management-Tool-1.pdf.

UKAGA, Okechukwu; MASER, Chris; REICHENBACH, Mike. ***Sustainable development:*** *principles, frameworks, and case studies.* Nova York: CRC Press, 2010. ISBN 978-1-4398-2062-9.

Capítulo 4

A LEI DA LIBERDADE ECONÔMICA E A MINERAÇÃO

Cristiana Nepomuceno de Sousa Soares

Resumo: Este artigo tem por objetivo verificar se a Lei da liberdade econômica pode ser aplicada na atividade minerária, sendo essa atividade extremamente impactante ao meio ambiente, podendo causar grandes danos. A mineração é uma atividade econômica essencial para o desenvolvimento do país e precisa de licenças para ser desenvolvida. O estudo foi desenvolvido em metodologia jurídico-teórica e raciocínio dedutivo, com técnicas de pesquisa bibliográfica e documental. Concluiu-se que a Lei da liberdade econômica não deve ser aplicada na mineração, sem que concluído o licenciamento ambiental.

Palavras-chave: Mineração. Liberdade econômica. Sustentabilidade

Abstract: This article aims to verify if the Law of economic freedom can be applied in mining activity, which is an extremely impacting activity to the environment, which can cause great damage. Mining is an essential economic activity for the country's development and needs licenses to be developed. The study was developed using legal-theoretical methodology and deductive reasoning, using techniques of bibliographic and documentary research. It was concluded that the Economic Freedom Act should not be applied in mining, without environmental licensing being completed.

Keywords: Mining. Economic freedom. Sustainability.

1 INTRODUÇÃO

A mineração é uma atividade econômica de grande importância hoje em dia, até mesmo para sobrevivência humana. Está prevista constitucionalmente desde a primeira Carta Magna. Nesse sentido, o Estado, ao mesmo tempo que incentiva, também fiscaliza e autoriza a utilização dos recursos ambientais para o seu desenvolvimento.

Entretanto, para ser realizada, a atividade minerária precisa do licenciamento ambiental, visto ser uma atividade que causa grande impacto ao meio ambiente. O procedimento de licenciamento ambiental, no Brasil é trifásico e às vezes se torna muito demorado, desestimulando os empreendedores.

Dessa forma foi editada a Lei da liberdade econômica como uma forma de desburocratizar e simplificar os processos para as empresas e empreendedores, viabilizando o livre exercício da atividade econômica e a livre iniciativa

Considerando a proteção constitucional do meio ambiente, poderia a nova lei incentivar a mineração mesmo sem a licença ambiental?

O objetivo deste trabalho é, portanto, o de avaliar se a Lei poderia ser aplicada na atividade minerária, mesmo no decurso de prazo para o procedimento de licenciamento ambiental

Para tanto, utilizou-se de pesquisa bibliográfica para se buscarem as definições teóricas e normas legais atuais do Direito. Este artigo se desenvolveu apoiado na metodologia de investigação teórica e doutrinária.

2 PEQUENO HISTÓRICO SOBRE A ATIVIDADE MINERÁRIA E ALGUNS BENEFÍCIOS

A história do Brasil se confunde em muitas vezes com a história da mineração, ocorreram os ciclos do ouro e do diamante. Os recursos minerais sempre contribuíram para importantes insumos da economia nacional, fazendo também parte da ocupação territorial.

No final do século XVII, foi descoberto, pelos bandeirantes paulistas, ouro nos ribeiros das terras que pertenciam à capitania de São Paulo e mais tarde ficaram conhecidas como Minas Gerais. As jazidas de ouro eram divididas em pequenos lotes, chamados datas (em geral, não mais de 50 m de largura). Cada data era entregue, por sorteio, a um minerador.

Descobriram-se depois, no final da década de 1720, diamante e outras gemas preciosas. O ouro abundante esgotou-se nos ribeirões, o que passou a ser mais penosamente buscado em veios dentro da terra.

Apareceram metais preciosos em Goiás e no Mato Grosso, no século XVIII. A Coroa cobrava, como tributo, um quinto de todo o minério extraído, o que passou a ser conhecido como "o quinto". Os desvios e o tráfico de ouro, no entanto, eram frequentes. Para coibi-los, a Coroa instituiu toda uma burocracia e mecanismos de controle. Quando a soma de impostos pagos não atingia uma cota mínima estabelecida, os colonos deveriam entregar joias e bens pessoais até completar o valor estipulado.

Outro tipo de imposto estabelecido pela Coroa foi a "derrama". Neste caso, a mesma estabelecia a cobrança anual de uma quantidade específica de ouro de cada região aurífera. Caso não fosse gerado o valor pretendido em impostos, os soldados invadiam as casas e tomavam bens de valor da população, até atingir o valor pré-estabelecido.

Estes fatos causaram a revolta da população, ocasionando os episódios como a Inconfidência Mineira. Na metade do século XVIII, foi descoberto o diamante, nas regiões atuais de Tiradentes e São João Del Rey. E, já nesta época, a metade da produção mundial de ouro era oriunda do nosso país. Isto atraiu os imigrantes para cá e aproximadamente 400.000 (quatrocentos mil) portugueses vieram explorar o sudeste do Brasil.

Também como consequência disto, mais de um milhão de pessoas foram escravizadas da África e trazidas para trabalhar nas minas de ouro. Muitas das técnicas de mineração, como as de exploração do ouro foram trazidas pelos africanos, que já as conheciam e utilizavam na África. Uma era a bateia, uma gamela afunilada, de madeira ou metal. Com movimentos circulares, eliminava-se a areia e o cascalho pelas suas bordas, enquanto o ouro, mais denso, acumulava-se em seu fundo.

O outro foi o almocafre, uma espécie de enxada pontiaguda usada para escavar o leito dos rios e extrair o cascalho aurífero. Essa forma de extração conhecida como faiscação era itinerante. O ouro de aluvião era encontrado nos depósitos de areia, argila e cascalho que se formam nas margens dos rios. Por ser sua forma de extração muito simples e não exigia grandes investimentos, era muito praticado.

Durante o período colonial, os recursos minerais constituíram propriedade exclusiva da Coroa Real portuguesa. Sua exploração por particulares dependia da autorização do monarca e ainda era cobrado o imposto.

O país passou por sensíveis transformações em função da mineração. E hoje, a atividade minerária é de suma importância para o nosso bem-estar e conforto. O subsolo brasileiro possui importantes depósitos minerais. Partes destas reservas são consideradas expressivas quando relacionadas mundialmente.

O Brasil produz cerca de 70 (setenta) substâncias, sendo 21 (vinte e um) dos grupos dos minerais metálicos, 45 (quarenta e cinco) dos não metálicos e 4 (quatro) dos energéticos. Em termos de participação no mercado mundial, ressalta-se a posição do nióbio (98%, primeiro maior produtor mundial), minério de ferro (12,5%, segundo maior produtor mundial), tantalita (28%, segundo produtor mundial), manganês (20%, segundo produtor mundial), caulim (6,8%, quinto produtor mundial) e, ainda, rochas ornamentais (7,7%, terceiro produtor mundial), como o talco e a vermiculita. Sendo autossuficiente em calcário, diamante industrial, talco, titânio e tungstênio.

A nossa balança comercial mineral é muito favorável. Exportamos mais que importamos. Só de minério de ferro o índice de exportação é de 84,12% (oitenta e quatro inteiros e doze centésimos por cento).

2.1 A Legislação Minerária

A legislação jurídica minerária teve sua origem durante o período colonial, com as Ordenações Manuelinas (1521), que mencionam que "os veeiros e minas de ouro, ou de prata ou qualquer outro metal" pertenciam à Coroa Portuguesa, conforme Liv., II, Título XV, § 15. Estas foram substituídas pelas Ordenações Filipinas (1603), que também atribuíam ao Rei a propriedade das riquezas minerais (Liv., II, Título XXVI, § 16).

Desta forma, na qualidade de proprietário das minas e jazidas, o rei dispunha delas livremente, concedendo o direito de lavra para quem ele quisesse (Liv., II, Título XXXIV, § 1º), mediante o pagamento de contribuição estipulada sobre o valor da produção (Liv. II, Título XXXIV, § 4º).

A nossa primeira Constituição da República, datada em 1824, garantiu o direito de propriedade em toda sua plenitude, conforme descreveu o inciso XXII, do artigo 179. (BRASIL, 1824).

A segunda Carta Magna de 1891 definiu no Título II – Dos Estados, em seu artigo 64, que as minas e as terras devolutas pertenciam aos Estados e também mencionou no artigo 72, § 17, que o direito de propriedade se mantinha em toda a sua plenitude, com salva a desapropriação por necessidade ou utilidade pública, mediante indenização prévia. E que as minas pertenciam aos proprietários do solo, salvas as limitações que forem estabelecidas por lei a bem da exploração deste ramo de indústria. (BRASIL, 1891).

Na de 1934, o tema já foi abordado mais detalhadamente, declarando no artigo 118, que as minas e demais riquezas do subsolo, bem como as quedas d'água, constituíam propriedade distinta da do solo para o efeito de exploração ou aproveitamento industrial. E, continuou no artigo 119, dizendo que o aproveitamento industrial das minas e das jazidas minerais, ainda que de propriedade privada, dependeriam de autorização ou concessão federal, na forma da lei. (BRASIL, 1934)

Mencionava ainda nos parágrafos seguintes deste artigo, que "as autorizações ou concessões seriam conferidas exclusivamente a brasileiros ou a empresas organizadas no Brasil, ressalvada ao proprietário preferência na exploração ou coparticipação nos lucros". E, também que, a lei regularia a nacionalização progressiva das minas, jazidas minerais e quedas d'água ou outras fontes de energia hidráulica, julgadas básicas ou essenciais à defesa econômica ou militar do País.

Nesta mesma época foi editado o nosso primeiro Código de Minas, decreto 24.642/34. (BRASIL, 1934)

A Carta de 1937 mencionava, no artigo 18, que "independentemente de autorização, os Estados poderiam legislar, no caso de haver lei federal sobre a matéria, para suprir-lhes as deficiências ou atender às peculiaridades locais, desde que não dispensem ou diminuam as exigências da lei federal, ou, em não havendo lei federal e até que esta regule, sobre as riquezas do subsolo, mineração, metalurgia e sua exploração". (BRASIL, 1937).

Em 1940, foi editado um novo código de mineração, decreto-lei 1.985/40, que proclamava no artigo 10, que "as jazidas não manifestadas na forma do artigo 7° são bens patrimoniais da União". (BRASIL, 1940).

No ano de 1946, foi promulgada uma nova Constituição Federal, que continuou declarando no seu artigo 152 que as minas e demais riquezas do subsolo, constituíam propriedade distinta da do solo para o efeito de exploração ou aproveitamento industrial. E, no artigo 153, que o aproveitamento dos recursos minerais dependeria de autorização ou concessão federal na forma da lei. E estas autorizações ou concessões, mencionadas no parágrafo primeiro, seriam conferidas exclusivamente a brasileiros ou a sociedades organizadas no País, assegurada ao proprietário do solo preferência para a exploração. Os direitos de preferência do proprietário do solo, quanto às minas e jazidas, seriam regulados de acordo com a natureza delas. (BRASIL, 1946).

A Constituição de 1967 mencionava no artigo 8°, inciso XVII, letra "h", que competia a União legislar sobre jazidas, minas e outros recursos minerais e metalurgia. E, como nas anteriores continuou dizendo que "as jazidas, minas e demais recursos minerais constituíam propriedade distinta da do solo para o efeito de exploração ou aproveitamento industrial", artigo 161, caput e § 1°. (BRASIL, 1967)

Nos parágrafos 2° e 3°, ela assegurou ao proprietário do solo a participação nos resultados da lavra; quanto às jazidas e minas cuja exploração constituir monopólio da União, a lei regulará a forma da indenização. E, determinou que a referida participação seria igual ao dízimo do imposto único sobre minerais. Também no ano 1967, foi editado outro código de mineração, vigente até nos dias de hoje, o decreto-lei 227, de 28.02.67. (BRASIL, 1967).

Na nossa atual Constituição, o Direito a Minerar foi consagrado em seus dispositivos. O art. 20, inciso IX, declara serem bens da União "os recursos minerais, inclusive os do subsolo". Os artigos. 21, inciso XXV, e 174 §§ 3°

e 4°, expressam o favorecimento do cooperativismo no aproveitamento de recursos minerais específicos, considerados "garimpáveis", destes resultou na criação do regime de permissão de lavra garimpeira. (BRASIL, 1988).

Estabeleceu, ainda, no título VII – Da Ordem Econômica e Financeira, capítulo I – Dos princípios gerais da atividade econômica, no art. 170, os princípios orientadores da atividade econômica, colocando no meio deles a defesa do meio ambiente. (BRASIL, 1988).

E, no artigo 176, determinou que as jazidas, em lavra ou não, e demais recursos minerais constituem propriedade distinta da do solo, para efeito de exploração ou aproveitamento, e pertencem à União, garantida ao concessionário a propriedade do produto da lavra. (BRASIL, 1988).

Nos parágrafos deste artigo, esclareceu que a pesquisa e a lavra de recursos minerais somente poderão ser efetuadas mediante autorização ou concessão da União, no interesse nacional, por brasileiros ou empresa constituída sob as leis brasileiras e que tenha sua sede e administração no País, na forma da lei, que estabelecerá as condições específicas quando essas atividades se desenvolverem em faixa de fronteira ou terras indígenas.

Assegurou, ainda, ao proprietário do solo sua participação nos resultados da lavra, na forma e no valor que dispuser a lei, e esclareceu que a autorização de pesquisa será sempre por prazo determinado e as autorizações e concessões previstas não poderão ser cedidas ou transferidas, total ou parcialmente, sem prévia anuência do poder concedente.

Garantiu no artigo 174, § 3° que o Estado favorecerá a organização da atividade garimpeira em cooperativas, levando em conta a proteção do meio ambiente e a promoção econômico-social dos garimpeiros. E, que as estas cooperativas terão prioridade na autorização ou concessão para pesquisa e lavra dos recursos e jazidas de minerais garimpáveis, nas áreas onde estejam atuando, e naquelas fixadas de acordo com o art. 21, XXV. (BRASIL, 1988).

2.2 Cidadão X Consumidor

A atividade minerária não está relacionada diretamente com o consumidor, pois o mesmo não compra um quilo de manganês ou de minério de ferro no mercado. Mas, com certeza, esta relação é indireta, pois o consumidor não compra para seu uso o alumínio ou o ferro, mas compra os produtos que os utilizam, como facas, panelas, carros e celulares.

A prática da mineração é de fundamental importância para a sobrevivência e o bem-estar da humanidade, sendo essencial para o desenvolvimento de uma sociedade, desde que operada com responsabilidade social, e sempre respeitando os preceitos do desenvolvimento sustentável. Sem a mineração seria impossível a produção de alimentos, papel, roupas, carros, celulares e outros tanto necessariamente importantes. Até mesmo a captação da água e da energia não seria produzida sem ela.

Hoje em dia, o minerador consciente está preocupado com a questão ambiental, visto que a prática desta atividade gera alguns efeitos não desejados para a população, dentre estes citamos: alterações ambientais, conflitos de uso do solo, depreciação de móveis circunvizinhos, geração de áreas degradadas e transtornos para o tráfego urbano. Estes efeitos chamados de externalidades geram conflitos com a comunidade, que normalmente têm origem quando da implantação do empreendimento.

A mineração deve estar dentro do desenvolvimento, incluindo aí, o social e o econômico. E uma atividade social, econômica e ambiental que tem que ser desenvolvida de forma sustentável, impactando de forma positiva o município. A mineração irresponsável e preocupada apenas com o lucro, traz consequências terríveis para o município e os habitantes do lugar. Assim, pode até não estar relacionada diretamente com o consumidor, mas está com o cidadão. Tratando-se desta maneira de questões de cidadania.

2.3 A licença ambiental

Ocorre que para ser assim realizada, a atividade minerária precisa algumas licenças ambientais, por ser uma atividade de alto impacto ao meio ambiente. As licenças ambientais serão obtidas após a realização de vários atos, cuja finalidade sempre é a conciliação entre o meio ambiente e o desenvolvimento econômico para os empreendimentos que gerem degradação, como forma de minimizar os danos ao meio ambiente.

Na esfera federal, segundo Ribeiro at al (2015), o licenciamento ambiental foi criado pela Lei da Política Nacional de Meio Ambiente –Lei 6.938, de 31 de agosto de 1981, regulamentada pelo Decreto 88.351, de 1° de junho de 1983 e depois foi substituída pelo Decreto 99.274, de 06/06/1990, de 1990. Sendo recepcionada pela Constituição Federal.

A Lei 6938/1981, que dispõe sobre a Política Nacional de Meio Ambiente, prevê no seu artigo 9°, IV, o licenciamento como um dos seus instrumentos. Deixando muito clara a regra no artigo 10, nova redação estabelecida pela Lei Complementar 140/2011: *"a construção, instalação, ampliação e funcionamento de estabelecimentos e atividades utilizadores de recursos ambientais, efetiva ou potencialmente poluidores ou capazes, sob qualquer forma, de causar degradação ambiental dependerão de prévio licenciamento ambiental."* (BRASIL, 1981).

A Resolução 237/97 do Conselho Nacional do Meio Ambiente, CONAMA, define o licenciamento ambiental como o procedimento administrativo pelo qual o órgão ambiental competente licencia a localização, instalação, ampliação e a operação de empreendimentos e atividades utilizadoras de recursos ambientais , consideradas efetiva ou potencialmente poluidoras ou daquelas que, sob qualquer forma, possam causar degradação ambiental, considerando as disposições legais e regulamentares e as normas técnicas aplicáveis ao caso. (BRASIL, 1997).

Dentre o rol disposto no Anexo 1 da Resolução 237 do CONAMA, que trata das atividades que podem causar a degradação ambiental, tem no inciso primeiro, a extração e tratamento de minerais. (BRASIL, 1997).

Hoje, no nosso país, o sistema do licenciamento é trifásico, conforme expressa o Decreto 99.274/90 e a Resolução 237, do CONAMA, conforme estes têm-se:

> I – Licença Prévia (LP), na fase preliminar do planejamento da atividade, contendo requisitos básicos a serem a atendidos nas fases de localização, instalação e operação, observados os planos municipais, estaduais ou federais de uso do solo;
>
> II – Licença de Instalação (LI), autorizando o início da implantação, de acordo com as especificações constantes do projeto executivo aprovado;
>
> III – Licença de Operação (LO), autorizando, após as verificações necessárias, o início da atividade licenciada e o funcionamento de seus equipamentos de controle de poluição, de acordo como previsto nas Licenças Prévia e de Instalação. (BRASIL, 1990).

Segundo Farias (2015), pelo licenciamento se promove a interface entre o empreendedor, cuja atividade pode interferir na estrutura do meio ambiente, e o Estado, que garante a conformidade com os objetivos dispostos legalmente.

O sistema trifásico é aplicado no controle de algumas atividades econômicas, naquelas potencial ou efetivamente poluidoras. Depois de obter todas essas licenças, o empreendedor já pode instalar sua atividade. Entretanto, a obtenção das licenças ambientais não costumam ser um procedimento célere, principalmente, se forem apresentados documentos que não tiverem em conformidade com a norma.

Por ser às vezes demorado, várias empresas estrangeiras decidem de fazer empreendimentos no país. Assim, como uma forma de acelerar esse procedimento foi promulgada a Lei da liberdade econômica, assunto no qual passaremos a falar.

3 A LEI DA LIBERDADE ECONÔMICA E AS QUESTÕES AMBIENTAIS

Oriunda da MP 881/19, a Lei 13.874/19 foi aprovada e sancionada em 20/09/2019, sendo conhecida como Lei da liberdade econômica. Ela teve como principal objetivo trazer medidas para desburocratização e simplificação de processos para as empresas e empreendedores, viabilizando o livre exercício da atividade econômica e a livre iniciativa. (BRASIL, 2019).

A Lei 13.874/19 objetiva, igualmente, a celeridade e desburocratização dos órgãos públicos, ao vedar a exigência de certidões que não estejam previstas em lei. A nova legislação busca impedir eventuais abusos praticados pela Administração Pública ao exercer seu poder regulatório para diminuir a competitividade e a concorrência, redigindo, por exemplo, enunciados que impeçam a entrada de novos competidores nacionais ou estrangeiros no mercado. (BRASIL, 2019)

As disposições gerais estabelecidas, os direitos de liberdade econômica e as garantias de livre iniciativa são aplicáveis ao direito civil, empresarial, econômico, urbanístico e do trabalho e na ordenação pública sobre o exercício das profissões, juntas comerciais, produção e consumo e proteção ao meio ambiente. (BRASIL, 2019).

Os princípios descritos no artigo 2° da lei norteiam todo o regramento disposto e devem ser observados pelo agente público ao tratar com o particular, assegurando a liberdade no exercício de atividades econômicas. A lei estabelece uma presunção de que o particular está agindo de boa-fé perante o Estado, de que é vulnerável perante o poder público e de que são verídicas as informações por ele prestadas.

São os seguintes princípios que norteiam o disposto nesta lei:

> I – a liberdade como uma garantia no exercício de atividades econômicas;
>
> II – a boa-fé do particular perante o poder público;
>
> III – a intervenção subsidiária e excepcional do Estado sobre o exercício de atividades econômicas; e
>
> IV – o reconhecimento da vulnerabilidade do particular perante o Estado. (BRASIL, 2019).

O artigo 3° enumera os direitos dos cidadãos brasileiros em relação á execução de atividades econômicas, buscando, assim, minorar o grau de intervenção estatal nas empresas, notoriamente em atividades simples e de menor risco. Alguns desses direitos afetam de forma significativa a atividade do empreendedor e do consumidor, como por exemplo:

> 1) a desnecessidade de aprovação ou fiscalização estatal prévia para se iniciar negócios de baixo risco;
>
> 2) a aprovação tácita, independentemente de uma manifestação expressa da autoridade) de pedidos de alvará e demais documentos de liberação de atividade econômica, em caso de silêncio do poder público;
>
> 3) a prevalência dos contratos sobre a lei, quando oriundos de relação entre empresários. (BRASIL, 2019).

No artigo 4°, temos as garantias da livre iniciativa, ao estabelecer medidas para evitar o abuso do poder regulatório da Administração Pública, com o objetivo de incentivar o desenvolvimento econômico. A nova legislação estabelece ainda medidas que visam à redução do favorecimento de determinados grupos econômicos em detrimento de outros grupos e da própria sociedade ao barrar, por exemplo, a criação de reserva de mercado, bem como a limitação à livre formação de sociedades empresariais ou de atividades econômicas. Como consequências práticas da redução da burocracia e dos custos, bem como com o fomento da concorrência, espera-se que os produtos e os serviços cheguem até os consumidores de forma melhorada, mais rápida e barata.

O artigo 5° estabelece que, antes de modificar as normas que envolvem interesse geral de famílias, empresas, instituições financeiras ou da administração pública, os órgãos públicos federais devem verificar antecipadamente os impactos e as possíveis opções para a questão. Essa análise ocorrerá por meio de uma Análise de Impacto Regulatório (AIR), que consiste na reflexão acerca das consequências da alteração pretendida, identificando-se, para tanto, quais indivíduos e segmentos serão afetados, bem como as melhores opções possíveis e viáveis para alcançar os objetivos almejados. A intenção é dar maior transparência e segurança ao processo de regulação, bem como subsidiar a tomada de decisão dos responsáveis, tornando as novas disposições mais efetivas e úteis à sociedade. No entanto, a exigência do AIR somente iniciará após a elaboração de um regulamento, no qual os critérios e direcionamentos de sua elaboração ainda serão definidos.

A norma libera os horários de funcionamento dos estabelecimentos, inclusive em feriados, "sem que para isso esteja sujeita a cobranças ou encargos adicionais", tendo apenas algumas restrições, como normas de proteção ao meio ambiente, repressão à poluição sonora, inclusive.

É criado a figura do abuso regulatório, que seria uma infração cometida pela administração pública quando editar norma que "afete ou possa afetar a exploração da atividade econômica". O texto estabelece as situações que poderão ser enquadradas como "abuso regulatório" e determina que normas ou atos administrativos como os descritos abaixo estarão inválidos:

> – criar reservas de mercado para favorecer um grupo econômico em prejuízo de concorrentes;
> – redigir normas que impeçam a entrada de novos competidores nacionais ou estrangeiros no mercado;
> – exigir especificação técnica desnecessária para o objetivo da atividade econômica; – criar demanda artificial ou compulsória de produto, serviço ou atividade profissional, "inclusive de uso de cartórios, registros ou cadastros";
> – colocar limites à livre formação de sociedades empresariais ou atividades econômicas não proibidas em lei federal. (BRASIL, 2019).

Os dispositivos da nova legislação foram baseados no caput e no parágrafo único do artigo 170, da CF, que estabelece que a ordem econômica é fundada na livre iniciativa, sendo assegurados a todos o livre exercício de qualquer atividade econômica, independentemente de autorização de órgãos públicos. (BRASIL, 1988).

Vale ressaltar, que as autorizações e as licenças ambientais continuam sendo necessárias. O próprio texto dispõe sobre as ressalvas: o parágrafo primeiro do artigo 1.º, impõe a necessidade de respeito às normas ambientais. Além disso, a proteção ambiental prevista no artigo 225 da Constituição permite seguramente a continuidade das exigências ambientais aos empreendimentos potencialmente poluidores. Frisa-se, ainda, que apesar do disposto no artigo 3º, inciso IX, não há possibilidade de licença ambiental tácita, já que existe vedação expressa para isso em lei específica.

A Lei Complementar 140/2011, que fixa as normas de competência ambientais, prevê no seu artigo 14 que:

> Os órgãos licenciadores devem observar os prazos estabelecidos para tramitação dos processos de licenciamento. (...) § 3.º O decurso dos prazos de licenciamento, sem a emissão da licença ambiental, não implica emissão tácita nem autoriza a prática de ato que dela dependa ou decorra, mas instaura a competência supletiva referida no artigo 15

Assim, os órgãos estatais devem observar os prazos para os processos de licenciamento, entretanto o decurso de prazo não autoriza a prática que dela decorra.

4 CONCLUSÃO

A história do Brasil, depois de sua descoberta pelos portugueses em 1500, coincide muitas vezes com a história da mineração. Essa atividade foi muito e ainda continua sendo muito importante para geração de empregos, crescimento econômico e desenvolvimento. Os recursos minerais sempre contribuíram para importantes insumos da economia nacional, fazendo também parte da ocupação territorial.

O Brasil teve várias transformações em função da mineração. E hoje, a atividade minerária é de suma importância para o nosso bem-estar e conforto, como a fabricação de celulares, computadores, aparelhos de ar-condicionado e outros. O subsolo brasileiro possui importantes depósitos minerais e partes destas reservas são consideradas expressivas quando relacionadas mundialmente.

Com isso, tivemos ao longo de nossa história, a menção da atividade minerária em todas as constituições brasileiras e também a edição de várias leis nesse sentido.

Ocorre que a mineração é uma atividade que causa grande impacto no meio ambiente e por isso precisa de ser licenciada, para ver o que e como será afetado e o que pode ser feito para minimizar os danos.

Entretanto por causa da burocracia e demora dos órgãos estatais, vários empreendedores acabam desistindo dessa atividade. Como isso, foi editada em 2019, a Lei da liberdade econômica, com o objetivo de trazer medidas para desburocratização e simplificação de processos para as empresas e empreendedores, viabilizando o livre exercício da atividade econômica e a livre iniciativa.

A Lei da liberdade econômica trata em seus dispositivos da liberdade como uma garantia no exercício de atividades econômicas; da boa-fé do particular perante o poder público; da intervenção subsidiária e excepcional do Estado sobre o exercício de atividades econômicas; e, do reconhecimento da vulnerabilidade do particular perante o Estado.

Todavia, por ser tratar de uma atividade causadora de danos ambientais seríssimos, a Lei 13.874/19, não pode ser aplicada mesmo no caso de decurso de prazo dos processos de licenciamento, visto que o meio ambiente tem sua proteção constitucional e apesar no art. 170 da CF defender a livre iniciativa da liberdade econômica, tem que se pensar sempre na sustentabilidade e não apenas na atividade econômica.

REFERÊNCIAS

ÁFRICA DO SUL. Departamento de Recursos Minerais. **Regulação Mineral**. Disponível em: https://www.dmr.gov.za/mineral-regulation.html

ALMEIDA, Candido Mendes de. Ordenações e leis do Reino de Portugal ou Ordenações Filipinas. Rio de Janeiro: Typ. do Instituto Philomathico, 1870

BRASIL. Constituição da República Federativa do Brasil de 1824. Rio de Janeiro em 22 de Abril de 1824. **Planalto**. Disponível em: http://www.planalto.gov.br/ccivil_03/constituicao/constituicao24.htm

BRASIL. Constituição da República Federativa do Brasil de 1891. Rio de Janeiro em 24 de Fevereiro de 1891. **Planalto**. Disponível em: http://www.planalto.gov.br/ccivil_03/constituicao/constituicao91.htm

BRASIL. Constituição da República Federativa do Brasil de 1891. Rio de Janeiro em 16 de Julho de 1934. **Planalto**. Disponível em: http://www.planalto.gov.br/ccivil_03/constituicao/constituicao34.htm

BRASIL. Constituição da República Federativa do Brasil de 1937. Rio de Janeiro em 10 de Novembro de 1937. **Planalto**. Disponível em: http://www.planalto.gov.br/ccivil_03/constituicao/constituicao37.htm

BRASIL. Constituição da República Federativa do Brasil de 1946. Rio de Janeiro em 18 de Setembro de 1946. **Planalto**. Disponível em: http://www.planalto.gov.br/ccivil_03/constituicao/constituicao46.htm

BRASIL. Constituição da República Federativa do Brasil de 1967. Brasília em 24 de janeiro de 1967. **Planalto**. Disponível em: http://www.planalto.gov.br/ccivil_03/constituicao/constituicao67.htm

BRASIL. Constituição da República Federativa do Brasil de 1988. Brasília em 5 de outubro de 1988. **Planalto**. Disponível em: http://www.planalto.gov.br/ccivil_03/constituicao/constituicao88.htm

BRASIL. Decreto-lei 24642 de 1934. Decreta o Código de Minas. Rio de Janeiro em 10 de julho de 1934. **Planalto**. Disponível em: http://www.planalto.gov.br/ccivil_03/decreto/1930-1949/d24642.htm.

BRASIL. Decreto-lei 1.985 de 1940. Decreta o Código de Minas. Rio de Janeiro em 29 de Janeiro de 1940. **Planalto**. Disponível em: http://www.planalto.gov.br/ccivil_03/decreto-lei/1937-1946/Del1985.htm

BRASIL. Decreto-lei 227 de 1967. Deu nova redação ao Decreto-lei 1.985, de 29 de janeiro de 1940 (Código de Minas). Brasília, 28 de fevereiro de 1967. **Planalto**. Disponível em: http://www.planalto.gov.br/ccivil_03/decreto-lei/del0227.htm

BRASIL. Decreto 99.274, de 6 jun 1990. Regulamenta a Lei 6.902, de 27 de abril de 1981, e a Lei 6.938, de 31 de agosto de 1981, que dispõem, respectivamente sobre a criação de Estações Ecológicas e Áreas de Proteção Ambiental e sobre a Política Nacional do Meio Ambiente, e dá outras providências. Diário Oficial da União, Brasília, 07 jun. 1990. **Planalto**. Disponível em: http://www.planalto.gov.br/ccivil_03/decreto/antigos/d99274.htm. Acesso em: 21 abr. 2017.

BRASIL. Lei 6.938, de 1981. Dispõe sobre a Política Nacional do Meio Ambiente, seus fins e mecanismos de formulação e aplicação, e dá outras providências. Brasília, em 31 de agosto de 1981. **Planalto**. Disponível em: http://www.planalto.gov.br/ccivil_03/leis/l6938.htm

BRASIL. Lei 13.879, de 2019. Institui a Declaração de Direitos de Liberdade Econômica; estabelece garantias de livre mercado; altera as Leis nos 10.406, de 10 de janeiro de 2002 (Código Civil), 6.404, de 15 de dezembro de 1976, 11.598, de 3 de dezembro de 2007, 12.682, de 9 de julho de 2012, 6.015, de 31 de dezembro de 1973, 10.522, de 19 de julho de 2002, 8.934, de 18 de novembro 1994, o Decreto-Lei 9.760, de 5 de setembro de 1946 e a Consolidação das Leis do Trabalho, aprovada pelo Decreto-Lei 5.452, de 1º de maio de 1943; revoga a Lei Delegada 4, de 26 de setembro de 1962, a Lei 11.887, de 24 de dezembro de 2008, e dispositivos do Decreto-Lei 73, de 21 de novembro de 1966; e dá outras providências. Brasília, 20 de setembro de 2019. **Planalto.** Disponível em: http://www.planalto.gov.br/ccivil_03/_ato2019-2022/2019/lei/L13874.htm

BRASIL. Lei complementar 140, de 2011. Fixa normas, nos termos dos incisos III, VI e VII do **caput** e do parágrafo único do art. 23 da Constituição Federal, para a cooperação entre a União, os Estados, o Distrito Federal e os Municípios nas ações administrativas decorrentes do exercício da competência comum relativas à proteção das paisagens naturais notáveis, à proteção do meio ambiente, ao combate à poluição em qualquer de suas formas e à preservação das florestas, da fauna e da flora; e altera a Lei nº 6.938, de 31 de agosto de 1981. **Planalto.** Disponível em: http://www.planalto.gov.br/ccivil_03/leis/lcp/lcp140.htm

BRASIL. Ministério de Minas e Energia. **Desenvolvimento Sustentável na Mineração**. Disponível em: http://antigo.mme.gov.br/web/guest/secretarias/geologia-mineracao-e-transformacao-mineral/acoes-e-programas/programas/desenvolvimento-sustentavel-na-mineracao

D. MANUEL, Ordenações do Sr. **Ordenações Manuelinas**. Coimbra: Na Real Imprensa da Universidade, 1797.

FARIAS, Talden. **Licenciamento Ambiental, aspectos teóricos e práticos.** Belo Horizonte: Fórum, 2015.

GERMANY. Darcy José. **A mineração no Brasil**. Disponível em: http://www.finep.gov.br/images/a-finep/fontes-de-orcamento/fundos-setoriais/ct-mineral/a-mineracao-no-brasil.pdf

INSTITUTO BRASILEIRO DE MINERAÇÃO. **Panorama da Mineração em Minas Gerais**. Sindicato Nacional da Indústria da Extração do Ferro de Metais. Brasília: IBRAM, 2015

MINISTÉRIO DO MEIO AMBIENTE. **Resolução Conama 237**. Disponível em: http://www2.mma.gov.br/port/conama/res/res97/res23797.html.

RIBEIRO, Carlos Luiz. **Tratado de direito minerário**. Belo Horizonte: Del Rey, 2005

RIBEIRO, José Cláudio Junqueira at al. **Licenciamento ambiental**: herói, vilão ou vítima? Belo Horizonte: Arraes, 2015.

Capítulo 5

A INFLUÊNCIA DOS SUBSÍDIOS INTERNACIONAIS NA PRODUÇÃO AGROINDUSTRIAL BRASILEIRA

uma análise dos efeitos práticos da mínima intervenção regulada pela Nova Lei de Liberdade Econômica.

Mateus Schaeffer Brandão

Sumário: 1 Introdução. 2 Do Breve Panorama do Agrobusiness Nacional. 3 Do Reflexo da Regulação da Agroindústria Brasileira no Panorama Internacional: a influência das políticas de subsídios à produção estadunidense e europeia na competitividade do agronegócio no Brasil. 3.1 Da Política Internacional de Subsídio. 3.2 Das Políticas de Subsídios à Agroindustrial Internacional. 3.2.1 Dos Subsídios Implementados na União Europeia. 3.2.2 Da Política de Subsídios Estadunidense. 4 Da Neófita Exegese dos Efeitos da Lei de Liberdade Econômica à Agroindústria Nacional. 5 Conclusões. Referências

Resumo: Após o processo legislativo de conversão da Medida Provisória nº. 881/2019 na Lei nº. 13.874/2019 o país presenciou o alvorecer da Declaração de Direitos de Liberdade Econômica, fruto da tentativa de desburocratização da atividade empresarial, nomeadamente como alternativa ao desenvolvimento econômico nacional. Tendo como cerne a agroindústria brasileira e os seus reflexos em âmbito regional, comunitário e internacional, no tocante a competitividade dos produtos e serviços desenvolvidos nas diferentes cadeias e setores de produção no Brasil, fundamental é a análise dos primevos efeitos práticos da nova norma frente a macroeconomia, para além da observância dos possíveis sobressaltos dos empresários nacional em contraposição à política de subsídio e incentivo internacional de produção do *agrobusiness*.

Palavras-chave: Lei de Liberdade Econômica; subsídios internacionais e *agrobusiness*.

Abstract: After the legislative process of converting Provisional Measure 881/2019 in Law 13.874/2019 the country witnessed the dawn of the Declaration of the Rights of Economic Freedom, the result of an attempt to reduce bureaucracy in business, namely as an alternative to national economic development. Bearing in mind the Brazilian agribusiness and its reflexes at regional, community and international levels, with regard to the competitiveness of products and services developed in the different chains and sectors of production in Brazil, it is essential to analyze the first practical effects of the new standard

in relation to macroeconomics, in addition to observing the possible surprises of national entrepreneurs in opposition to the subsidy policy and international incentive for agribusiness production.
Key-words: Economic Freedom Act; international subsidies and agribusiness.

1 INTRODUÇÃO

Publicada em 20 de setembro de 2019, a Lei Federal 13.874[1] instituiu a Declaração de Direitos da Liberdade Econômica, alterando a legislação vigente, e, consequentemente, o entendimento nacional sobre temas exaustivamente debatidos e regulamentos pelo Estado em âmbito econômico.

Fruto da conversão da Medida Provisória 881, de 30 de abril de 2019, que visava a desburocratização da atividade empresarial, a novel normativa tem como intuito o estímulo a atividade econômica sob a orientação da mínima intervenção do Estado na iniciativa privada, nomeadamente pela consagração dos princípios da livre iniciativa, da boa-fé dos contratantes, em especial do particular, e da vulnerabilidade deste frente ao Estado, ressaltando, ao último, os caráteres normativo e regulador.

Apesar da boa nova em âmbito econômico-empresarial nacional, os reflexos práticos da referida Lei ainda não surtiram os efeitos desejados, sendo objeto de inúmeras análises em diferentes âmbitos científicos, em especial da Ciência jurídica, para previsão dos possíveis efeitos na atividade privada brasileira, bem como suas decorrências a nível internacional.

Partindo da atividade do agronegócio, em seu complexo de produção e serviços, que circunda todos os setores especulativos, mola propulsora da atividade econômica do país, em especial em tempos de pandemia, tendo como norte a análise macroeconômica da produção nacional frente aos subsídios das grandes potências mundiais, o presente estudo analisará os reflexos implementados pelas novas políticas regulatórias introduzidas pela Lei

---

[1] BRASIL. Lei 13.874, de 20 de setembro de 2019. "Institui a Declaração de Direitos de Liberdade Econômica; estabelece garantias de livre mercado; altera as Leis nos 10.406, de 10 de janeiro de 2002 (Código Civil), 6.404, de 15 de dezembro de 1976, 11.598, de 3 de dezembro de 2007, 12.682, de 9 de julho de 2012, 6.015, de 31 de dezembro de 1973, 10.522, de 19 de julho de 2002, 8.934, de 18 de novembro 1994, o Decreto-Lei 9.760, de 5 de setembro de 1946 e a Consolidação das Leis do Trabalho, aprovada pelo Decreto-Lei 5.452, de 1° de maio de 1943; revoga a Lei Delegada 4, de 26 de setembro de 1962, a Lei 11.887, de 24 de dezembro de 2008, e dispositivos do Decreto-Lei 73, de 21 de novembro de 1966; e dá outras providências." (BRASIL, 2019).

de Liberdade Econômica e a possível expansão e aumento da competitividade das *commodities* agropecuárias nacionais.

2 DO BREVE PANORAMA DO *AGROBUSINESS* NACIONAL

O agronegócio, também conhecido como *agrobusiness*[2], consiste no conjunto de negócios relacionados à agricultura, sob o ponto de vista econômico. O setor envolve segmentos dos negócios agropecuários, representado pelos pequenos, médios ou grandes produtores rurais, pessoas físicas ou jurídicas (LOURENÇO; LIMA, 2009, p. 2), mas também reverbera indiretamente sobre diferentes esferas de produção, transitando do artesanato a complexas cadeias industriais.

Não se limitando apenas à cadeia agropecuária, o agronegócio abrange atividades desenvolvidas por fornecedores de insumos[3] e sementes, equipamentos voltados para o exercício da agricultura, serviços, beneficiamento de produtos na industrialização e comercialização da produção rural, como, por

---

2 O *Agribusiness*, termo que foi "emprestado" da língua inglesa, representa um incontável número de negócios, como o das indústrias que produzem maquinário agrícola, montadoras de automóveis, que fabricam utilitários para o campo todas as montadoras que possuem uma linha de montagem de pick-ups ou jipes contribuem para o crescimento do setor rural), empresas que prestam serviços de consultoria agropecuária, softwares, publicações, programas de TV, Internet, comércio especializado, laboratórios farmacêuticos, e muito mais. (Disponível em: http://www.ruralnews.com.br/visualiza.php?id=794).

3 Insumo é um substantivo masculino da área da economia e indústria, que significa cada um dos elementos essenciais para a produção de um determinado produto ou serviço. Deriva do termo em latim *insumere*, que significa despender, no sentido de "fazer uso de". Em inglês, a palavra insumo é traduzida por *input*, ou seja, aquilo que é introduzido no processo de produção de um produto final (*output*). Um insumo pode ser visto de duas vertentes: como fator de produção ou como matéria-prima. Os insumos considerados factores de produção podem ser: máquinas, horas de trabalho, capital, etc. Os insumos agrícolas são insumos de produção que são utilizados na obtenção de produtos agrícolas, sejam vegetais ou animais. Podem ser categorizados em: a) Insumos mecânicos: Todos os equipamentos e máquinas usadas para a preparação e manutenção dos produtos. Ex: tratores, sistemas de irrigação, etc; b) Insumos biológicos: Elementos que são de origem vegetal ou animal. Ex: Adubos, plantas, etc; c) Insumos minerais ou químicos: Produtos provenientes de rochas ou fabricados em laboratórios. Ex: fertilizantes, agrotóxicos, etc.

exemplo, fabricantes de fertilizantes e defensivos químicos. Inclui também, a segmentação da jusante[4] dos negócios agropecuários, onde se enquadra a compra, transporte, beneficiamento e venda de produtos até o destinatário final, ou seja, o consumidor.[5]

No Brasil, a abordagem sistêmica do agronegócio foi utilizada muito tempo após a criação da terminologia, embora tenha sido o primeiro setor desde os primórdios da história nacional a ser regulamentado (LOURENÇO; LIMA, 2009, p. 3). No tocante a atividade agropecuária, tem-se uma setorização da economia com recurso teórico e analítico que auxilia a aplicação de uma metodologia para apurar os resultados dos diferentes setores, seja ele o primário, secundário ou terciário, e as suas contribuições para a formação e expansão do Produto Interno Bruto ou da renda nacional (RAMOS, 2007, p. 25).

Em uma perspectiva analítica o setor agropecuário no país pode ser considerado um dos maiores fatores de desenvolvimento nacional, à medida que pode se enquadrar numa ampla externalidade positiva, quando desempenha suas funções de forma adequada, ou; negativa, quando o contrário é percebido, causando assim, também, um problema ao crescimento econômico nacional (RAMOS, 2007, p. 25).

Tendo em vista o impressionante cenário de produção que desempenha as negociações agropecuárias do Brasil, em contrapartida a baixa competitividade das *commodities* nacionais frente aos subsídios implementados pelas nações mais desenvolvidas, bem como blocos regionais, fundamental observar o possível impacto da suposta desburocratização introduzida após a Declaração dos Direitos de Liberdade Econômica para o desenvolvimento da atividade no país.

---

4 Jusante é o lugar referencial de um rio pela visão de um observador. Jusante é o fluxo normal da água, de um ponto mais alto para um ponto mais baixo. A jusante é o lado para onde se dirige a corrente de água. Por isso se diz que a foz de um rio é o ponto mais a jusante deste rio, e a nascente é o seu ponto mais a montante. O termo jusante vem do latim "jusum" que significa vazante, para o lado da foz, ou seja, toda água que desce para a foz do rio é a jusante e a montante é a parte acima, de onde vêm as águas. Este ponto referencial pode ser uma cidade às margens do rio, uma barragem, uma cachoeira, um afluente, uma ponte etc.

5 Segundo o Código de Defesa do Consumidor Brasileiro, Lei 8.078, de 11 de setembro de 1990, no seu Art. 2°: Consumidor é toda pessoa física ou jurídica que adquire ou utiliza produto ou serviço como destinatário final. Parágrafo único. Equipara-se a consumidor a coletividade de pessoas, ainda que indetermináveis, que haja intervindo nas relações de consumo.

3 DO REFLEXO DA REGULAÇÃO DA AGROINDÚSTRIA BRASILEIRA NO PANORAMA INTERNACIONAL: A INFLUÊNCIA DAS POLÍTICAS DE SUBSÍDIOS À PRODUÇÃO ESTADUNIDENSE E EUROPEIA NA COMPETITIVIDADE DO AGRONEGÓCIO NO BRASIL

3.1 Da Política Internacional de Subsídio.

O subsídio é uma forma de intervenção estatal na atividade econômica, e se caracteriza pela transferência de recursos aos produtores e consumidores. Possui como principal objetivo a suplementação da renda ou a redução dos custos de produção. Tal transferência pode ter como fundamento: a) direto, os recursos públicos, ou b) indiretamente, por meio da intervenção estatal na atividade privada. (CHEREM, 2003, p. 224).

Não existe no mundo uma denominação ou conceituação específica que unifique todas as entidades ou nações quanto ao que seria subsídio, mas há uma definição próxima do que seria a ideal que está contida no Acordo sobre Subsídios e Medidas Compensatórias (ASMC) da OMC, que fora assinado no Uruguai.[6] Porém, é uma definição subjetiva e geral.

6 Subsídios e medidas compensatórias (ASMC – 1995). Subsídios são uma forma de auxílio governamental concedido às empresas instaladas em seu território para reduzir os custos e aumentar a competitividade dos produtos das mesmas no mercado. Medidas compensatórias, por sua vez, são um instrumento utilizado por um Estado para neutralizar os efeitos dos subsídios concedidos por outro Estado no seu mercado. Desde o GATT 1947 já existe regulamentação acerca de subsídios e medidas compensatórias (artigos VI e XVI). Porém, essa regulação era superficial, de modo que apenas na Rodada Tóquio foi firmado um acordo específico para o tema. Esse Código foi aperfeiçoado durante a Rodada Uruguai, resultando no Acordo sobre Subsídios e Medidas Compensatórias (ASMC), que entrou em vigor em 1º de janeiro de 1995. O ASMC divide os subsídios em proibidos, acionáveis e não acionáveis, conforme sua finalidade e os efeitos que possam produzir no comércio internacional. Já sobre as medidas compensatórias, são vistas no ASMC como uma medida para restabelecer condições de igualdade de mercado. Para serem utilizadas, deve-se verificar a existência dos subsídios, dos danos à indústria doméstica e do nexo causal entre ambos. Os auxílios podem ser questionados perante o mecanismo de solução de controvérsias da OMC, como o Brasil fez no caso citado em relação aos subsídios dados pelo governo dos EUA aos produtores de algodão e como ocorreu no caso citado Brasil-Canadá (Embraer/Bombardier). Por fim, há ainda no ASMC regras de tratamento especial e diferenciado. Isto no sentido de que os subsídios podem ser importantes em programas de

A ASMC dita alguns conceitos de subsídio específico, tanto para a exportação como para a produção, e os categorizam em duas grandes vertentes, os subsídios proibidos e os recorríveis, recaindo sobre o setor agroindustrial (MOLTKE, 2003). A definição produzida pelo Acordo não abarca todos os aspectos de auxílio do Estado na atividade econômica (MORAES, 2003, p. 155).

As barreiras ao comércio internacional estão cada vez menores dado ao volume global de negócios realizados no mundo, mas, em contrapartida, os Estados Soberanos devem buscar novos métodos de respaldo a segurança de suas economias.

Os subsídios estatais são considerados, hoje, como uma das formas mais eficazes de garantir segurança, inclusive jurídica, as economias dos Estados, principalmente àqueles que ainda estão em desenvolvimento inicial e médio (HOEKMAN; KOSTECKI, 1995).

Um dado que merece destaque é que, muito embora, os países em desenvolvimento são os mais dependentes de políticas agrícolas, os desenvolvidos são os que detêm o comércio mundial no seguimento agroindustrial, e é por essa razão que o setor agropecuário vem sendo considerado estratégico para as economias, além de estar fundado em outros aspectos, como sociais, históricos e estruturais (MESQUITA, 2005, p. 314).

3.2 Das Políticas de Subsídios à Agroindustrial Internacional.

Depreende-se que o setor agrícola não possui conexão entre a prática e a teoria, como bem estabelece o Sistema Multilateral do Comércio (SMC)[7],

---

desenvolvimento econômico. Aos países de menor desenvolvimento relativo, é possibilitado o uso de subsídios vinculados à exportação. Cabe mencionar que o Brasil propôs uma revisão do ASMC no sentido de flexibilizar as regras de tratamento especial e diferenciado, para que membros em desenvolvimento pudessem adotar políticas destinadas ao crescimento regional, financiamento para pesquisas e desenvolvimento de tecnologia, entre outros. Além disso, propõe também revisão no sentido de que a regulação do tema passe a levar em conta as diferenças entre os Estados-membros no tocante à taxa de risco, custo de captação de recursos, etc., de modo a possibilitar a competição por mercados em igualdade de condições. THORSTENSEN, Vera (coordenadores). São Paulo: Lex Editora; Aduaneiras, 2005 e FONSECA, Adriana; SANCHEZ, Michelle Ratton; NASSER, Rabih Ali. Subsídios e Medidas Compensatórias in O Brasil e os Grandes Temas do Comércio Internacional. JANK, Marcos S.

7 **Sistema Multilateral de Comércio** é o nome dado à estrutura atual em que se regulam as trocas de produtos e serviços no âmbito internacional. Surgido

uma vez que houve, nos últimos anos uma redução significativa das tarifas alfandegárias dos demais seguimento da indústria, ao contrário do que ocorreu com o setor agrícola onde a proteção e o investimento estatal foram significativos. Não há uma liberalização do setor uma vez que as normas e tarifas dos países em desenvolvimento são diferentes dos países tidos como desenvolvidos (LAFER, 2002, p. 382).

A maior parte dos subsídios fornecidos pelos Estados Unidos da América e a União Europeia são para os países como maior produção agropecuária, basicamente com maior capacidade produtiva. Os maiores empresários rurais, mais eficientes e com maior nível de desenvolvimento no setor, são geralmente os mais beneficiados pelas políticas de subsídios no mundo (WORLD TRADE ORGANIZATION, 2006, p. 266).

Na União Europeia não houve alteração na situação econômica no setor, mas ainda há um elevado investimento em políticas agroindustriais, em especial agrícolas. A liberalização do comércio agrícola pode gerar o desenvolvimento internacional e não apenas dos países desenvolvidos. O grande entrave da liberalização do comércio agrícola é que ela atinge de forma direta os países em desenvolvimento com grande potencial para a produção.

Os subsídios têm feito o papel auxiliar aos produtores menos eficientes, que na maioria das vezes são assistenciados pelos governos dos Estados mais ricos e pelos consumidores a nível global (DANTAS, 2009, p. 416).

O controle e a tentativa de eliminação dos subsídios a nível global é matéria de preocupação da OMC, mas ainda sem grande sucesso, o que demonstra a ineficiência quanto à liberalização do comércio agrícola mundial. Há hoje um tratamento especial ao subsídio agrícola, basicamente com bases evolutivas desde o *General Agreement on Tariffs and Trade* (GATT)[8] até o

---

após a Segunda Guerra Mundial, tal sistema foi elaborado com o propósito de garantir a livre competição entre os países membros, eliminar os obstáculos ao comércio internacional e permitir o acesso cada vez mais amplo de empresas ao mercado externo de bens e serviços. Em outras palavras, sua função é liberalizar o comércio internacional por meio da derrubada de barreiras tarifárias e não-tarifárias, tais como tarifas, cotas, barreiras técnicas, subsídios, dumping e outras, sempre por meio de regras a serem aplicadas amplamente pelos membros da Organização Mundial de Comércio (OMC). OPORTO, Silvia Fazzinga. Sistema Multilateral de Comércio Internacional. (Disponível em: http://sisnet.aduaneiras.com.br/lex/doutrinas/arquivos/181006v.pdf.)

8 O Acordo Geral sobre Aduanas e Comércio ou Acordo Geral sobre Tarifas e Comércio, ou seja, *General Agreement on Tariffs and Trade*, GATT foi estabelecido em 1947, tendo em vista harmonizar as políticas aduaneiras dos Estados

atual sistema de regulação da OMC (BRUNO; AZEVEDO; MASSUQUETTI, 2012, p. 4).

Dar-se ainda hoje maior importância aos subsídios domésticos, uma vez que em nível de importância econômica para os países, os produtos agrícolas se beneficiam de maior apoio governamental devido aos seus resultados.

O conceito de subsídio doméstico se deu a partir do Acordo sobre a Agricultura (AsA)[9] da OMC, que também se refere a outras modalidades de

---

signatários. Está na base da criação da Organização Mundial de Comércio. É um conjunto de normas e concessões tarifárias, criado com a função de impulsionar a liberalização comercial e combater práticas protecionistas, regular, provisoriamente, as relações comerciais internacionais. Segundo seu preâmbulo, ele tinha como objetivo: *Recognizing that their relations in the field of trade and economic endeavour should be conducted with a view to raising standards of living, ensuring full employment and a large and steadily growing volume of real income and effective demand, developing the full use of the resources of the world and expanding the production and exchange of goods, Being desirous of contributing to these objectives by entering into reciprocal and mutually advantageous arrangements directed to the substantial reduction of tariffs and other barriers to trade and to the elimination of discriminatory treatment in international commerce.*

9 A política agrícola comum encontra-se hoje em dia enquadrada, a nível externo, pelas regras da Organização Mundial do Comércio e, mais concretamente, pelo seu Acordo sobre Agricultura, de 15 de abril de 1994. No âmbito do Acordo Geral sobre Pautas Aduaneiras e Comércio (GATT), assinado em Genebra em 1947, e do Acordo que institui a Organização Mundial do Comércio (OMC), assinado em Marraquexe em 1994 (JO L 336 de 23.12.1994), a União Europeia e os seus Estados-Membros intervêm no exercício das suas competências ao abrigo dos artigos 207.º (política comercial comum), 217.º e 218.º (acordos internacionais) do Tratado sobre o Funcionamento da União Europeia. Desde 1995 que a política agrícola comum (PAC) no seu conjunto está sujeita às disciplinas da OMC. Foi criado um Órgão de Resolução de Litígios (ORL), com um procedimento vinculativo relativamente aos litígios, no sentido de zelar pelo respeito de novas regras multilaterais por parte dos Estados signatários. Além disso, a PAC está condicionada pelas concessões agrícolas reconhecidas a favor de um vasto leque de países no âmbito de diversos acordos multilaterais e bilaterais [com os países de África, das Caraíbas e do Pacífico (ACP), o Mercado Comum do Sul (Mercosul), o Espaço Euro-Mediterrânico, o México, o Chile, etc.], assim como por derrogações unilaterais concedidas no âmbito do Sistema de Preferências Generalizadas (SPG). Estes acordos preferenciais devem também ser compatíveis com as regras da OMC e explicam o elevado nível de importações agrícolas da UE provenientes dos países em desenvolvimento. Disponível em: https://www.wto.org/.

apoio governamental concedidos a produtores rurais que asseguram a renda mínima e a segurança alimentar, já que a atividade é bastante flutuante (MESQUITA, 2005, p. 314).

Os subsídios domésticos são objetos de bastante controvérsias em matéria de regulação frente ao SMC. Com a criação do AsA, deu-se a reforma das políticas agrícolas mundiais, ressaltando as regras de apoio interno e o abandono das formas direta de intervenção internacional que prejudicam a produção (BRUNO; AZEVEDO; MASSUQUETTI, 2012, p. 6).

O acompanhamento dos compromissos assumidos quando da ratificação da AsA é a principal forma regulatória da OMC. A grande problemática instaurada, infelizmente, é o distanciamento entre o que é a realidade prática e a teórica estabelecida pelo Acordo. O sistema instaurado é complexo e possui inúmeras exceções, a maioria deles relacionadas às políticas estadunidenses e europeias, além de ser marcado por incompletudes e critérios regulatórios subjetivos, o que atrapalha a eficácia dos compromissos assumidos (WORLD TRADE ORGANIZATION, 2006, p. 266).

Diferentes das referências de subsídios domésticos, o apoio estabelecido pelo AsA se refere aos empresários rurais que mais se destacam na produção de produtos agropecuários suscetíveis de exportação. A regulação do AsA se dá por meio de isenção de taxa e impostos ou concessão de créditos à exportação, com condições mais benéficas que as normalmente estabelecidas no mercado. O que muitas vezes soa como uma distorção das regras normais do comércio (DESTA, 2002, p. 488).

Entre vários temas, um dos mais importantes assumimos pela Rodada Uruguai[10] foi a questão do controle a prática de subsídios à exportação.

---

10 Em 1º de janeiro de 1995, a Rodada Uruguai criou, em Montevidéu, a Organização Mundial do Comércio (OMC), sob a chancela da Organização das Nações Unidas (ONU), e que substituiu o Acordo Geral sobre Comércio e Tarifas (Gatt, em inglês). Na ocasião foram assinados diversos acordos estabelecendo diretrizes e regras para o ordenamento do comércio mundial, a competição justa e um cenário menos distorcido por práticas de barreiras unilaterais. Entre os documentos assinados, o Acordo Agrícola foi o primeiro de alcance multilateral especificamente dedicado ao setor produtivo rural e previu o comprometimento de cada país membro em promover reformas no comércio internacional de produtos agropecuários, por intermédio de negociações que ajudassem a corrigir as distorções criadas por subsídios e barreiras injustificadas.

O objetivo do Acordo Agrícola foi aproximar e alinhar as políticas governamentais às regras próprias do mercado. O resultado almejado era maior

Mesmo sendo considerada uma prática distorcida exigiu-se regras menos rigorosas e mais flexíveis para os bens agropecuários, o que se sobrepunham as demais regras aplicáveis à indústria (DANTAS, 2009, p. 416).

Por conseguinte, já que não havia regras claras para a concessão de subsídios, bem como qualquer outra forma de restrição significativa, os países mais desenvolvidos, especialmente os Estados Unidos e os países que compõem a União Europeia investiram de forma crescente na concessão de subsídios para o setor.

3.2.1 Dos Subsídios Implementados na União Europeia

A atividade agropecuária representa apenas 2% do PIB da União Europeia (BRASIL, 2007, p. 26), sendo ela muito importante para a União Europeia, uma vez que é considerada a maior importadora de tais produtos no mundo. Em 2007, a União se tornou a segunda maior exportadora de produtos no setor, com uma produção comunitária de mais de US$ 250 bilhões (BRASIL, 2007, p. 177).

Dados como a existência de mais de 7,5 milhões de agricultores na União Europeia, correspondendo mais de 5% da sua população economicamente ativa, exercentes de suas atividades em aproximadamente 7,3 milhões de hectares, que representam mais de 43% do total da área da União Europeia, demonstram a grandiosidade da produção em bloco. (BRASIL, 2008, p. 208).

No tratado de Roma, logo em seus artigos 38 a 44 é estabelecida a polícia agrícola comum (PAC). O tratado trabalha com as formas e objetivos da PAC e é sobre essa premissa que a UE dita suas regras no âmbito agrícola. O PAC regulamenta a atividade agrícola comunitária por meio da livre circulação das *commodities* dentro do bloco, com a retirada das tarifas aduaneiras, com fiscalização sanitária e com garantia de preços competitivos a nível comunitário (BRUNO; AZEVEDO; MASSUQUETTI, 2012, p. 6).

A criação do Fundo Europeu de Orientação e de Garantia Agrícola (FEOGA), que posteriormente foi sucedido pelo Fundo Europeu Agrícola de

---

previsibilidade e segurança, tanto para países importadores, quanto para países exportadores. Também permitiu flexibilidade no modo como os compromissos são executados. Países em desenvolvimento não têm que cortar os subsídios e tarifas na proporção exigida dos países desenvolvidos. Ganham ainda um prazo mais dilatado para a implementação dos seus compromissos. (Disponível em: http://www.agricultura.gov.br/internacional/organizacao-mundial-do-comercio-omc/rodada-uruguai).

Garantias (FEAGA), em 2007, e das Organizações Comuns do Mercado (OCM), aconteceu para respaldar os objetivos desenvolvidos pela PAC no Tratado de Roma. O FEAGA é o financiador atual da PAC e OCM de forma mais específica no desenvolvimento da produção das *commodities* (BRUNO; AZEVEDO; MASSUQUETTI, 2012, p. 6).

O PAC é a política mais desenvolvida do bloco econômico, uma vez que é significativo para o desenvolvimento da integração.

> O orçamento da UE para 2015, aprovado em dezembro de 2014, prevê um total de 145,3 milhares de milhões de euros de dotações de autorização (a preços correntes). O primeiro pilar da PAC representa 29,9 % das dotações de autorização para 2015 (43,45 mil milhões de euros) e o segundo pilar 9,5 % (13,82 mil milhões de euros). No total, a PAC equivale, em 2015, a 39,4 % do orçamento da União, ou seja, menos do que as despesas relativas à coesão económica, social e territorial e à competitividade para o crescimento e o emprego (45,9 % no seu conjunto). (PAC, 2020)

O FEAGA estabelece, por meio das OCMs, a estabilidade do mercado, bem como os preços de quase cem por cento dos produtos agropecuários produzidos na UE. A utilização de preços de orientação; um sistema de proteção dos produtos exportáveis, no exterior; o auxílio a produção e restrição da exportação, bem como a garantia de preços, entre outros fatores, são essenciais para o desenvolvimento do setor na Europa, e também no mundo (PORTO e FLÔRES JR, 2005, p. 418).

Mesmo com as OCMs atuando de diferentes formas a depender da *commodity*, há a fixação de preços para tais produtos dentro do mercado europeu, além de um controle de produção, concessão de incentivos e parcerias com países que não estão inseridos na União (BRUNO; AZEVEDO; MASSUQUETTI, 2012, p. 6).

Além do FEAGA e das OCMs, houve a criação do Fundo de Desenvolvimento Regional – FEDR, o Fundo Europeu para a Agricultura e o Desenvolvimento Regional – FEADR, o Fundo Social Europeu – FSE e o Instrumento Financeiro de Orientação da Pesca –IFOP, todas políticas que exemplificam a proteção da produção agrícola na Europa. Tais fundos implementados pelas OCMs estabelecem o mecanismo de intervenção da União Europeia no setor agropecuário, que desenvolve sua política agrícola comum de preços a nível do mercado e o comércio internacional que ao final gera a especulação de tal intervenção (BRUNO; AZEVEDO; MASSUQUETTI, 2012, p. 7).

Por tais políticas intervencionistas num liame comunitário a produção tem ultrapassado o consumo, estimulou-se que entre 2006 e 2008, o consumo tenha crescido num patamar de 0,5% ao ano, enquanto a produção tenha um percentual de 2% ao ano (EUROPEAN UNION, 2009, p. 411).

Uma grande problemática estabelecida no mercado atualmente é que com sua política agrícola comum a União Europeia tem influenciado sobremaneira a real especulação do mercado no mundo, em especial porque seu excedente de produção é vendido no mercado global a preços subsidiados, o que provoca a distorção dos preços dos demais produtores do mundo. Cumpre salientar que promoções protecionistas geram custos que não refletem o valor mercadológico do produto. Para uma melhor análise de tal impasse, seria necessário pensar no preço da *commodity* sem e com a PAC (PORTO; FLÔRES JR, 2005, p. 418).

3.2.2 Da Política de Subsídios Estadunidense

Em relação aos EUA, o setor agropecuário representou apenas 1,2% do seu PIB em 2008, enquanto sua expressão nas importações dos mesmos produtos ficou na ordem de US$ 94,8 bilhões e nas exportações US$ 98,97 bilhões (BRASIL, 2009, p. 208).

As principais políticas intervencionistas garantidas nos EUA são subsidiadas pela *Agricultural adjustment Act of 1983* (Lei de ajustes agrícolas), o *Agricultural Act of 1949* (Lei agrícola), que pertencem ao sistema de *permanent law's* (regulamentação permanentes) que estabelecem o aporte às *commodities* agropecuárias e ao produtor rural. Além do mais, ainda existem as *farm bill's* (leis agrícolas) que são alterações temporárias que expiram entre quatro e seis anos (BRUNO; AZEVEDO; MASSUQUETTI, 2012, p. 7).

Houve uma evolução, no âmbito estadunidense, referente às políticas de aporte agropecuário, a exemplo do *Food Security Act*, Lei de segurança alimentar, em 1985, que estabelecia uma maior liberalização do setor e reduções das distorções do mercado; o *Federal Agriculture Conservation and Trade Act of 1990*, Lei de Conservação e Comércio Agrícola, bem com o *Agricultural Improvement and Reform Act of 1996*, Lei de Reformas e Melhorias Agrícolas, que do mesmo modo flexibilizaram o setor e reduziram o incentivo à produção agrícola. Em 1998, porém, com a crise estabelecida no cenário global, o Congresso dos EUA editou o *diversasfarm bill's*, que concediam aos produtores rurais uma renda, o que veio de encontro com as políticas até então estabelecidas. O *Farm Security and Rural Investment Act of 2002*, Lei de segurança e investimento rural, autorizou o pagamento de várias *commodities*, a exemplo do trigo, milho, algodão, arroz, soja e açúcar, o que demonstra que, assim como a Europa, os EUA assumia uma posição protecionista quanto aos produtos agrícolas (BRUNO; AZEVEDO; MASSUQUETTI, 2012, p. 8).

O nível de segurança gerada pela lei trouxe um distanciamento da real situação do mercado internacional aos produtores, que passaram a pensar apenas na produtividade. *O Food, Consevartion and Energy Act of 2008*, lei da conservação da energia, é outro exemplo de subsídio a produção agrícola nos EUA, mas não modifica a forma de intervenção, e sim, estabelece mais recursos para apoio ao produtor nacional. Mesmo com a tentativa de equiparar as regras internacionais elaboradas pela OMC, prevaleceu o entendimento interno de apoio irrestrito ao produtor, contrariando os ditames internacionais (CHEREM, 2003, p. 224).

A nova forma de regulamentação de subsídios estadunidense não apenas manteve a estrutura de proteção doméstica adotada desde 2002 pela *Farm Bill*, como ainda aumentou as formas de apoio financeiro ao empresário rural para a exportação.

É ainda importante notar que os preços praticados nos EUA são completamente desconexos com os preços internacionais, a exemplo do açúcar que é dobro ou o triplo do valor. O problema se dá quando da possibilidade de flexibilização legislativa assumida naquele país, uma vez que o Congresso pode, a qualquer momento, alterar, por meio da edição de nova lei, as formas de apoio ao produtor rural (DANTAS, 2009, p. 416).

A administração dos programas advindos das *permanent law's* e pelas *farm bill's* cabe ao *United States Department of Agriculture (USDA)* que possui como principais objetivos o dever de compra e venda, regularização de empresários e pagamentos, concessão de garantias de créditos à produção e à exportação e dar maior facilidade para o mercado dos produtos agropecuários, todas essas formas estabelecidas pelo *Commodity Credit Coorporation (CCC)*, a instituição financeira da USDA. O que se observa é que os EUA estão fortemente consagrados no protecionismo mercadológico quando se trata do setor agroindustrial, o que vai de encontro com seu discurso liberal frente às políticas comerciais externas (BRUNO; AZEVEDO; MASSUQUETTI, 2012, p. 9).

Com efeito, assim como o sistema europeu, o sistema dos EUA de intervenção na produção de produtos ligados ao agronegócio, por meio de suas políticas comuns, vem distorcendo e causando constantes prejuízos ao comércio internacional no setor, em especial ao nível de concorrência dos produtos brasileiros de mesma base nos EUA e na União Europeia (BRASIL, 2007, p. 26).

Um exemplo claro do impacto dos produtos subsidiados pelos EUA é o algodão, na qual 40% da produção é destinada à exportação.

A OMC destaca que os altos índices de subsídios domésticos dados pelos EUA aos seus produtores se dá devido à queda dos preços internacionais, mas não ressalta que é por razão do excesso de produto ofertado no mercado internacional por meio da grande produção subsidiada pelos EUA que os preços despencaram (WORLD TRADE ORGANIZATION, 2006, p. 266).

A OMC muitas vezes intervém em políticas agrícolas comuns, como ocorreu no caso do algodão, por meio da criação de um grupo especial para o algodão, que teve como principal meta analisar as políticas que subsidiam a produção e a exportação do produto em âmbito internacional, praticada pelos EUA.

Houve inclusive um contencioso de algodão entre o Brasil e os EUA, no qual por decisão proferida em 2009 a SSC do OMC reconheceu ao Brasil o direito compensatório por meio da retaliação dos produtos dos EUA, que só se cessará quando houve uma redução das taxas de subsídios fornecidos aos seus produtores (BRUNO; AZEVEDO; MASSUQUETTI, 2012, p. 9).

O que se deve ainda observar é que os EUA não vêm respeitando os ditames das políticas intervencionistas acordadas junto à OMC, demonstrando o descaso com regras internacionais frente ao seu mercado interno, principalmente no setor agropecuário, o que causa bastante estranheza e descredibilidade aos demais países que estão vinculados aos ditames da OMC, a exemplo do Brasil (HOEKMAN; KOSTECKI, 1995, p. 301).

Ademais, os EUA também não estão em congruência com a Rodada Doha que tenta adotar uma política de redução de subsídios domésticos e à exportação, assim também, como a União Europeia, o que consagra o desrespeito das bases da OMC e extremo prejuízo no mercado internacional, em especial à concorrência dos produtos agropecuário brasileiro no cenário global (HUDEC, 1975, p. 376).

Alfim, salienta-se que por mais que os subsídios sejam métodos de promoção do bem estar de uma nação, principalmente em caráter econômico, os praticados atualmente no âmbito da União Europeia e dos EUA estão, cada vez mais, em contraposição aos ditames dos acordos firmados com a OMC, onde a intenção principal não é extinguir a política de apoio ao produtor rural, mas sim, a redução de tais subsídios para que estes produzam a mínima influência no nível de competição dos produtos no panorama internacional.

4 DA NEÓFITA EXEGESE DOS EFEITOS DA LEI DE LIBERDADE ECONÔMICA À AGROINDÚSTRIA NACIONAL.

No tocante à novel Lei 13.874/2019, uma das suas maiores ditas contribuições das garantias constitucionais consagradas à regulação da atividade econômica foi o realce ao corolário da mínima intervenção estatal.

Não obstante, numa análise perfunctória, a auto regulação do mercado é deveras prejudicial ao desenvolvimento ordinário e saudável do comércio, em contrariedade ao modelo liberal de Adam Smith, tendo em vista a impossibilidade de competição dos pequenos e médios produtores, que, hipossuficientes, ficam à mercê do poder econômico exercido pelos grandes latifúndios e conglomerados, partindo do observância dos dados dispostos no presente estudo, fundamental é a atuação, inclusive, internacional, de regulação das políticas de subsídios dos Estados frente à produção agropecuária mundial, em respeito a interpretação neoliberal.

Muito embora a referida normativa tenha como base regras de proteção à livre iniciativa e ao livre exercício da atividade econômica, com a mínima intervenção do Estado, dispondo seu papel normativo e regulador, com nítido propósito de impulsão ao desenvolvimento econômico, à desburocratização das relações comerciais e à redução os custos de transação, pautada no princípio da eficiência produtiva, a agroindustrial merece uma particular análise quanto à sua competitividade e as políticas de subsídios professadas em âmbito internacional.

Imperioso destacar que a Declaração retoma, em âmbito nacional, algumas características do Estado Liberal, sob o abrigo do sistema *laissez faire,* visando ao cumprimento do critério da eficiência.

Depreende-se, ainda, a criação da figura do abuso de poder regulatório, o qual impõe à administração a exigência no artigo 4°, entre outras, de se evitar aumentar o custo de transação sem demonstração de benefícios.

No setor em questão, muito carece de regulamentação e tempo para se sentir quais serão os verdadeiros efeitos da normativa debatida. Os avanços legais com a Declaração dos Direitos de Liberdade Econômica deverão começar a produzir seus efeitos práticos não a curto, mas a médio e longo prazo.

A nova Lei de Liberdade Econômica, eminentemente principiológica, inegavelmente trouxe avanços aptos ao desenvolvimento das atividades econômicas no arcabouço normativo nacional, em especial do agronegócio no tocante à base de estruturação para a produção, quem sabe, de uma futura política de subsídios.

O mercado, em especial o *agrobusiness*, não comporta preceitos genéricos e redundantes. A prática das atividades negociais necessita de atuação pontual. Espera-se com a inserção clara de preceitos constitucionais, como o da livre iniciativa, que o Estado brasileiro atue sob o manto dos princípios fundantes da malha neoliberal para consagrar a economia nacional, equilibrando consequentemente sua intervenção quando necessária para a competição dos produtos e serviços aqui produzidos.

5 CONCLUSÕES

O Brasil, país popularmente conhecido como o celeiro do mundo, numa primeira análise, dentro dos critérios de regulação econômica, muito embora possua um aparato legal e políticas públicas de incentivo ao agronegócio como um todo, em especial à concessão creditícia, ainda engatinha no que concerne a políticas de subsídio da produção, para a consagração de uma real competitividade internacional.

A Lei 13.874/2019 reverbera preceitos praticados em âmbito negocial internacional, consubstanciando direitos e obrigações dos agentes no mercado, seja na esfera micro ou macroeconômica, consagrando os postulados assegurados na Carta Política, como o da livre iniciativa e o da ampla concorrência.

Imatura, portanto, a crítica sobre os efeitos práticos da novel lei, uma vez que consagrou, com justa adequação os pressupostos de eficácia e validade do sistema *civil law*, os critérios de generalidade e de abstração, abarcando a ideia de alcance ao maior número de *leading cases* que possivelmente serão deflagrados.

Ademais, no tocante ao recorte quanto ao princípio da mínima intervenção do Estado nas atividades econômicas, em especial aos subsídios da produção agropecuária brasileira, espera-se que a União desenvolva, em colaboração com os demais entes federados, seu papel de agente regular-fiscalizador, intervindo no que for necessário ao desenvolvimento do setor.

Alfim, princípios e direitos, por mais fundamentais que sejam, não são absolutos. Neste conspecto, embora possa parecer contraditório a produção de políticas pontuais de subsídio a produção agroindustrial e a preservação da mínima intervenção estatal na economia, o equilíbrio sistêmico desses preceitos podem alavancar o desenvolvimento nacional e demonstrar o real potencial concorrencial do *agrobusiness* nacional.

REFERÊNCIAS

BLIACHERIENE, Ana Carla. **Subsídios:** efeitos, contramedidas e regulamentação – uma análise das normas nacionais e das normas da OMC. In: TÔRRES, H.T. (Coord.). Direito tributário internacional. São Paulo: Quartier Latin, 2003.

BRASIL. Ministério das Relações Exteriores. **Barreiras a produtos brasileiros no mercado dos Estados Unidos**. Rio de Janeiro: FUNCEX, 2007.

BRASIL. Ministério das Relações Exteriores. **Barreiras externas às exportações brasileiras**. Brasília: SECEX, 2008.

BRASIL. Ministério da Agricultura, Pecuária e Abastecimento. **Intercâmbio comercial do agronegócio**: trinta principais parceiros comerciais. Brasília: MAPA/ASC, 2009.

BRASIL. Lei 8.078, de 11 de setembro de 1990. Dispõe sobre a proteção do consumidor e dá outras providências. DOU: 19/9/1990. Edição extra e retificado em 10/1/2007. **Planalto**. Disponível em: http://www.planalto.gov.br/ccivil_03/leis/l8078compilado.htm

BRASIL. Lei 13.874, de 20 de setembro de 2019. "Institui a Declaração de Direitos de Liberdade Econômica; estabelece garantias de livre mercado; altera as Leis nos 10.406, de 10 de janeiro de 2002 (Código Civil), 6.404, de 15 de dezembro de 1976, 11.598, de 3 de dezembro de 2007, 12.682, de 9 de julho de 2012, 6.015, de 31 de dezembro de 1973, 10.522, de 19 de julho de 2002, 8.934, de 18 de novembro 1994, o Decreto-Lei 9.760, de 5 de setembro de 1946 e a Consolidação das Leis do Trabalho, aprovada pelo Decreto-Lei 5.452, de 1º de maio de 1943; revoga a Lei Delegada 4, de 26 de setembro de 1962, a Lei 11.887, de 24 de dezembro de 2008, e dispositivos do Decreto-Lei 73, de 21 de novembro de 1966; e dá outras providências." **Planalto.** Disponível em: http://www.planalto.gov.br/ccivil_03/_ato20192022/2019/lei/L13874.htm#:~:text=1%C2%BA%20Fica%20institu%C3%ADda%20a%20Declara%C3%A7%C3%A3o,IV%20do%20caput%20do%20art.&text=170%20e%20do%20caput%20do%20art.

BRUNO, Flávio Marcelo Rodrigues; AZEVEDO, André Filipe Zago de; MASSUQUETTI, Angélica. **Os subsídios à agricultura no comércio internacional:** As políticas da União Europeia e dos Estados Unidos da América. vol. 42, 4. Santa Maria: Rio Grande do Sul, 2012.

CHEREM, G.S. **Organização mundial do comércio**: economia – direito – subsídio. Curitiba: Juruá, 2003.

DANTAS, Adriana de Menezes. **Subsídios agrícolas**: regulação internacional. São Paulo: Saraiva, 2009.

DESTA, Melaku Geboye. ***The law of international trade in agricultural products: from GATT 1947 to the WTO agreement on agriculture.*** *London: Kluwer Law International*, 2002.

EUROPEAN UNION. European Commission for Agriculture and Rural Development. ***Rural development in the European Union****: statistical and economic information.* Bruxeles: REPORT, 2009.

FONSECA, Adriana; SANCHEZ, Michelle Ratton; NASSER, Rabih Ali. Subsídios e Medidas Compensatórias. *In:* THOSTENSEN, VEA: JANKS (Coord.). O Brasil e os Grandes Temas do Comércio Internacional. São Paulo: Lex, 2005.

HOEKMAN, B; KOSTECKI, M. ***The political economy of the world trading system***. New York: Oxford University, 1995.

HUDEC, R. ***The GATT legal system and world trade diplomacy***. New York: Praeger Publishers, 1975.

JANK, Marcos S. MOLTKE, Konrad. ***Negotiating subsidy reduction in the world trade organization***. Winnipeg: IISD, 2003. Disponível em: http://www.iisd.org/pdf/2003/trade_cancun_research_paper.pdf.

LAFER, Celso. **Mudam-se os tempos**: diplomacia brasileira. 2001-2002. Brasília: FUNAG, 2002.

MESQUITA, Paulo Estivallet. **Multifuncionalidade e preocupações não comerciais**: implicações para as negociações agrícolas na OMC. Brasília: FUNAG, 2005.

MORAES, Henrique Choe. **O Regime dos subsídios intrazona no Mercosul.** 2003. 155f. Dissertação (Mestrado em Direito) – Programa de Pós-graduação em Direito, Universidade Federal do Rio Grande do Sul, RS.

OPORTO, Silvia Fazzinga. **Sistema Multilateral de Comércio Internacional**. Paraíba: 2015. Disponível em http://sisnet.aduaneiras.com.br/lex/doutrinas/arquivos/181006v.pdf.

PORTO, Manuel Carlos Lopes; FLÔRES JR. Renato Galvão. **Teoria e políticas de integração na União Européia e no Mercosul**. São Paulo: GVLaw, 2005.

THORSTEŃSEN, Vera. *et al*. São Paulo: Lex Editora; Aduaneiras, 2005.

VOGADO, Ana Luísa. **Lei de Liberdade econômica e abuso regulatório:** a falsa dicotomia Estado x mercado.S.d. Disponível em: https://www.conjur.com.br/2019-dez-06/ana-vogado-liberdade-economica-falsa-dicotomia-estado-mercado.

WORLD TRADE ORGANIZATION. ***World trade report 2006:*** *exploring the link between subsidies, trade and the WTO*. Geneva: WTO, 2006.

Capítulo 6

AS RESSONÂNCIAS DA LEI 13.874/19 NA FLEXIBILIZAÇÃO DOS DIREITOS TRABALHISTAS

Naiara de Moraes e Silva

Sumário: 1 Introdução. 2 O estruturamento da flexibilização no âmbito do trabalho: apontamentos históricos. 3 Alterações decorrentes da Declaração de Direitos de Liberdade Econômica na seara trabalhista. 4 Ressonâncias da Lei 13.874/19 na vida do trabalhador. 5 Conclusões. Referências

Resumo: Os processos de descontinuidades perpassam o século XXI. Não é de hoje a flexibilização das normas trabalhistas. Estas se configuram como máculas resultantes de uma trajetória histórica que incorpora a formação social enquanto Brasil. Nessa toada, ao longo da história do país foram marcantes os momentos que viabilizaram o esvaziamento das garantias sociais do trabalhador, como é o caso da Reforma Trabalhista de 2017, aqui entendida como um processo que há muito está em curso. Com efeito, o presente artigo busca tecer reflexões sobre as ressonâncias provenientes da Lei 13.874/19, que tem sua gênese na Medida Provisória 881 de 30 de abril de 2019, na vida do operário. Para tanto, o presente estudo pretende destacar parte da bibliografia relevante sobre o tema, ao traçar um panorama geral dos aspectos históricos, importantes instrumentos na visualização da conjuntura empreendida de adoção de um modelo pautado na prevalência da livre iniciativa, sem passar pela observância dos valores sociais do trabalho; bem como, das alterações depreendidas pela Declaração de Direitos de Liberdade Econômica e, por fim, a análise dos impactos ressoantes na vida do trabalhador.

Palavras-chaves: Flexibilização. Livre Iniciativa. Lei 13.874/19. Ressonâncias. Norma Trabalhista.

Abstract: Discontinuity processes span the 21st century. Labor standards are not more flexible today. These are configured as stains resulting from a historical trajectory that incorporates social formation as Brazil. In this light, throughout the country's history, the moments that enabled the emptying of workers' social guarantees were remarkable, as is the case of the 2017 Labor Reform, here understood as a process that has been underway for a long time. Indeed, this article seeks to reflect on the resonances arising from Law No. 13,874/19, which has its genesis in Provisional Measure No. 881 of April 30, 2019, in the life of the worker. To this end, the present study intends to highlight part of the relevant bibliography on the subject, by drawing a general overview of the historical aspects, important instruments in visualizing the conjuncture undertaken to adopt a model based on the prevalence of free enterprise, without going through the observance of values social aspects of work; as well as the changes detected by the Declaration on the Rights of Economic Freedom and, finally, the analysis of the resonant impacts on the worker's life.

Keywords: Flexibilization. Free Initiative. Law nº. 13.874/19. Resonances. Labor Standard.

1 INTRODUÇÃO

O Direito do Trabalho é regido pela concepção de que a parte hipossuficiente da relação, isto é, o trabalhador, é sempre a mais frágil do contrato. Nessa sinaleira, o princípio da proteção do hipossuficiente nas relações laborais é a forma depreendida para retomar o equilíbrio que a tornava desigual. Em contrapartida, ao mesmo tempo em que se busca equiparar os sujeitos da relação no processo, seguindo nesse sentido claramente uma orientação constitucional, de um outro lado, se vislumbra a flexibilização dos direitos trabalhistas, recaindo novamente no limbo da disparidade.

Os processos de descontinuidades perpassam o século XXI. Não é de hoje a extirpação dos direitos na seara trabalhista. São máculas resultantes de uma trajetória histórica que incorpora a formação social enquanto Brasil, o capitalismo tardio, as medidas de austeridade tão fortemente propagadas pela agenda neoliberal, as reformas implementadas como somatização de todos os antecedentes anteriormente mencionados, e porque não dizer, as contínuas investidas de oprimir o trabalhador.

Nessa toada, a Lei 13.874/19, que tem a sua gênese na MP 881 de 30 de abril de 2019, é implementada em um cenário pós-reforma trabalhista e passa a corroborar com o afunilamento dos direitos trabalhistas. Como regra, sob os critérios de relevância e urgência, – que a propósito são facilmente questionáveis, haja vista o conteúdo de que trata a MP – é editada a Medida Provisória que institui a Declaração de Direitos de Liberdade Econômica.

Com efeito, desde sua implementação é levantada a hipótese de que a Lei tende a satisfazer o empregador e, consequentemente, reforçar o esvaziamento das garantias sociais. Partindo desta perspectiva, o objetivo central deste artigo consiste em tecer reflexões dentro da seara trabalhista sobre as ressonâncias provenientes da Medida Provisória e sua posterior conversão em Lei. Dessa forma, tem-se por primazia analisar a permissividade dada ao empregador para flexibilizar os direitos laborais, sob o discurso que privilegia o capital e a livre iniciativa.

A fim de proporcionar tamanha reflexão, adotar-se-á método essencialmente qualitativo, com enfoque na pesquisa bibliografia, realizada a partir de livros, artigos científicos e periódicos publicados em meio eletrônico.

2 O ESTRUTURAMENTO DA FLEXIBILIZAÇÃO NO ÂMBITO DO TRABALHO: APONTAMENTOS HISTÓRICOS

Na medida em que o objetivo deste trabalho está em analisar os impactos sociais decorrentes da implementação da Lei 13.874/19, é pertinente realizar um aprofundamento teórico capaz de compreender as debilidades e contradições do capitalismo brasileiro, além dos projetos liberais que culminaram em reformas trabalhistas tendentes à fragmentação da classe trabalhadora e à fragilização de seus direitos.

Ao longo da história de um país, é comum que o capitalismo e os projetos de desenvolvimento sigam destinos diversos, passando por crises, momentos de ruptura, de expansão e de recessão. No Brasil, ao passo em que a economia mundial assentava seus pilares no capitalismo desenvolvido, a economia nacional era ainda eminentemente colonial e mercantil, assentada no trabalho compulsório, servil ou escravo e apresentava contornos claros de uma economia primário-exportadora, antes mesmo da década de 1930. (OLIVEIRA, 2012).

O legado do trabalho negro e escravo no país, associado à industrialização tardia do Brasil foram responsáveis pelo enfraquecimento sindical e resultaram no favorecimento direto da exploração do trabalho. Em seguida, o regime neoliberal, alicerçado sob a égide do capitalismo tardio, configura o momento em que sociedade já não é mais a integração de um conjunto de direitos sociais, tais como o emprego, e sim a luta de indivíduos desprovidos de proteção (FRIGOTTO, 2011).

As múltiplas investidas para encaminhar o país à desregularização do Estado faz crescer as formas de contratação precária e a exploração da classe operária. Nesse ponto, vê-se que a constituição de um modelo de capitalismo tardio no país, realizado a quaisquer custas pelo Estado brasileiro, aliançado com o capital, refletiu diretamente na concretização de modelo ainda mais excludente e com consequências indiscutíveis na formalização de uma política nacional de ampliação e incentivo ao trabalho informal e precário.

Uma das características do capitalismo tardio é que ele surge sem revoluções, sem rupturas com as aristocracias agrárias, ao contrário, com elas faz pactos. Mantém e convive com as formas arcaicas de produção; emerge com incentivos do Estado e pelas condições e tempo histórico de seu surgimento, momento de avanço das forças produtivas na Europa e avanço tecnológico importado para a periferia, dá-lhe uma característica particular, mobiliza um grande contingente de trabalhadores, mas não consegue incluí-lo ou mercantilizá-los.

Logo, esse novo arranjo econômico desencadeia a adoção de um modelo de acumulação flexível não só nas condições de produção, formas de trabalho e de sua contratação, mas também dos direitos do trabalho, introduzindo o fenômeno da terceirização, contratações temporárias, em tempo parcial, dentre outras, que permitem a refuncionalização do setor informal e a precarização do trabalho.

Essa tendência se apresentou, especialmente, nos países de capitalismo avançado, a partir da década de 1980, onde a classe trabalhadora tornou-se cada vez mais complexificada, fragmentada e heterogeneizada. Nos países de capitalismo periférico, a exemplo do Brasil, essa tendência foi observada de maneira mais lenta. Sua notoriedade esteve atrelada à ascensão das organizações conservadoras, que apoiadas no neoliberalismo, romperam com a idealização dos valores sociais do trabalho.

Enquanto regime hegemônico, no contexto hodierno, o neoliberalismo acabou por conduzir o país a um processo de irradiação de medidas de austeridade, que sem sombra de dúvidas, atacou de maneira mais ostensiva a parte hipossuficiente, isto é, o trabalhador. Nesse caso, austeridade segue o entendimento depreendido por António Casimiro Ferreira, que a define como um "processo de implementação de políticas e de medidas económicas que conduzem à disciplina, ao rigor e à contenção económica, social e cultural". (FERREIRA, 2011).

Em maior ou menor grau, essas particularidades sinalizam para alterações pontuais em determinados aspectos da sociedade. No caso brasileiro, essa alteração deixa de ser pontual e passa a ser notoriamente profunda, decorrente de um processo que vem sendo encaminhado há anos rumo à extirpação dos direitos do empregador. A linha de continuidade desse processo, encontra seu ápice na Reforma Trabalhista de 2017, que tem suporte legal na Lei 13.467/17 (JESUS *et al.*, 2019).

Barros (2010, p. 85-86) ressalta que "a flexibilização no campo do trabalho, historicamente, tem sido a reivindicação empresarial identificável com a explícita solicitação de menos custos sociais e maior governabilidade do setor trabalho." Seu entendimento pode ser mais bem assimilado na esteira da Reforma Trabalhista de 2017, tendo em vista que um dos pontos centrais de seu texto versou sobre a valorização das negociações coletivas, podendo as partes do contrato negociarem diversos direitos até então resguardados, inclusive a jornada de trabalho e o salário.

De tal sorte, dar autonomia ao trabalhador, fazendo-o se sentir parte da negociação, isto é, decidir o que é mais benéfico para si, é senão mera estratégia para a flexibilização da legislação trabalhista.

Nesse ponto, a comumente denominada Lei de Liberdade Econômica, ou ainda por muitos estudiosos denominada Minirreforma Trabalhista, é responsável por dar continuidade à desregulamentação das relações de trabalho e à reafirmação dos valores da livre iniciativa em contrapartida aos valores sociais do trabalho.

3 ALTERAÇÕES DECORRENTES DA DECLARAÇÃO DE DIREITOS DE LIBERDADE ECONÔMICA NA SEARA TRABALHISTA

A Lei 13.874 de 20 de setembro de 2019, originada da conversão da Medida Provisória 881 de 2019, institui, sobremaneira, "a Declaração de Direitos de Liberdade Econômica", bem como "estabelece garantias de livre mercado". A satisfação do livre mercado pode ser visualizada de maneira precisa, a partir de dois de seus princípios norteadores, sejam eles, a liberdade como uma garantia no exercício de atividades econômicas e a intervenção subsidiária e excepcional do Estado sobre o exercício de atividades econômicas.

O que se percebe é que logo de início sua intenção fica bastante evidente. O que parece está em jogo não são as garantias trabalhistas, apesar de que o disposto na lei deve ser observado na aplicação e interpretação do direito do trabalho.

Nesse sentido, a Constituição Federal em seu art. 1°, inciso IV, anuncia que são princípios fundamentais da República Federativa do Brasil, os valores do trabalho e da livre iniciativa. Ao revés, ao dar primazia para a livre iniciativa, a lei da liberdade econômica parece estabelecer exatamente a dissociação desses valores, o que a rigor, configura um afastamento do que matéria constitucional. De imediato, esse é um ponto que não enseja nem mesmo discussão, pois se espera que a norma constitucional seja a primazia do ordenamento jurídico.

Sem entrar nos meandros dessa discussão, passa-se a análise das alterações depreendidas pela Lei na seara trabalhista. A priori, a nova lei traz alterações pontuais que versam sobre aspectos técnicos. Nesse sentido, o artigo 13, § 2° da CLT é alterado, destacando que a Carteira de Trabalho e Previdência Social (CTPS) devem agora obedecer aos modelos que o Ministério da Economia adotar, em decorrência exatamente da extinção do Ministério do Trabalho e Emprego pela MP 810/2019 (BRASIL, 2019).

O artigo 14 da CLT é também objeto de alteração. Se antes a CTPS era física, agora essa possibilidade é uma exceção. A nova lei objetivando possivelmente a desburocratização e a simplificação da emissão da CTPS, traz uma novidade. Conforme o próprio artigo:

> Art. 14. A CTPS será emitida pelo Ministério da Economia preferencialmente em meio eletrônico.
>
> Parágrafo único. Excepcionalmente, a CTPS poderá ser emitida em meio físico, desde que:
>
> I – nas unidades descentralizadas do Ministério da Economia que forem habilitadas para a emissão;
>
> II – mediante convênio, por órgãos federais, estaduais e municipais da administração direta ou indireta
>
> III – mediante convênio com serviços notariais e de registro, sem custos para a administração, garantidas as condições de segurança das informações (BRASIL, 1943).

Na mesma toada, o artigo 16 da CLT que, anteriormente, estabelecia as informações que deveriam estar presentes na CTPS, como por exemplo, fotografia, nome, filiação, data de nascimento, foi alterado, passando a vigorar apenas a redação seguinte: "A CTPS terá como identificação única do empregado o número de inscrição no Cadastro de Pessoas Físicas (CPF)." (BRASIL, 2019).

Já em relação à anotação na CTPS, quando da admissão de trabalhadores, o prazo passou a ser de 5 dias úteis para a anotação na CTPS. Dessa forma, além de aumento de prazo, no novo modelo, conforme o § 8°, art. 29 da CLT, "O trabalhador deverá ter acesso às informações da sua CTPS no prazo de até 48 (quarenta e oito) horas a partir de sua anotação." (BRASIL, 2019).

As alterações não param por aqui. Conforme o § 7°, art. 29 da CLT, também introduzido pela Lei 13.874/19, como decorrência direta da adoção da carteira digital, "os registros eletrônicos gerados pelo empregador nos sistemas informatizados da CTPS em meio digital equivalem às anotações a que se refere esta Lei." (BRASIL, 2019).

No âmbito do quadro discriminativo de horários, pertencente ao art. 74 da CLT, também houve alteração. Primeiro que, o horário de trabalho passa a ser anotado em registro de empregados. Em seguida em seu § 1°, a lei determina que somente nos estabelecimentos com mais de 20 trabalhadores será obrigatória a anotação da hora de entrada e de saída, que poderá ser feita em registro manual, mecânico ou eletrônico. Além disso, não será obrigatória a pré-assinalação dos períodos repouso, ficando a critério anotar ou não. (BRASIL, 2019).

Nos termos do § 3° encontramos as determinações sobre os trabalhos realizados fora dos estabelecimentos. Com a nova redação, "Se o trabalho for executado fora do estabelecimento, o horário dos empregados constará do registro manual, mecânico ou eletrônico em seu poder". Anteriormente, o registro dos empregados deveria necessariamente constar de ficha ou papel a em seu poder. (BRASIL, 2019).

Fechando o art. 74 da CLT, o § 4º é responsável por uma das maiores inovações, e consequentemente, impacto, no âmbito dos direitos pertencentes à classe operária. A redação incluída prevê a possibilidade da "utilização de registro de ponto por exceção à jornada regular de trabalho, mediante acordo individual escrito, convenção coletiva ou acordo coletivo de trabalho." (BRASIL, 2019).

Por fim, é válido ressaltar também a última alteração observada dentro da esfera trabalhista. O art. 16 da Lei 13.874 prevê que o Sistema de Escrituração Digital das Obrigações Fiscais, Previdenciárias e Trabalhistas (eSocial) será substituído, por um novo sistema mais simplificado, a propósito, digital, que simplificará a escrituração de obrigações previdenciárias, trabalhistas e fiscais. (BRASIL, 2019)

Nesse vasto rol de alterações, diversos impactos podem ser observados no dia a dia do trabalhador. Por essa razão, a seguir será abordado de maneira mais específica os impactos que essa minirreforma trabalhista proporcionou no cotidiano dos trabalhadores.

4 RESSONÂNCIAS DA LEI 13.874/19 NA VIDA DO TRABALHADOR

No âmbito trabalhista, a Declaração de Direitos de Liberdade Econômica, instituída pela Lei 13.874/2019, é como ressaltado em momentos anteriores, uma síntese do processo rumo à flexibilização da norma trabalhista. Ainda que sua redação tenha abordado outros temas que não se relacionam diretamente ao Direito do Trabalho, enseja a tendência de um processo que há muito está em curso em nosso país.

Como observado no tópico anterior, a Lei tratou de temas estritamente ligados ao trabalhador, como controle do registro de jornada de trabalho, assinatura na CTPS, bem como registro de ponto por exceção.

A par disso, mais do que realizar uma reflexão sobre os impactos desencadeados pelas alterações e inovações da norma trabalhista, o que se busca é influir sobre as ressonâncias na vida do trabalhador hipossuficiente. É sempre imperioso ressaltar esse ponto, para que não se abra brechas para categorizar o trabalhador como autossuficiente, o que a propósito, tem se buscado.

Pois bem, logo de início, o que se observa é uma legislação fortemente apoiada nos valores da livre iniciativa. Não haveria qualquer problema se o ponto fosse esse. O problema está, por assim dizer, na falta de diálogo com o valor social do trabalho. Por mais que se queira dissociar estes dois valores, essa possibilidade é inexistente em nosso ordenamento jurídico.

O próprio texto constitucional trata especificamente desse aspecto, considerando-os como princípios norteadores da República. Por força disso, é natural que quando se fale em livre iniciativa se remeta automaticamente aos valores sociais do trabalho. Nessa perspectiva:

> Se a nossa Carta Magna, que está no topo do ordenamento jurídico brasileiro, é constantemente violada, o Estado Democrático de Direito demonstra estar em perigo eminente, bem como vemos a tendência do fim da constitucionalização material do Direito do Trabalho, conquistada na Constituição Federal de 1988, o que enfraquecerá as demandas sociais por melhorias laborais (JESUS *et al.*, 2019, p. 9 – 10).

À medida que a lei supervaloriza a livre iniciativa, se abrem muitas brechas tendentes à desregulamentação do trabalho. Abre-se, acima de tudo, um amplo arsenal de possibilidades para majorar o que é e o que deixa de ser garantia do trabalhador.

Na mesma linha, com a nova determinação de que agora somente nos estabelecimentos com mais de vinte trabalhadores será obrigatório o registro de jornada, sendo facultativa a pré-assinalação dos períodos repouso, nos subleva a posição reflexiva sobre o real beneficiado pela norma. Como se sabe, o registro de jornada constitui importante elemento de prova por registrar as horas trabalhadas, bem como por assegurar o pagamento das horas excedentes trabalhadas.

Se, portanto, o registro de jornada deixa de ser obrigatório nos estabelecimentos com mais de dez empregados, para tornar obrigatório apenas nas empresas com mais de vinte empregados, o que se pretende é beneficiar uma das partes da relação, nesse caso não resta dúvidas, o empregador. A respeito disso, o empregador pode facilmente alegar que a jornada de trabalho do operário não foi suficiente ao que estava previamente estabelecido, e além do mais, deixar de realizar o pagamento pelas horas extras trabalhadas.

Outro ponto bastante preocupante repousa sobre a inclusão do § 4° ao artigo 74 da CLT, que prevê o registro de ponto por exceção. Se a alteração sobre o registro de jornada já era preocupante, essa é ainda mais, uma vez que deixa a cargo do empregador registrar a jornada trabalhada somente nos casos de alguma alteração na jornada regular, como por exemplo as horas extras.

Com a nova redação, mediante acordo individual escrito, convenção coletiva ou acordo coletivo de trabalho, pode-se optar pelo registro de ponto por exceção. Com a inovação, assevera Santana e Nakana (2020, p. 104):

> De um lado, o empregado sem registro de ponto, ou o tendo escriturado "por exceção", estará mais suscetível de incorrer em sobrejornada sem ter meios de averiguar a exata remuneração acrescida. De outro, o empregador ficará sem a prova pré-constituída sobre a jornada efetiva.

O próprio TST já havia firmado jurisprudência sobre a invalidade das normas coletivas que autorizam o registro de ponto por exceção, mas o que se observa com a nova lei é exatamente o oposto. O que se observa é exatamente a mesma tendência observada na implementação da reforma trabalhista de 2017, de fazer supremo o negociado sobre o legislado. Dessa forma, conforme se observa:

> RECURSO DE REVISTA. HORAS EXTRAS. ACORDO COLETIVO DE TRABALHO. REGISTRO DE PONTO POR EXCEÇÃO [...] a jurisprudência desta Corte possui firme posição de que são inválidas as normas coletivas que autorizam o sistema de registro de ponto por exceção, por contrariar a determinação legal contida no art. 74, § 2°, da CLT. Decisão em sentido contrário deve ser modificada. Precedentes. Recurso de Revista conhecido e provido. (TST – RR: 10014205920165020332, Relator: Luis José Dezena da Silva, Data de Julgamento: 21/08/2019, 1a Turma, Data de Publicação: DEJT 23/08/2019).

O que fica claro a partir disso, é que a lei 13.847/19, criada com o intuito de desburocratizar as relações empresariais, possibilitou mais do que isso. Serviu, sobretudo, como arcabouço para reafirmar as regras do jogo, em uma clara continuação da Reforma Trabalhista de 2017. Outrossim, como forma de reforçar o esvaziamento das garantias sociais.

Talvez um pouco mais do que isso. Todas as espécies de flexibilizações serviram ao empregador. Logo, a lei não deixa de ser uma antítese da garantia da fundamental e suprema dignidade humana. Percebe-se que o que está em jogo é, sem sombras de dúvidas, toda uma estrutura voltada para retirar do trabalhador toda sua ideia de existência e dignidade, que é retratada a partir de sua sujeição para com o empregador, sujeição essa em decorrência do medo de adentrar ao desemprego.

5 CONSIDERAÇÕES FINAIS

Tendo em vista as premissas perseguidas pelo presente artigo, algumas considerações se tornam indispensáveis para alinhar os pontos que aqui foram retratados.

Inicialmente, o tema suscitado nesse estudo nos conduziu a uma reflexão bastante pertinente, haja vista que em um Estado Democrático de Direito, se deve garantir a todos os indivíduos a plena realização dos direitos inerentes a sua condição humana. Se por alguma razão determinada garantia constitucional tende a ser flexibilizada, é necessário decifrar de onde parte essa falha e a quem ela visa atingir.

Dessa forma, como parte de um construído histórico, a flexibilização da norma trabalhista brasileira data de um processo contínuo, que tem seus pilares assentados na formação histórica do país. Como constatado, diversos momentos são significantes nesse processo, como por exemplo, o legado do trabalho negro e escravo no país, associado à industrialização tardia, a concretização do modelo do neoliberalismo, fundado no contexto de capitalismo tardio, e a tendência pelas medidas de austeridade.

Todos esses momentos são partes de um fio condutor que conduz à desregulamentação das relações de trabalho, de tal sorte que o trabalhador, parte hipossuficiente da relação, torna-se aquém de suas garantias laborais, em detrimento de um discurso que privilegia o capital e a livre iniciativa, na busca de satisfazer o empregador.

Nesse sentido, a partir da implementação da Lei 13.874/19, responsável por instituir a Declaração de Direitos de Liberdade Econômica, seguindo uma tendência clara continuação da Reforma Trabalhista de 2017, diversas ressonâncias foram sentidas na vida do trabalhador.

Dentre os impactos que a Lei ocasionou, atesta-se o fato de que ao empregador foi dada muito mais autonomia para realizar o registro da jornada de seus empregados, já que a lei tornou obrigatório o registro apenas nos casos de empresas com mais de 20 funcionários.

Além do mais, a lei institui como novidade o registro de ponto por exceção, mediante acordo individual escrito, convenção coletiva ou acordo coletivo de trabalho, que vem a ser de forma nítida uma forma encontrada para satisfazer uma vontade do empregador, seja ela a de fazer com que o trabalhador se sujeite a ele sob um discurso de autonomia de vontade. Essa flexibilização permite exatamente que o empregado incorra em uma sobrejornada sem ter meios capazes de averiguar a real situação.

De todo modo, muitas são as possibilidades de flexibilização da norma trabalhista sob o discurso da livre iniciativa, uma vez que o hipossuficiente é assolado pelo medo de conviver com o desemprego. Por essa razão é que o legislador e partes autossuficiente acham por certo incorrer no esvaziamento das garantias sociais, já que acreditam que o trabalhador a tudo se submeterá para que possa sobreviver.

REFERÊNCIAS

BARROS, Alice Monteiro de. **Curso de Direito do Trabalho.** 6. ed. *rev e ampl.* São Paulo: LTr, 2010.

BRASIL. **Decreto-lei 5.452, de 1º de maio de 1943.** Diário Oficial da República Federativa do Brasil. Planalto. Disponível em: http://www.planalto.gov.br/ccivil_03/decreto-lei/del5452.htm.

BRASIL. Constituição da República Federativa do Brasil de 1988. Diário Oficial da República Federativa do Brasil. **Planalto.** Disponível em: http://www.planalto.gov.br/ccivil_03/constituicao/constituicaocompilado.htm.

BRASIL. **Lei 13.874, de 20 de setembro de 2019.** Diário Oficial da República Federativa do Brasil. **Planalto.** Disponível em: http://www.planalto.gov.br/ccivil_03/_ato2019-2022/2019/lei/L13874.htm.

BRASIL. **Tribunal Superior do Trabalho. Recurso de Revista RR: 10014205920165020332.** Relator: Luis José Dezena da Silva. Tribunal Superior do Trabalho Tst – Recurso de Revista: Rr10014205920165020332, Relator: Luis José Dezena da Silva, Data de Julgamento: 21/08/2019, 1A Turma, D. Brasília. Disponível em: https://tst.jusbrasil.com.br/jurisprudencia/747898978/recurso-de-revista-rr-10014205920165020332.

FERREIRA, António Casimiro. A sociedade de austeridade: Poder, medo e direito do trabalho de exceção. **Revista Crítica de Ciências Sociais.** S.d. Disponível em: https://journals.openedition.org/rccs/4417.

FRIGOTTO, Gaudêncio. Novos fetiches mercantis da pseudo-teoria do capital humano no contexto do capitalismo tardio. In: ANDRADE, Juarez de; PAIVA, Lauriana G. de (Orgs.). **As políticas públicas para a educação no Brasil contemporâneo.** Juiz de Fora: Editora UFJF, 2011.

JESUS, Ana Beatriz Bueno de. *et al.* A Minirreforma Trabalhista: Uma Reflexão Crítica De Seus Possíveis Impactos Sociais. **Revista Eletrônica OAB/RJ.** Rio de Janeiro, v. 30, 2, 2019. Disponível em: http://revistaeletronica.oabrj.org.br/?artigo=a-minirreforma-trabalhista-uma-reflexao-critica-de-seus-possiveis-impactos-sociais.

OLIVEIRA, Ednéia Alves de. **A política de emprego no Brasil: o caminho da flexinsegurança.** 2012, 111. ISSN 0101-6628. Disponivel em: http://dx.doi.org/10.1590/S0101-66282012000300006.

SANTANA, Maria Luísa Oliveira Elias; NAKATA, Alexandre Tsuyoshi. **As alterações no controle da jornada na Lei de Liberdade Econômica.** Paraná: Atena Editora, p. 100-107, 2020. Disponível em: https://www.atenaeditora.com.br/post-artigo/35678.

Capítulo 7

OS IMPACTOS DA LEI DE LIBERDADE ECONÔMICA NA PREVIDÊNCIA COMPLEMENTAR

Carla Aliny Peres Dias

Resumo: A Lei da Liberdade Econômica (Lei 13.874/19) (BRASIL 2019), sancionada em 20 de setembro a partir da Medida Provisória 881/2019, trousse medidas de diversos teores as quais visam à desburocratização e a simplificação de processos para empresas e empreendedores com o intuito de alavancar a economia nacional e ampliar a competitividade no mercado externo além de regularizar e fiscalizar as formas de previdência complementar vigentes. Disto, o presente estudo tem por objetivo discutir as inovações trazidas pela Lei de Liberdade Econômica que promoveu alterações nas regras aplicáveis aos fundos de investimento, especificamente, os fundos de pensão. Para tanto, foi utilizada uma pesquisa qualitativa de cunho bibliográfico para análise e elaboração do presente trabalho. Na primeira parte desse trabalhou, analisou-se a formação da previdência no âmbito nacional bem como a apreciação e distinção dos regimes previdenciários. Na Segunda parte, enfatizou-se a incidência da referida lei junto aos fundos de pensão, medida aderida por muitos segurados seja do Regime Geral ou Regime Próprio de previdência que recorrem aos fundos de pensão no intuito de complementar sua renda quando do encerramento de suas atividades laborativas. Assim, conclui-se que a busca por meio de uma previdência complementar é cada vez mais frequente, principalmente, com o endurecimento das leis previdenciárias, instabilidade econômica, daí a necessidade de analisar uma legislação que se propõe e regulamentar, ou aumentos tentar, proteger os fundos de pensão.

Palavras-chave: Lei de Liberdade Econômica, Fundo de Pensão, Previdência Complementar.

Abstract: The Economic Freedom Law (Law No. 13.874/19) (BRAZIL 2019), sanctioned on September 20, as of Provisional Measure 881/2019, introduced measures of different levels which aim at reducing bureaucracy and simplifying processes for companies and entrepreneurs in order to to leverage the national economy and increase competitiveness in the foreign market, in addition to reflecting on forms of supplementary pension. From this, the present study aims to discuss the innovations brought by the Economic Freedom Law that promoted changes in the rules applicable to investment funds, specifically, pension funds. For this, a qualitative bibliographic research was used to analyze and elaborate the present work. In the first part of this work, the formation of social security at the national level was analyzed, as well as the appreciation and distinction of social security systems. In the second part, emphasis was placed on the incidence of the aforementioned law on pension funds, a measure adhered to by many policyholders whether under the General Regime or Own Regime who resort to pension funds in order to supplement their income when the end of their work activities. In conclusion, the search for supplementary social security is increasingly frequent, especially with the tightening of social security laws, economic instability, hence the need to analyze legislation that is proposed and regulate, or increases to try to protect funds. pension.

Keywords: Economic Freedom Act, Pension Fund, Supplementary Pension.

1 INTRODUÇÃO

A Lei da Liberdade Econômica (Lei 13.874/19) (BRASIL 2019), trousse medidas de diversos teores as quais visam à desburocratização e a simplificação de processos para empresas e empreendedores com o intuito de alavancar a economia nacional. A referida norma, também, faz menção acerca de novos comandos para os fundos de investimento, ao inserir os artigos 1.368-C a 1.368-F no Código Civil, (BRASIL 2002), assunto este o ponto de análise do presente estudo.

É possível afirmar que um dos objetivos da referida norma seja alinhar, de forma mais precisa, os parâmetros interpretativos que o Poder Judiciário costuma manifestar acerca do mercado de capitais, permitindo, assim, uma aproximação da esfera judicante com a realidade dos investidores institucionais, medida está, salutar para crescimento econômico.

No que tange as alterações acerca dos fundos de investimento, como é cediço, os fundos ou fundos de pensão gerenciam planos de benefícios, administrando volumes expressivos de recursos financeiros em prol de participantes e assistidos, os quais, em regime de capitalização privada, buscam complementar sua aposentadoria futura.

Os fundos de pensão têm a obrigatoriedade de não apenas de observar a legislação regulatória, suas políticas internas e os deveres fiduciários de seus órgãos societários, como também de nortear e balizar seus investimentos visando ao crescimento, à solvência e à liquidez da mutualidade sob sua gestão, nos termos definidos pelo Conselho Monetário Nacional.

Nesta conjuntura de pesquisa, levantou-se a seguinte problemática: análise da Lei de Liberdade Econômica e sua incidência nos fundos de investimentos/fundos de pensão, ou seja, os pontos que foram alterados pela lei, se houve benefícios para os segurados ou trata-se, apenas, de um retrocesso jurídico e social?

Nesse diapasão será estudada a norma sob o âmbito dos fundos de pensão suas alterações e incidência na previdência complementar. Para atingir objetivo geral foram traçados os seguintes objetivos específicos: analisar uma sucinta explanação acerca dos conceitos basilares da previdência social, seus regimes geral e próprio bem como a previdência complementar, isto é, a origem e surgimentos dos fundos de pensão bem como sua diferenciação em abertos e fechados, para ao final adquirir uma pequena bagagem a qual proporcionará concluir se a referida norma veio realmente desburocratizar os entraves econômicos bem como garantir maior segurança aos segurados da previdência complementar.

Quanto à metodologia aplicada foi realizada pesquisa exploratória de cunho qualitativa, com análise da norma legal, utilizando o uso de fontes primárias e secundárias, através de método dedutivo, com utilização de técnicas histórica e conceitual (investigação teórica).

No que tange a justificativa do tema denota-se que a análise bem como o estudo da norma ora em comento é de extrema relevância uma vez que a mesma vem para regularizar e tutelar os fundos de pensão, que são institutos frequentemente "saqueados", infelizmente, não raro, tem-se notícia da utilização dos respectivos fundos com o intuito de fraudes.

Assim, é importante verificar as alterações e limitações que a norma se propõe a desencadear para fiscalizar e regulamentar a criação e manutenção dos respectivos fundos.

> Dito isto, para melhor análise do tema proposto, dividiu-se o artigo em quatro itens, incluído esta introdução. No item seguinte, apresentar-se-á um breve relato acerca da incidência da lei de liberdade econômica nos regimes que constituem a previdência, dando maior enfoque para o regime complementar da previdência, objeto de estudo do presente artigo. Em seguida, no item 3, será analisada as entidades que constituem a previdência complementar, no caso Entidade Abertas e Fechadas. No item 4, ápice do presente estudo, será apreciada a Lei de Liberdade Econômica e seus impactos na Previdência Complementar. Por fim, serão tecidas as considerações finais, seguidas das referências.

2 A INCIDÊNCIA DA LEI DE LIBERDADE ECONÔMICA NO REGIME PREVIDENCIÁRIOS

Antes de verificar se a lei de liberdade econômica incide sob todos os regimes constitutivos da previdência, faz-se necessária uma explanação de cada regime, ainda que sucintamente, para ao final verificar sob qual regime irá refletir e regulamentar a norma em questão.

O Sistema de Previdência Social oficial no Brasil está embasado em duas vertentes, o Regime Geral de Previdência Social (RGPS), e do Regime Próprio de Previdência Social (RPPS), constituído da assistência previdenciária determinada pela Constituição Federal de 1988 e da Previdência Privada, com conteúdo complementar ao regime oficial e que tem por escopo, como o próprio nome já indica complementar os valores da aposentadoria de seus participantes.

2.1 Regime Geral de Previdência Social - RGPS

A organização do Regime Geral de Previdência Social – RGPS está definida no artigo 201 da Constituição Federal de 1988[1] que estabelece a filiação obrigatória, o limite mínimo de benefício, nunca inferior a um salário-mínimo, os casos de cobertura, pensões e proteção, além de determinar ainda, a criação de lei infraconstitucional reguladora para alguns quesitos.

O Regime Geral de Previdência Social (RGPS) tem suas políticas elaboradas pelo Ministério da Previdência Social (MPS) e executadas pelo Instituto Nacional do Seguro Social (INSS), autarquia federal a ele vinculada. Este Regime possui caráter contributivo e de filiação obrigatória. Dentre os contribuintes, encontram-se os empregadores, empregados assalariados, domésticos, autônomos, contribuintes individuais e trabalhadores rurais.

Para gerir o plano de benefícios e serviços da Previdência social foi criado o INSS – Instituto Nacional de Previdência Social, através da fusão de dois antigos órgãos: do IAPAS (Instituto de Administração Financeira da Previdência e Assistência Social) e do INPS (Instituto Nacional da Previdência Social). Órgão delegado da União, tendo anteriormente a função de arrecadar as

---

1 Art. 201. A previdência social será organizada sob a forma do Regime Geral de Previdência Social, de caráter contributivo e de filiação obrigatória, observados critérios que preservem o equilíbrio financeiro e atuarial, e atenderá, na forma da lei, a (Redação dada pela Emenda Constitucional 103, de 2019). (Disponível em:http://www.planalto.gov.br/ccivil_03/constituicao/constituicao.htm).

contribuições dos participantes, a quem foi posteriormente instituída a competência para conceder, revisar e administrar os benefícios concedidos pela Assistência Social, passando os encargos arrecadatórios para a Secretaria da Receita Federal, vinculada ao Ministério da Fazenda.

Desse modo o RGPS (regime geral de previdência social) é o regime de previdência geral, de contribuição obrigatória para todos os segurados que exercem atividade formal, não incidindo a lei de liberdade econômica no regime geral de previdência.

2.2 Regime Próprio de Previdência Social – RPPS

Contrapondo o conceito do RGPS encontra-se o RPPS (regime próprio de previdência social) que basicamente consiste no regime de previdência própria, também de caráter obrigatório, porém abrange apenas no funcionalismo público. O art. 40 da CF/88 define os empregados públicos com acesso a esse regime nos seguintes termos: "Aos servidores titulares de cargos efetivos (...) é assegurado regime de previdência de caráter contributivo e solidário, mediante contribuição do respectivo ente público, (...).

Desse modo, somente podem ser abrangidos pelo RPPS os servidores que foram admitidos em caráter permanente, mediante o regular concurso público, para ocupar cargo público de provimento efetivo criado por lei.

Daí se deduz que somente têm acesso ao Regime Próprio de Previdência Social os servidores que ocupem cargo efetivo, excluindo as demais classes de servidores, uma vez que o § 13 enquadram os servidores ocupantes, exclusivamente de cargos em comissão, com declaração em lei de caráter de livre nomeação e exoneração, servidores ocupantes de cargos temporários ou considerados empregados públicos, submeter-se-ão ao Regime Geral de Previdência Social – RGPS. Aqui, tal como no RGPS a contribuição é obrigatória para os filiados ao regime, ressalta-se, que no regime próprio de previdência não há incidência da Lei de Liberdade Econômica.

2.3 Previdência Privada ou Complementar

Por fim, o Regime de a Previdência Complementar ou Privada tem o intuito de demonstrar uma nova face da seguridade, embasado no investimento feito pelos participantes em empresas que deverão aplicar esses recursos, para a devolução no momento próprio, entenda-se, no momento acordado através de contrato entre as partes, contemplando várias formas de investimento.

Acerca do tema preleciona Martins (2014) que os benefícios da previdência privada complementar não têm por objetivo aplicação financeira, mas a segurança e estabilidade da pessoa (...) a natureza do benefício é de uma forma de poupança individual em vez de social.

Nesse sentido a previdência complementar tem o cunho de poupança em longo prazo, visando à restituição do valor aplicado no momento oportuno, ou seja, naquele pactuado entre as partes e que se mostrar mais favorável ou necessário ao contratante.

Embora os termos previdência complementares e previdência privada se confundem, ou seja, são designativos do mesmo sistema, merecendo ainda a denominação de "previdência privada, de caráter complementar", é oriunda de um contrato de adesão facultativo e voluntário entre o interessado segurado e a empresa gestora dos valores, mediante a regulamentação e fiscalização do Estado. (MARTINS, 2014, p. 490).

Por ser desvinculado do sistema previdenciário obrigatório pode ser considerado ainda como um fator de acumulação de uma parcela de seus ganhos em um tempo, também predeterminado e mesmo como uma poupança de longo prazo, que deverá funcionar, futuramente, como uma fonte extra ou complementar de renda, a título de aposentadoria, com o mesmo objetivo da previdência oficial, ou seja, garantir uma qualidade de vida ao participante e seus familiares quando de sua aposentadoria ou mesmo, garantir essa mesma qualidade de vida em caso de morte ou invalidez.

Acerca da Previdência Complementar preleciona o jurista Martins, (2014) que Previdência Complementar é implementada a partir dos Fundos de Pensões, vale dizer, entidades civis sem fins lucrativos e destinados a grupos específicos de trabalhadores, vinculados a uma determinada empresa ou grupo de empresas, ou ainda, a entidades representativas de classes, que no caso serão nominados Instituidores.

Além de menção doutrinaria a definição da Previdência Complementar vem esculpida na Constituição Federal de 1988 e demais normas infraconstitucionais. Na Constituição Federal está prevista no art. 202 da CF/88 (BRASIL 1988). O regime de previdência privada, de caráter complementar e organizado de forma autônoma em relação ao regime geral de previdência social, será facultativo, baseado na constituição de reservas que garantam o benefício contratado, e regulado por lei complementar.

Outras normas editadas pela Constituição/88 e que dizem respeito à Previdência Privada estão inscritas nos art. 6°, 21, 21 e 24, bem como leis infraconstitucionais acerca do tema. Assim, além da previsão expressa do

Constituição Federal de 1988 (BRASIL 1988) acerca da Previdência Privada consta, também, o entendimento trazido pela doutrina.

Doutrinariamente, faz-se necessário trazer à baila a definição da Previdência Complementar para melhor compreensão do instituto, dentre as diversas definições de renomados juristas como a de MARTINS, (2007) que a previdência privada complementar é caracterizada pela autonomia da vontade. O sistema de previdência complementar é facultativo. Logo, vale a autonomia privada da vontade em contratar. A pessoa tem a possibilidade de entrar no sistema, de nele permanecer e dele retirar-se, de requerer ou não o benefício, dependendo de sua vontade. Valerá o que for contratado entre as partes (*pacta sunt servanda*)

Contatando-se que a previdência privada complementar é resultante de um contrato entre o interessado numa continuidade do poder aquisitivo após o término de sua vida laborativa, onde paga-se um valor, também, complementar, para uma empresa especializada no ramo, define-se um caráter de contrapartida financeira, não se tratando em hipótese alguma de qualquer processo solidário, mas sim de capitalização.

Assim, uma das principais diferenças entre a previdência complementar para o RGPS e o RPPS consiste na forma de contribuição, o que naquela é facultativa, entretanto, nos outros dois regimes, a contribuição é obrigatória. Restando-se evidente que a Lei de Liberdade Econômica vem para regularizar os fundos de investimento, especificamente, os fundos de pensão, ora em comento.

3 DISPOSIÇÃO DA LEI DE LIBERDADE ECONÔMICA ACERCA DAS ENTIDADES: ABERTAS/FECHADAS DA PREVIDÊNCIA COMPLEMENTAR

Embora a Lei de Liberdade Econômica não defina os conceitos das entidades fechadas e abertas de previdência complementar, é cediço que são institutos distintos, como será demonstrado no presente tópico. Insta salientar que a referida norma traz em seu corpo apenas o termo de "fundo de investimento", sob a ótica previdenciária; os fundos de investimentos podem ser divididos em abertos e fechados, ou seja, direito previdenciário brasileiro reconhece duas modalidades de previdência complementar.

A primeira delas a previdência privada aberta, constituída por empresas com fins eminentemente lucrativos, constituídas sob a égide de sociedades anônimas, como o próprio nome diz, abertas, ou seja, acessíveis a qualquer pessoa que deseje aderir aos seus planos, mediante o pagamento de valores previamente acordados.

Estas empresas submetem-se à fiscalização da Superintendência de seguros Privados – SUSEP, que é um órgão oficial diretamente responsável pelo controle e fiscalização dos mercados de seguro, previdência privada aberta, capitalização e resseguro e vinculado ao Ministério da Fazenda.

> Já a segunda forma; a previdência privada fechada – EFPC, é constituída por fundos de pensão, que são sociedades civis sem finalidade de auferir lucros e são destinados a grupos específicos de trabalhadores, tais como acontece com a Caixa de Previdência dos Funcionários do Banco do Brasil – PREVI, criada em 1904 pelos funcionários do Banco do Brasil, com a finalidade de complementar os valores da aposentadoria recebidos pelos funcionários em atividade e de caráter exclusivo.

Ao contrário das entidades de previdência abertas, as fechadas subsistem da contribuição do associado complementada pela contribuição patronal, denominados patrocinadores. No caso do Banco do Brasil se constitui de duas vezes o valor depositado pelo empregado.

Já os benefícios garantidos pelas empresas de previdência privada têm o caráter complementar e se assemelham aos benefícios oferecidos pela previdência oficial, de tal forma que, na liberalidade de escolha do participante dá igual tratamento e no caso de entidades fechadas, os complementam. O que vai determinar a diferença entre os atendimentos da previdência privada é o tipo de contrato a que estão sujeitas as partes, podendo optar pela forma coletiva ou individual.

A adesão ao sistema previdenciário complementar fechado, além dos fatores da liberalidade de adesão, têm a característica da aceitação de atendimento apenas de grupos de trabalhadores afins, ou de determinada empresa, que comparece como patrocinadora, como é o caso da Caixa de Previdência dos Funcionários do Banco do Brasil S.A., enquanto a empresa de previdência complementar aberto, por ter fins lucrativos, está aberto a qualquer participante que queira aderir aos seus planos.

Enquanto no RGPS se utiliza do sistema simples de capitalização, onde o que se arrecada do global é imediatamente utilizado para o pagamento dos benefícios, no regime privado, além da liberalidade de escolha de empresa e planos de previdência, ocorre à capitalização de fundos, ou reservas, para o pagamento dos benefícios já comprometidos no futuro.

Na verdade, a Previdência Complementar pode ser considerada como uma poupança, em longo prazo, principalmente, se, se tratar do regime aberto, onde não há patrocinadores, apenas participantes, cujos valores serão administrados por empresas que irão "cuidar" desses depósitos e aplicar seus valores até o momento do pagamento dos benefícios. Embora não seja regra, o comportamento ideal do participante seria manter sua contribuição no RGPS, se for contribuinte obrigatório, mantendo um plano na previdência complementar de forma a não sofrer perda de poder aquisitivo e, consequentemente, perda de qualidade de vida, quando de sua aposentadoria.

Fazem parte ainda, do sistema fechado o multipatrocinado, onde várias empresas constituem uma empresa previdenciária fechada, de forma a minimizar os custos operacionais, rateando as despesas pelas empresas patrocinadoras. Essas entidades são fiscalizadas pela Superintendência de Previdência Complementar (PREVIC), vinculado ao Ministério da Previdência Social.

Disto isto, é evidente que quando a lei traz em seu corpo o conceito de fundos de investimentos estão abarcadas as entidades abertas e fechadas, entidades distintas e equidistantes conforme sucinta explanação.

4 INAPLICABILIDADE DA SÚMULA 321 DO STJ NOS FUNDOS DE PENSÃO (ENTIDADES FECHADAS DE PREVIDÊNCIA COMPLEMENTAR

No tópico anterior verificou-se a incidência da lei de liberdade econômica nas entidades fechadas e abertas da previdência complementar bem como as respectivas distinções. Ultrapassados tais questionamentos, levanta-se a questão; se há incidência do princípio da vulnerabilidade do particular frente ao estado, disposto no artigo 2°, inciso IV, da Lei de Liberdade Econômica, e, se tal princípio é abarcado pelo direito previdenciário.

Inicialmente, antes de analisar a incidência do princípio da vulnerabilidade na previdência complementar, faz-se necessário conceituar o referido princípio em questão.

Vulnerabilidade, literalmente, significa o estado daquele que é vulnerável, daquele que estar suscetível, por sua natureza, a sofrer ataques. No Direito, vulnerabilidade é o princípio segundo o qual o sistema jurídico brasileiro reconhece a qualidade dos agentes mais fracos nas relações de consumo. Logo, afirma-se que a presunção da vulnerabilidade do consumidor é absoluta, isto é, independente da classe social a que pertença.

Segundo Antônio Herman V. e Benjamin ao prefaciar o livro de Moraes (1999, p.10), conceituam-se o princípio da vulnerabilidade como:

> O princípio da vulnerabilidade representa a peça fundamental no mosaico jurídico que denominamos Direito do Consumidor. É lícito até dizer que a vulnerabilidade é o ponto de partida de toda a Teoria Geral

> dessa nova disciplina jurídica (...) A compreensão do princípio, assim, é pressuposto para o correto conhecimento do Direito do consumidor e e para a aplicação da lei, de qualquer lei, que se ponha a salvaguardar o consumidor. (MORAES, 1999, p.10).

Continuando o referido autor subdivide vulnerabilidade sob o enfoque jurídico, o que afirma:

> Vulnerabilidade, sob o enfoque jurídico, é, então, o princípio pelo qual o sistema jurídico positivado brasileiro reconhece a qualidade ou condição daqueles sujeitos mais fracos na relação de consumo, tendo em vista a possibilidade de que venham a ser ofendidos ou feridos na sua incolumidade física ou psíquica, bem como no âmbito econômico, por parte dos sujeitos mais potentes na mesma relação (MORAES, 2009, p. 125).

Ultrapassado o conceito do princípio da vulnerabilidade, resta saber se a Súmula 321 do Superior Tribunal de Justiça, a qual estabelece que "o Código de Defesa do Consumidor é aplicável à relação jurídica entre a entidade de previdência privada e seus participantes" aplica-se a previdência complementar aberta ou fechada, tendo em vista que a referida Súmula não fez distinção entre as entidades de previdência complementar.

Em resposta a questão em debate, pode-se afirmar com segurança que as entidades abertas de previdência complementar, constituídas na forma de sociedades anônimas, incluindo as companhias seguradoras, que também atuam no ramo da previdência privada, possuem características similares às instituições financeiras.

Por essa ótica, e para esse ramo da previdência complementar (aberta), com fins lucrativos, a edição da Súmula 321 (CDC para a previdência privada), na esteira da Súmula 297 (CDC para as instituições financeiras), é perfeitamente compreensível e aplicável.

De outro norte, há uma realidade totalmente distinta ao se tratar das relações constituídas no âmbito da previdência privada operada pelas entidades fechadas de previdência complementar.

Pelas suas características, as entidades fechadas de previdência complementar, também, conhecidas como fundos de pensão, não poderiam ser alcançadas pela Súmula 321. As entidades fechadas de previdência complementar são entidades sem fins lucrativos, conforme expressamente dispõe o art. 31 da Lei Complementar 109, de 2001: "art. 31. [...] § 1º As entidades fechadas organizar-se-ão sob a forma de fundação ou sociedade civil, sem fins lucrativos. [...] (BRASIL 2001)."

Diferentemente das sociedades empresárias, que são organizadas para a exploração de atividades destinadas ao lucro, às entidades fechadas de previdência complementar nascem de um ato de inteligência dos trabalhadores participantes, que se associam voluntariamente para uma finalidade previdenciária, com ganhos de escala e cotização de despesas em favor do próprio agrupamento social.

Assim, o referido "instituto" não se trata de relação de consumo nem têm o intuito de obter lucro, daí não ser possível aplicar o princípio da vulnerabilidade trazido do CDC, uma vez que não há relação de consumo, não ocorrendo a incidência da Súmula 321 do STJ nos fundos de pensão, ou seja, na previdência complementar fechada.

Ultrapassado os conceitos básicos de previdência complementar fechadas e abertas bem como a incidência do princípio da vulnerabilidade nos referidos institutos (aberto/fechado), adentra-se no ponto fundamental do presente estudo, ou seja, os reflexos da Lei de Liberdade Econômica na previdência complementar, ora em comento no próximo tópico.

5 LEI DE LIBERDADE ECONÔMICA E SEUS IMPACTOS NA PREVIDÊNCIA COMPLEMENTAR

A Lei no 13.874/19, que institui a Declaração de Direitos da Liberdade Econômica, foi promulgada com o intuito de atender a diversos anseios do setor empresarial em prol do ambiente de negócios nacional, visando à desburocratização e o avanço econômico do país, conforme mencionado.

Dentre as alterações legislativas, destacam-se as normas inseridas no Código Civil, relativas aos fundos de investimento, objeto de enfoque do presente estudo, o qual vem disposto nos artigos 1368-C a 1368-F da Lei 10.406/02 (Código Civil) (BRASIL, 2002).

O novo artigo 1368-D do Código Civil determina que o regulamento do fundo de investimento poderá, observada a regulamentação da Comissão de Valores Mobiliários (CVM), limitar a responsabilidade dos cotistas ao valor de suas cotas e a responsabilidade dos prestadores de serviço do fundo, perante o condomínio e entre si, ao cumprimento dos deveres particulares de cada um, sem solidariedade.

Por solidariedade entende-se que o direito pessoal pode ser exercido quando se forma uma relação entre sujeitos (credor e devedor) em torno de uma prestação. Entretanto, ocorrendo à singularidade dos elementos sujeitos e objeto não há se falar em solidariedade, que só existe se "houver mais de um devedor ou se se apresentar mais de um credor, ou, ainda, se existir pluralidade de devedores e de credores simultaneamente" (DINIZ, 2009, p. 152).

Álvaro Villaça Azevedo (2004) entende que, nesta classe de obrigações, concorrem vários credores, vários devedores ou vários credores e devedores ao mesmo tempo, sendo que cada credor terá o direito de exigir e cada devedor terá o dever de prestar, inteiramente, o objeto da prestação. Existe, assim sendo, solidariedade, "quando, na mesma relação jurídica obrigacional, concorre pluralidade de credores e ou de devedores, cada credor com direito e cada devedor obrigado à dívida toda, *in solidum*".

Apesar de não gerar efeito imediato, por carecer de regulamentação pela CVM, esse dispositivo estabelece os fundamentos legais para que o órgão regulador atualize as normas em vigor em linha com os modelos regulatórios mais avançados.

Desse modo, a Lei de Liberdade Econômica passa a determinar que os fundos de investimento sejam definidos como condomínios de natureza especial, destinados à aplicação em ativos financeiros, bens e direitos de qualquer natureza. A lei afastou expressamente a aplicação das regras relacionadas a condomínios em geral (previstas nos artigos 1.314 a 1.358-A do Código Civil) (BRASIL 2002) aos fundos de investimento.

Com isso, esse afastamento está em consonância com as alterações trazidas pela lei no que diz respeito à possibilidade de limitação de responsabilidade dos cotistas do fundo de investimento. De acordo com a interpretação das regras sobre condomínios em geral até então aplicadas aos fundos de investimento, os cotistas respondiam de forma ilimitada pelas obrigações assumidas pelo fundo de investimento, que não é dotado de personalidade jurídica própria, conforme previsão do artigo 15 da Instrução CVM 555/14[2] o qual preleciona que os cotistas poderiam ser responsabilizados por eventual patrimônio líquido negativo do fundo.

Assim a Lei 13.874/19 (BRASIL 2019) veio confirmar a competência da Comissão de Valores Mobiliários (CVM) para regular os fundos de investimento definidos pela lei e regulamentar as alterações por ela trazidas bem como pleitear a proteção do investidor e limitar sua responsabilidade quanto às obrigações do fundo de investimento, o dispositivo legal inovou ao prever que o regulamento do fundo pode determinar a limitação da

---

2 Art. 15. Os cotistas respondem por eventual patrimônio líquido negativo do fundo, sem prejuízo da responsabilidade do administrador e do gestor em caso de inobservância da política de investimento ou dos limites de concentração previstos no regulamento e nesta Instrução. (Disponível em http://www.cvm.gov.br/legislacao/instrucoes/inst555.html).

responsabilidade de cada investidor ao valor de suas cotas, protegendo-o de responder por obrigações do fundo que excedam a sua participação, ou seja, que exceda a sua cota parte.

A referida Lei pode estabelecer ainda classes de cotas com direitos e obrigações distintos, com possibilidade de constituição de patrimônio segregado para cada classe, que responderá por obrigações a elas vinculadas.

Já para o caso dos fundos de investimento constituídos sem a limitação de responsabilidade, ou anteriormente constituídos a vigência da lei, a adoção da responsabilidade limitada somente abrangerá fatos ocorridos após a mudança no regulamento, conforme prevê a norma.

Ou seja, até que o tema seja regulamentado pela CVM e o regulamento do fundo seja alterado para incluir a limitação de responsabilidade, o cotista será responsável, na proporção de sua participação, pelas obrigações do fundo referentes a fatos ocorridos antes da alteração do regulamento.

Assim, conforme já mencionado, a regulamentação da CVM aplicável a fundos de investimento em participações (Instrução CVM 578/16) permite que, em determinadas situações, o regulamento do fundo atribua a uma ou mais classes de cotas direitos econômico-financeiros distintos.

Pela regra geral, os direitos econômicos distintos das classes de cotas são limitados à fixação das taxas de administração e de gestão e à ordem de preferência no pagamento dos rendimentos, amortizações ou do saldo de liquidação do fundo. Para os fundos destinados exclusivamente a investidores profissionais ou aqueles que obtenham apoio financeiro direto de organismos de fomento, é permitido atribuir a uma ou mais classes de cotas direito econômicos distintos além dos previsto acima.

Até o advento da Lei 13.874/19 (BRASIL 2019), não havia, no entanto, previsão específica sobre a possibilidade de constituir patrimônio segregado para cada classe de cota e limitação de responsabilidade do cotista pelas obrigações vinculadas à classe respectiva. Essa possibilidade é um dos grandes avanços trazidos pela nova lei à indústria de fundos. Ele não só permite a redução de custos, muitas vezes pela opção de estruturas com constituição de um novo fundo para cada estratégia de investimento, mas, também, maior segurança jurídica aos investidores. A limitação da responsabilidade dos cotistas e a segregação do patrimônio do fundo por classes de cotas distintas ainda estão sujeitas à regulamentação da CVM para sua efetiva aplicação.

Ainda no contexto da limitação de responsabilidade do cotista, a Lei 13.874/19 (BRASIL 2019) dispõe que os fundos de investimento respondem diretamente pelas obrigações legais e contratuais por eles assumidas, sendo que, se o fundo com limitação de responsabilidade não possuir patrimônio suficiente para responder por suas dívidas, aplicam-se as regras de insolvência previstas nos artigos 955 a 965 do Código Civil (BRASIL 2002).

A insolvência pode ser requerida judicialmente por credores, por deliberação própria dos cotistas do fundo de investimento, nos termos de seu regulamento, ou pela própria CVM. O novo artigo 1.368-E do Código Civil também prevê que os prestadores de serviço do fundo de investimento não respondem pelas obrigações do fundo, exceto pelos prejuízos que causarem quando procederem com dolo ou má-fé.

Assim, no caso de constatar-se a passividade do fundo, tal fato não poderia atingir diretamente o patrimônio dos cotistas, tampouco dos prestadores de serviços do fundo, sendo obrigatório seguir o rito do processo de insolvência do fundo, caso este não tenha patrimônio suficiente para sanar suas dívidas.

Por fim, insta mencionar a responsabilidade dos prestadores de serviços dos fundos de investimento, ou seja, além da limitação da responsabilidade dos cotistas, a Lei 13.874/19 (BRASIL 2019), prevê a possibilidade de limitação da responsabilidade dos prestadores de serviços do fundo de investimento ao cumprimento dos deveres particulares de cada um, sem solidariedade, conforme mencionado *alhures*.

Nesse sentido, fica evidente os impactos positivos da Lei de Liberdade Econômica frete aos fundos de investimentos, no caso do presente estudo, nos fundos de pensão ou simplesmente aposentadoria complementar fechada, também, resta claro que a referida norma tem eficácia limitada, uma vez que necessita de regulamentação dada pelo CVM para adequar à lei ao o mecanismo de funcionamento dos fundos de investimentos, mas, ainda sim, trata-se com plenitude de certeza de um avanço na econômica brasileira e no âmbito legal uma segurança jurídica para os segurados adeptos da previdência complementar.

6 CONCLUSÕES

O presente trabalho teve o designo de pesquisar acerca das alterações trazidas pela Lei de Liberdade Econômica 13.874/19 (BRASIL 2019), a qual é considerada um marco importante para a evolução da indústria de fundos de investimento no Brasil, em especial os fundos de pensão, pois visa à redução da burocracia e dos custos de tais institutos bem como o aumento da segurança para os investidores, aproximando a indústria de práticas adotadas em outras jurisdições. Ou seja, no âmbito jurídico a referida norma vem para tutelar e garantir a segurança jurídica dos segurados dos fundos de pensão, pois visa a regulamentação e fiscalização de tais institutos.

O primeiro objetivo específico desse trabalho foi atingido, e teve o intuito de apresentar um breve relato acerca da incidência da lei de liberdade econômica nos regimes que constituem a previdência, ou seja, o regime geral, próprio e o complementar de previdência, momento em que se enfatizou o regime complementar, verificando-se sua importância e aspectos relevantes e inovadores trazidos pela lei, observado no item 02 do presente estudo.

O Segundo objetivo específico abordado no presente trabalho, também, foi alcançado, uma vez que foi proposta no item 03 analisar as disposições da lei de liberdade econômica acerca das entidades abertas e fechadas da previdência complementar, para ao final verificar sobre quais entidades a norma incide. Embora, a referida lei não define os conceitos das entidades fechadas e abertas de previdência complementar, é cediço que são institutos distintos, como foi demonstrado.

Assim, salientar que a referida norma traz em seu corpo apenas o termo de "fundo de investimento", e, sob a ótica previdenciária; os fundos de investimentos podem ser divididos em abertos e fechados, ou seja, direito previdenciário brasileiro reconhece duas modalidades de previdência complementar, formas essas, ambas, tuteladas e fiscalizadas pela ferida Lei, como foi desmontado no item 03 do presente estudo.

No item 04 apresenta o último objetivo específico do presente trabalho, foi abordada a lei de liberdade econômica e seus impactos junto a previdência complementar, foi demonstrado a incidência da referida norma, nos fundos de investimento em especial os fundo de pensão. Do ponto de vista jurídico as alterações trazidas pela Lei de Liberdade Econômica visam assegurar maior garantia jurídica e resguardar dos direitos dos investidores/segurados de possíveis fraudes recorrentes no âmbito jurídico.

No caso dos fundos de pensão, o segurando no intuito de complementar sua renda familiar no momento do encerramento da sua atividade laboral, recorre aos fundos de pensão, seja para resgatar a totalidade dos valores pagos ou recebê-los, mensalmente, assim, tais valores devem ser totalmente resguardados e protegidos juridicamente, para ao final alcançarem seus objetivos; garantir uma renda digna ao trabalhador no momento de sua velhice ou até mesmo enfermidade.

Acredita-se que um dos fundamentos de inovação trazidos pela lei que visa à proteção dos fundos de investimento, no caso, dos fundos de pensão, ou seja, da previdência complementar fechada, dá-se devido ao endurecimento das leis Previdenciárias. Embora exista a necessidade de regulamentação da norma, pois como mencionado trata-se de norma de eficácia limitada, ainda assim, pode-se considerá-la um avanço no âmbito econômico, financeiro e jurídico do país, pois a mesma visa romper com as "amarras" que impedem a economia nacional de crescer e alcançar novos mercados e investidores e garantir a segurança jurídica dos investidores e beneficiários dos fundos de investimento.

Ademais as inúmeras reformas ocorridas na legislação, para muitos juristas, tratam-se muitas vezes de um retrocesso jurídico e social; o crescimento da crise financeira sofrida por países subdesenvolvidos, no caso o Brasil bem com o crescimento da informalidade e o aumento da expectativa de vida, são fatores que contribuem para o "êxodo" da previdência.

Devido a essa evasão do mercado de trabalho formal, de forma geral, e o crescimento da informalidade, contribuem, consequentemente, para crescimento da previdência complementar, que como dita é facultativa e pode ser tida como uma forma de poupança de longo prazo, uma vez que pode ser levantada, pelo segurado, a qualquer momento. Os segurados, muitas das vezes, optam para outros meios de garantirem seus padrões de vida, quando da retirada do mercado de trabalho ou no momento de dificuldade financeira. Tal meio dá-se pela previdência complementar, que visa garantir maior segurança e acessibilidade aos seus filiados, daí a importância da norma que se prepõe a regularizar e fiscalizar tais institutos.

Por fim, como uma das contribuições deste trabalho, sugere-se como um tema relevante para os futuros estudos, podendo os dados tratados aqui serem utilizados de forma comparativa a dados futuros, possibilitando-se, assim, confrontar e cruzar informações com o que fora proposto na referida pesquisa. Ressalta-se à importância desses fundos de pensão e do vultoso valor financeiro que os mesmos agregam momento em que faz total sentido a legislação acompanhar os avanços da sociedade e resguardar os direitos dos segurados filiados aos fundos de pensão, evitando fraudes e regulamentando seus adequados funcionamentos, para que ao final, seus segurados possam gozar de seus benéficos, muitas das vezes adquiridos ao longo de uma vida de trabalho duro e árduo que consiste do direito da aposentadoria.

REFERÊNCIAS

ALMIRO, Affonso. **A Conscientização da Previdência Supletiva**. A Previdência Supletiva no Brasil. São Paulo: LTR, 1978.

AZEVEDO, Álvaro Villaça. **Teoria Geral das Obrigações**. São Paulo: Atlas, 2004.

BORGES, Mauro Ribeiro. **Previdência funcional e regimes próprios de previdência.** Curitiba: Juruá, 2003.

BRASIL. Lei Complementar 108, de 29 de Maio de 2001. Dispõe sobre a relação entre a União, os Estados, o Distrito Federal e os Municípios, suas autarquias, fundações, sociedades de economia mista e outras entidades públicas e suas respectivas entidades fechadas de previdência complementar, e dá outras providências. **Planalto**. Disponível em: http://www.planalto.gov.br/ccivil_03/leis/lcp/lcp108.htm

BRASIL. Lei 9.717, de 27 de novembro de 1998. Dispõe sobre regras gerais para a organização e o funcionamento dos regimes próprios de previdência social dos servidores públicos da União, dos Estados, do Distrito Federal e dos Municípios, dos militares dos Estados e do Distrito Federal e dá outras providências. **Planalto.** Disponível em: http://www.planalto.gov.br/ccivil_03/leis/L9717.htm.

BRASIL. Constituição da República Federativa do Brasil de 1988**. Planalto.** Disponível em: http://www.planalto.gov.br/ccivil_03/constituicao/constituicao.htm

BRASIL. **Instrução Normativa CV 555**. Disponível em: http://www.cvm.gov.br/legislacao/

instrucoes/inst555.html.

BRASIL. **Instrução Normativa CVM 578**. Disponível em: http://www.cvm.gov.br/legislacao/instrucoes/inst578.html.

BRASIL. Lei 10.406/2002. Código Civil. **Planalto**. Disponível em: http://www.planalto.gov.br/ccivil_03/leis/2002/L10406compilada.htm.

BRASIL. Lei 13.874 de 20 de setembro de 2019, que instituí a Declaração de Direitos de Liberdade Econômica. **Planalto.** Disponível em:http://www.planalto.gov.br/ccivil_03/_ato2019-2022/2019/lei/L13874.htm.

BRASIL. Lei 8.213, de 24 de julho de 1991. **Planalto**. Disponível em: http://www.planalto.gov.br/ccivil_03/leis/l8213cons.htm.

DINIZ, Maria Helena. **Curso de Direito Civil Brasileiro.** v.2. São Paulo: Saraiva, 2009.

GRINOVER, Ada Pellegrini; REIS Adaci; ARRUDAL; Lygia Avena Maria da Glória Chagas, **A Inaplicabilidade do Código de defesa do Consumidor para as Entidades Fechadas de Previdência Complementar**. 1.ed. São Paulo: ABRAPP, 2013. Disponível em: http://www.abrapp.org.br/

TrabalhosComissao/A%20Inaplicabilidade%20do%20CDC%20para%20as%20EFPCs.pdf.

IBRAHIM, Fábio Zambitte. **Curso de direito previdenciário**. 7.ed. Niterói: Impetus, 2006.

MARTINEZ, Wladimir Novaes. Subsídios à Pré-História da Previdência Social Brasileira. **Revista de Previdência Social.** São Paulo: Editora Previdenciária, 16. 1980.

MARTINS, Sérgio Pinto. **Direito da seguridade social:** custeio da seguridade social, benefícios, acidente do trabalho, assistência social, saúde. 34. ed. São Paulo: Atlas, 2014.

MARTINS, Sérgio Pinto. **Direito Da Seguridade Social**: Custeio de Seguridade Social – Benefícios – acidente do trabalho – Assistência Social – Saúde. 30. ed. São Paulo: Editora Atlas, 2010.

MORAES, Paulo Valério dal Pai Moraes. **Código de Defesa do Consumidor**: o princípio da vulnerabilidade no contrato, na publicidade e nas demais práticas comerciais – interpretação sistemática do Direito. Porto Alegre: Livraria do Advogado, 2009.

MORAES, Paulo Valério Dal Pai. **Código de defesa do consumidor**: o princípio da vulnerabilidade no contrato, na publicidade, nas demais práticas comerciais. Porto Alegre: Síntese, 1999.

OLIVEIRA, Aldemir de. **A Previdência Social na Carta Magna:** análise do direito e do antidireito das prestações previdenciárias e assistenciárias. São Paulo: LTR. 1997.

REIS, Ernesto Jose Pereira dos. **A Previdência Privada Aberta Curso de Direito Previdenciário**. 4. ed. São Paulo: 1998.

RUSSOMANO, Mozart Victor. **Curso de Previdência Social**. Rio de Janeiro: Forense; Pelotas: Universidade de Pelotas, 1979.

SETTE, André Luiz Menezes Azevedo. **Direito previdenciário avançado**. Belo Horizonte: Mandamentos, 2004.

PARTE 2

O IMPACTO DA LEI DE LIBERDADE ECONÔMICA NO DIREITO PRIVADO

Capítulo 8

A RESPONSABILIDADE SOCIAL CORPORATIVA (RSC) COMO FERRAMENTA PARA A EFETIVAÇÃO DA LEI DE LIBERDADE ECONÔMICA NO BRASIL

Michelle Lucas Cardoso Balbino
Júlio Alves Caixêta Júnior
Laiane Aparecida Soares de Souza

Sumário: 1 Introdução. 2 O alinhamento dos fundamentos da RSC com os princípios da Lei de Liberdade Econômica brasileira. 2.1 As normas de empresas e direitos humanos como condição de norteamento da RSC no Brasil. 2.2 Os princípios norteadores da Lei de Liberdade Econômica brasileira na convergência com as normas orientadoras da RSC. 3 A capacidade de autorregulação das multinacionais como fator de impulsionamento a efetivação da Liberdade Econômica no Brasil. 3.1 A autonomia privada das multinacionais no processo de autorregulação como justificativa da aplicação da Teoria do Direito em Rede na transnacionalidade. 3.2 A concretização dos direitos de liberdade econômica pela Autorregulação Empresarial. 4 Conclusões. Referências

Resumo: A Lei brasileira de Liberdade Econômica buscou definir garantias de proteção da livre iniciativa e livre exercício da atividade econômica, realizando um enquadramento das atuações dos atores privados no chamado direito transnacional. Para tanto, é importante que existem ferramentas que efetivem esse processo de regulação dos atores brasileiros nesta nova concepção mundial, o que coloca a responsabilidade social corporativa (RSC) como principal ferramenta para essa atuação no contexto global. Assim, o presente trabalho tem o objetivo de analisar como a RSC pode impactar na efetivação da Lei de Liberdade Econômica brasileira. Realizando a verificação dos alinhamentos entre os fundamentos da RSC e dos princípios da Lei de Liberdade Econômica brasileira. Além de definir como a capacidade de autorregulação das multinacionais representa fator de impulsionamento a efetivação da Liberdade Econômica no Brasil. Para tanto, utilizou-se como procedimento metodológico para a presente investigação, uma abordagem qualitativa, com realização de um estudo normativo-jurídico relacionado com o tema de pesquisa. A tese defendida neste trabalho é definida na capacidade da responsabilidade social corporativa (RSC) em se tornar uma ferramenta útil na efetivação da Lei de Liberdade Econômica no Brasil. O que pode ser visto no alinhamento dos fundamentos da RSC com os princípios da Lei de Liberdade Econômica brasileira e, ainda, na capacidade de autorregulação das multinacionais como fator de impulsionamento a efetivação da Liberdade Econômica no Brasil.

Palavras-chave: Responsabilidade Social Corporativa (RSC). Liberdade Econômica. Autorregulação.

Résumé: La loi brésilienne sur la liberté économique a cherché à définir des garanties pour la protection de la libre entreprise et le libre exercice de l'activité économique, encadrant les actions des acteurs privés dans le droit dit transnational. Pour cela, il est important qu'il existe des outils pour mener à bien ce processus de régulation des acteurs brésiliens dans ce nouveau concept global, qui place la responsabilité sociale des entreprises (RSE) comme le principal outil de cette performance dans le contexte global. Ainsi, le présent travail vise à analyser comment la RSE peut avoir un impact sur la mise en œuvre de la loi brésilienne sur la liberté économique. Effectuer la vérification des alignements entre les fondamentaux de la RSE et les principes de la loi brésilienne sur la liberté économique. En plus de définir comment la capacité d'autorégulation des multinationales représente un facteur déterminant dans la réalisation de la liberté économique au Brésil. Pour cela, une approche qualitative a été utilisée comme procédure méthodologique pour la présente enquête, avec une étude normative-juridique liée au thème de recherche. La thèse soutenue dans ce travail est définie dans la capacité de la responsabilité sociale des entreprises (RSE) à devenir un outil utile dans la mise en œuvre de la loi sur la liberté économique au Brésil. Que peut-on voir dans l'alignement des principes fondamentaux de la RSE avec les principes de la loi brésilienne sur la liberté économique et, aussi, dans la capacité d'autorégulation des multinationales en tant que facteur moteur pour la réalisation de la liberté économique au Brésil.

Mots clés: Responsabilité sociale des entreprises (RSE). Liberté économique. Autorégulation.

1 INTRODUÇÃO

A Lei de Liberdade Econômica, Lei 13.874/19, institui a Declaração de Direitos de Liberdade Econômica, criando garantias de livre mercado e legislando sobre a atuação do Estado como agente normativo e regulador. Realiza mudanças na legislação cível, quanto aos aspectos societários, na legislação trabalhista, com a revogação do E-Social e outros aspectos fiscais, determinando ainda, regras para a proteção da livre iniciativa e livre exercício da atividade econômica (BRASIL, 2019).

A Lei 13.874/2019 constitui norma geral de direito econômico, conforme o disposto no inciso I do caput e nos §§ 1°, 2°, 3° e 4° do art. 24 da Constituição Federal (BRASIL, 1988), e deverá ser aplicada na prática de todos os atos públicos de liberação da atividade econômica executados pelos Estados, pelo Distrito Federal e pelos Municípios. A legislação evidência como princípios que norteiam as relações econômicas: a liberdade como uma garantia no exercício de atividades econômicas; a boa-fé do particular perante o poder público; a intervenção subsidiária e excepcional do Estado sobre o exercício de atividades econômicas; e o reconhecimento da vulnerabilidade do particular perante o Estado. Dentre as principais mudanças apresentadas na legislação, a atividade econômica de baixo risco passa a ser desenvolvida, quando se tratar exclusivamente de propriedade privada própria ou de terceiros consensuais, sem a necessidade de atos do poder públicos para liberação da atividade econômica, o que promove a desburocratização, visto que, as atividades poderão ser praticadas sem qualquer diligência ou ato público. A pessoa jurídica, individualizada das pessoas físicas que a compõe, passa a ter autonomia patrimonial, assim, não ocorrerá a desconsideração da personalidade jurídica pela simples existência do grupo econômico, salvo se for comprovado o abuso e/ou fraude, com o consequente desvio de finalidade ou confusão patrimonial (BRASIL, 2019).

Com essa nova legislação a liberdade de contratar passa a ser interpretada pelo comportamento das partes posterior à celebração do negócio, além de serem observados os usos, costumes e prática de mercado. Desta forma, interpretação do negócio jurídico deve atribuir o sentido que corresponda a boa-fé e ser mais benéfico à parte que não redigiu o dispositivo, pois, as partes poderão livremente pactuar regras de interpretação para o preenchimento de lacunas legais, desde que, tudo respeite a liberdade de contratar nos limites da função social do contrato, da boa-fé e do respeito aos contratos, aos investimentos e à propriedade (BRASIL, 2019).

A liberdade econômica, definida pela nova legislação, representa um enquadramento das atuações dos atores privados no chamado direito transnacional. Este direito reconhece que o Estado não possui mais o imperativo da definição de normas, que atualmente está se tornando um processo contínuo envolvendo uma série de atores (LEVITT, 2005). O objetivo da norma é definir mecanismos para garantir que exista essa liberdade na atuação destes atores privados no campo econômico. Essa atuação dos atores privados colocam as empresas em um patamar de desenvolvimento econômico global, os quais tem atribuição direta com o direito transnacional. Observa-se com isso que a liberdade econômica é vista como critério para a implementação deste direito transnacional.

Surgem, assim, ferramentas que possibilitam o processo de regulação dessa atuação dos atores nesta nova concepção mundial. Essa nova ordem mundial é composta por uma gama de instrumentos com objetivos comuns e princípios regulatórios próprios que podem auxiliar na "navegação" no oceano da globalização (DELMAS-MARTY, 2016). As atuações dos atores privados estão vinculadas diretamente a ideia de formação de "constituições próprias" para a autorregulação (TEUBNER, 2016), sendo está atuação dos atores privados ponto ainda lacunoso na regulamentação jurídica mundial.

A responsabilidade social corporativa (RSC) representa uma dessas ferramentas já existentes no contexto global. A RSC não possui uma definição jurídica pronta e acabada, está em um processo de construção, sendo um tema debatido enfaticamente no mundo acadêmico e empresarial (MARTIN-CHENUT; TRICOT, 2016). Em âmbito empresarial, os Relatórios de Sustentabilidade, Códigos de Condutas Empresariais e diversos outros documentos voluntários, destacam a importância da RSC, pois definem um conjunto de direitos, deveres e responsabilidades empresariais, inclusive a proteção aos direitos humanos. Assim, a RSC é vista como um direito de enquadramento, pois não busca a proibição e sim a adequação da empresa. O conceito de RSC, apesar de tema atual, devido a existência de novos instrumentos de implementação e a evolução normativa da RSC, não é novo, visto que, desde o final do século passado, fruto do paternalismo pós-guerra, existem iniciativas em toda a Europa; e para a aplicação da ética nos negócios, nos Estados Unidos da América, para a formulação de normas de gestão (SACCONI, 2004) dedicados à implementação na empresa do famoso tripé (social, econômico e ambiental) (MAUREL, 2009). Considerada uma intromissão no objetivo principal da empresa (o lucro) a RSC não busca a substituição pelas empresas nos assuntos sociais e de políticas públicas do Estado (FRIEDMAN, 1970)

Desta forma, a RSC a responsabilidade das empresas irá além do ambiente da gestão empresarial ou do quadro de funcionários (com ampliação do rol de beneficiários), o que representa uma melhor qualidade de vida e bem-estar das partes interessadas. As partes interessadas que compõem o entorno da área da empresa, ou seja, todos aqueles que direta ou indiretamente estão conectados em razão da atividade empresarial. Assim, a RSC está presente nas regulações estabelecidas pelas empresas no processo de adoção de códigos de ética/conduta simboliza um método de autorregulação, para definição de direitos e deveres empresariais quanto a atuação social e ética da empresa, o que demonstra a integralização e a regulação policêntrica dos códigos de ética/conduta existentes no atual complexo de regimes globais de atuação das empresas no cenário internacional (TEUBNER, 2016).

Diante de todo o exposto surgem a problemática a ser discutida neste trabalho: como a RSC pode impactar na efetivação da Lei de Liberdade Econômica brasileira? Sendo necessário para tanto verificar como é possível alinhar os fundamentos da RSC aos princípios da Lei de Liberdade Econômica brasileira. Além de definir como a capacidade de autorregulação das multinacionais representa fator de impulsionamento a efetivação da Liberdade Econômica no Brasil.

Para tanto, utilizou-se como procedimento metodológico para a presente investigação, uma abordagem qualitativa (LÜDKE; ANDRÉ, 2012), com realização de um estudo normativo-jurídico a partir da análise de princípios e normas que correlacionam com o tema de pesquisa (BITTAR, 2017). A presente pesquisa justifica-se pela inovação do tema no campo normativo jurídico brasileiro e sua integração como direito transnacional, pujante na esfera global. E, principalmente, na compreensão dos deveres das multinacionais e com isso pode contribuir para a efetivação da nova legislação no Brasil.

A tese defendida neste trabalho é definida na capacidade da responsabilidade social corporativa (RSC) em se tornar uma ferramenta útil na efetivação da Lei de Liberdade Econômica no Brasil. O que pode ser visto no alinhamento dos fundamentos da RSC com os princípios da Lei de Liberdade Econômica brasileira (2) e ainda, na capacidade de autorregulação das multinacionais como fator de impulsionamento a efetivação da Liberdade Econômica no Brasil (3).

2 O ALINHAMENTO DOS FUNDAMENTOS DA RSC COM OS PRINCÍPIOS DA LEI DE LIBERDADE ECONÔMICA BRASILEIRA

A responsabilidade social corporativa (RSC) representa um processo de autorregulação empresarial que define uma atuação empresarial pautada na melhor atuação empresarial frente as partes interessadas. Assim, a RSC em se tornar uma ferramenta útil na efetivação da Lei de Liberdade Econômica no Brasil quando existe um alinhamento dos fundamentos da RSC com os princípios da Lei de Liberdade Econômica. Este alinhamento é perceptível nas normas de empresas e direitos humanos como condição de norteamento da RSC no Brasil (2.1). E, por fim, o alinhamento é estruturado nos princípios norteadores da Lei de Liberdade Econômica brasileira na convergência com as normas orientadoras da RSC (2.2).

2.1 As normas de empresas e direitos humanos como condição de norteamento da RSC no Brasil

O alinhamento dos fundamentos da RSC com os princípios da Lei de Liberdade Econômica para tornar aquela uma ferramenta útil de efetivação desta é consolidada análise das normas de empresas e direitos humanos existentes em âmbito internacional e nacional. A obrigação estatal de amparar os indivíduos e assegurando-lhes garantias intrínsecas aos Direitos Humanos atualmente conta com o auxílio das empresas multinacionais, o que na realidade apresenta desafios maiores, isso porque, além do Estado, compõe essa relação às organizações transnacionais, a comunidade e grupos vulneráveis. (PIOVESAN; GONZAGA, 2019). Essa atuação vincula as multinacionais na perspectiva de auxiliar na proteção contra violações de direitos humanos, fundamenta a estrutura das normas de empresas e direitos humanos existentes no mundo atual.

Em âmbito internacional destacam-se as seguintes normas de empresas e direitos humanos: o Centro sobre Empresas Transnacionais da Organização das Nações Unidas (*UN Centre on Transnational Corporations conhecida pela sigla UNCTC*); as Recomendações da Organização para Cooperação e Desenvolvimento Econômico (OCDE); a Declaração Tripartida pela Organização Internacional do Trabalho (OIT) no ano de 1977; o Pacto Global das Nações Unidas em 2005 e os princípios orientadores sobre empresas e Direitos Humanos pelo Conselho de Direitos Humanos da ONU. Mesmo que estas normas sejam apenas de caráter *soft law*, e que por enquanto trazem um norteamento das ações a serem implementadas pelas multinacionais e direcionam os Estados na fiscalização em seus territórios.

No ano de 1974, do Centro sobre Empresas Transnacionais da Organização das Nações Unidas (*UN Centre on Transnational Corporations conhecida pela sigla UNCTC*) (UNCTC,2007). Tendo por finalidade discutir os regulamentos aplicáveis aos agentes econômicos.

As Recomendações da Organização para Cooperação e Desenvolvimento Econômico (OCDE, 1976) para empresas multinacionais, de 1976, com diretrizes aos empreendimentos transnacionais para que conduzam suas ações de forma ética e coerente. Acrescenta-se a incorporação da Declaração Tripartida pela Organização Internacional do Trabalho (OIT) no ano de 1977 (OIT, 1977), que é uma Declaração Tripartida de Princípios Relativos a Empreendimentos Multinacionais e Política Social, com o objetivo de encorajar as empresas a respeitarem a Declaração Universal de Direitos Humanos e outros instrumentos internacionais de Direitos Humanos" (OIT, 1977).

A RSC se fortificou após os anos 2000 e essa responsabilidade compreende ferramentas e ações voluntárias, cuja composição se dá pelo Pacto Global das Nações Unidas em 2005, a ISO 26000 em 2010 e as Diretrizes da OCDE para Empresas Multinacionais.

A adoção em 2011, aos princípios orientadores sobre empresas e Direitos Humanos pelo Conselho de Direitos Humanos da ONU, em francês temos "Princípios Rectores sobre Empresas y los Derechos Humanos", ou inglês "Guiding principles on Business and Human Rights", criados pelo representante especial do secretário geral, John Ruggie, professor da Harvard University. Esses princípios são resultado de seis anos de trabalho, surgiram em razão de múltiplos requerimentos de *stakehoders*, o trabalho foi desenvolvido por extensa pesquisa, fato descrito por Piovesan e Gonzaga (2019, p.17), "a perspectiva de *multistakeholders*, ou seja, consulta a empresas, Estados, sociedade civil, vítimas e comunidades afetadas, organizações laborais, dentre outros sob o lema de que o processo seria mais importante que o próprio resultado".

Assim, são apresentados 31 Princípios Orientadores, que são aplicados a todos os Estados e a todos os tipos de empresas, independentemente de suas características, sua dimensão, seu setor, sua localização, seus proprietários e sua estrutura.

Quadro 2 – Princípios Orientadores sobre empresas e Direitos Humanos.

O princípio 1 apresenta o dever dos Estados de proteger as violações a vida e aos Direitos Humanos, expressa os deveres do Estado sobre a proteção e a ação contínua do mesmo para que sobretudo seja priorizado os Direitos Humanos em sua abrangência territorial;
O princípio 2 foca em igualdade e equilíbrio, sempre que provocado a dizer o Direito no caso concreto é missão do Estado garantir que todas as empresas sejam coerentes com as regras e princípios correlacionados ao tema;
O Princípio 3 apresenta o dever de ambos, Estados e empresas, de prover remédios efetivos em caso de violação de Direitos Humanos;
O princípio 4 evidencia a exigência internacional de respeito, proteção e implementação do Estado quanto aos Direitos Humanos, primando por medidas preventivas que levem à segurança jurídica e à transparência processual;
O princípio 5 evidencia que, a parceria entre Estado e empresa deve ser transparente e objetiva, no contrato de prestação de serviços deve ser expresso a conduta esperada pelas empresas pois consequências jurídicas serão atribuídas ao Estado que não as supervisionar;
O princípio 6 explica que as omissões do Estado devem resultar em sanções a ele, porque órgãos internacionais lhe incumbem de poderes para implementar medidas competentes de proteção;
O princípio 7 apresenta medidas que compõe obrigações Estatais adotadas frente ao Direito internacional e o Direito penal internacional em circunstâncias de conflito armado;
O princípio 8 nota-se uma preocupação em manter harmonia e coerência entre Estado e seus órgãos, no sentido de impor respeito aos Direitos Humanos em todas as áreas;

O princípio 9 tipifica a importância do Estado em garantir que os acordos econômicos sejam celebrados em consonância com as regras e normas dos Direitos Humanos, além disso deve assegurar também a proteção necessária aos investidores;
O princípio 10 informa que as instituições comerciais e financeiras internacionais por meio de ações coletivas podem auxiliar os Estados a equiparar o nível de respeito aos Direitos Humanos pelas empresas;
O princípio 11 consagra os Direitos Humanos como responsabilidade das empresas a nível mundial;
O princípio 12 aborda a abrangência universal dos Direitos Humanos fundamentais, fato que se comprova pela Carta Internacional de Direitos Humanos codificados no Pacto Internacional de Direitos Civis e Políticos e o Pacto Internacional de Direitos Econômicos, Sociais e Culturais;
O princípio 13 demonstra que as empresas podem ser responsabilizadas por abusos aos Direitos Humanos em razão de sua própria atividade ou pelo retorno de suas atividades comerciais com outras organizações;
O princípio 14 declara que não se exime de responsabilidade nenhuma empresa, todas indispensavelmente serão vinculadas ao dano, a variação ocorre em maior ou menor sanção de acordo com o grau de impacto provocado;
Os princípios 15 e 16 apresentam diretrizes que as empresas devem seguir para cumprir com sua responsabilidade de respeitar os Direitos Humanos;
O princípio 17 atribui eficácia preliminar às responsabilidades da empresa, pois realça uma particularidade que é a realização de auditoria de devida diligência ou ***due diligence,*** isso ocorre porque existem variações de externalidades negativas dos atos empresariais em razão de riscos contínuos ou não;
O princípio 18 enfatiza que os processos de avaliações dos impactos sobre os Direitos Humanos devem se influenciar por todos os Direitos internacionalmente reconhecidos;
O princípio 19 apresenta a importância de as empresas considerarem consequências reais bem como as prováveis consequências no procedimento de avaliação dos impactos desfavoráveis aos Direitos Humanos;
O princípio 20 determina que a empresa deve reforçar a monitoração para verificar se o trabalho em favor dos Direitos Humanos alcança o melhor resultado em tempo satisfatório. Deve ainda tratar com equidade os grupos ou populações mais vulneráveis;
O princípio 21 apresenta o dever de prevenção dos impactos em Direitos Humanos, definindo o conhecimento, a comunicação, a transparência e a prestação de contas ***(accountability)*** às pessoas ou aos grupos que possam se ver afetados a outros interessados, até mesmo para os investidores;
O princípio 22 diz que embora não provoque os danos a empresa pode ajudar no processo de reparação, mas se o dano for em razão de suas atividades é preciso cooperar com os mecanismos judiciais;

O princípio 23 associa cumprimento da lei ao fato de considerar amplamente riscos diversos;
O princípio 24 traz a orientação em que as empresas devem priorizar prevenir e mitigar resultados graves e que podem se tornar irreversíveis;
O princípio 25 expõe a postura correta do Estado que possibilita o acesso das partes interessadas aos mecanismos de reparação eficientes, o acesso se dá por via judicial administrativa, legislativa ou outras medidas apropriadas;
O princípio 26 apresenta um obstáculo que seria quando os Direitos Humanos de certos grupos, como os povos indígenas e os migrantes, não recebem o mesmo nível de proteção jurídica que os da população majoritária;
O princípio 27 traz a importância de existir não só mecanismos estatais judiciais, como também os mecanismos estatais extrajudiciais o que viabiliza uma reparação integral das violações;
O princípio 28 elenca a necessidade dos mecanismos não estatais de denúncia, o que proporciona celeridade no acesso a reparação, menor custo e abrangência transnacional;
O princípio 29 destaca que os mecanismos de denúncia em nível operacional têm finalidade específica em filtrar inquietações legítimas das vítimas para evitar danos mais gravosos em razão de atividades empresariais;
O princípio 30 relata o aumento expressivo de empresas que implementam Códigos de Conduta, e a inserção das normas de Direitos Humanos no compromisso assumido pelas corporações industriais;
O princípio 31 claramente expõe a relevância das partes interessadas conhecerem e confiarem na medida operacional, e estabelece oito critérios que estes mecanismos de denúncia não-judiciais precisam para assegurarem na prática o respeito aos Direitos Humanos.

Fonte: Elaborado pelos autores a partir de ONU, 2011.

Os 31 Princípios Orientadores sobre empresas e Direitos Humanos estabelecem a obrigatoriedade em respeitar os Direitos Humanos, sem mitigação nas relações operacionais comerciais, ou não sejam conduzidas por agentes públicos ou privados. Ademais no aspecto legal a inovação foi estabelecer que o Direito internacional materializado em declarações e tratados será também aplicado às empresas (DENNY, 2018).

Oliveira (2019) relata que POs da ONU são documentos internacionais que inspiraram o Decreto brasileiro 9.571/2018, o que justifica os pontos em comuns, deles, sobressai as principais contribuições: os comitês permanentes para combates a desastres, protocolo de emergência, sistema de alerta, ademais é possível extrair critérios que devem estar presentes nos códigos de ética/conduta, a saber: a) monitoramento de risco (inciso XIX do art. 3º) b) Direito ao acesso à informação (inciso I do art. 11); c)

Diálogo com as partes interessadas (inciso VII do art. 6º e inciso X do art. 8); d) vulnerabilidade das partes interessadas (inciso XIX do art. 3º); e) a vinculação obrigacional das cláusulas nos códigos de conduta (inciso V e caput do art. 6º).

Em âmbito nacional, as normas que fundamental o tema empresas e direitos humanos está presente no decreto brasileiro 9.571/2018, baseia-se em padrões que visão remediação e inclui responsabilidade pública e corporativa, e relaciona três formas para acessar remédios e mitigar os impactos, essas formas foram instituídas pelo Alto Comissariado das Nações Unidas para os Direitos Humanos.

O Decreto 9.571/2018 determina medidas de fomento e implementação dos princípios de direitos humanos ao Estado e às corporações nacionais e multinacionais que desenvolvem atividades no Brasil. O decreto ainda pressupõe a existência de regras efetivas sobre a responsabilização pela cadeia produtiva, além de evidenciar critérios de fiscalização, responsabilização e reparação para violação de direitos. O Decreto 9.571/2018 apresenta ainda a "responsabilização dos sócios acionistas mediante reflexos distributivos em dividendos nos casos de lesões humanitárias e impactos socioambientais. Essa exigência decorre dos padrões estabelecidos no Sistema Financeiro Nacional e a economia verde (FEBRABAN), para exemplificar Oliveira (2019, p. 55) menciona "a Socially Responsible Investment (SRI) investimento socialmente responsável promove a seleção negativa do portfólio de investimentos em busca de crescimento econômico, justiça social, conservação e uso sustentável de recursos naturais".

Em contrapartida Oliveira (2019) ao se referir ao Decreto Federal 9.571/18 o faz no sentido de desconsiderar a sua validade jurídica para concretizar a responsabilização das empresas. Isso acontece em razão de um fator mais "grave, as normas de Direitos Humanos não se apresentam como condicionantes prévias obrigatórias à atividade, mas de cumprimento facultativo, caso adaptáveis à viabilização dos interesses empresariais" (HOMA, 2018, p. 6), isso porque o § 2º do art. 1º versa que as Diretrizes do decreto serão implementadas voluntariamente pelas empresas.

Importante evidenciar que os limites legais estabelecidos levariam a eficácia do compromisso ético, além disso, fomentaria transparência corporativa, ao passo que minimizaria os danos causados pelas transnacionais, a relevância é que o primeiro passo foi dado, a sociedade por meio de informações pode exigir aplicação do decreto e preservar Direitos e garantias fundamentais (DENNY, 2018; OLIVEIRA, 2019). Nessa mesma linha de raciocínio é importante destacar "o aprimoramento de legislações nacionais que possam tornar mais eficazes os mecanismos de responsabilização de empresas por violações de Direitos Humanos" (HOMA, 2018, p. 16).

Observa-se que todas as normas de empresas e direitos humanos descrita acima, aquelas presentes em âmbito internacional e nacional, representa condição de norteamento para o estabelecimento dos códigos de ética e conduta das multinacionais. Afinal, se estes códigos se atentarem para uma definição pautada na proteção contra violações de direitos humanos, por via indireta, também resultaram em uma estruturação das normas de RSC. Afinal, estas normas de RSC são a representação do processo de autorregulação presente neste novo modelo de direito construído na transnacionalidade e vinculado as características da liberdade econômica que a nova legislação brasileira está construindo. Sobre essa atuação da RSC, através das normas de empresas e direitos humanos, com os princípios norteadores da Lei de Liberdade Econômica brasileira, passa-se a analisar o processo de convergência destas normas.

2.2 Os princípios norteadores da Lei de Liberdade Econômica brasileira na convergência com as normas orientadoras da RSC

O alinhamento dos fundamentos da RSC com os princípios da Lei de Liberdade Econômica para tornar aquela uma ferramenta útil de efetivação está estruturada na convergência existente entre os princípios e normas que fundamentam os dois institutos.

A Lei de Liberdade Econômica, definida na lei 13.874/19, apresenta 4 (quatro) princípios que norteiam a liberdade econômica no Brasil, sendo elas: a liberdade como uma garantia no exercício de atividades econômicas; a boa-fé do particular perante o poder público; a intervenção subsidiária e excepcional do Estado sobre o exercício de atividades econômicas; e o reconhecimento da vulnerabilidade do particular perante o Estado (BRASIL, 2019).

O dever de prevenção dos impactos em Direitos Humanos; o conhecimento, a comunicação, a transparência e a prestação de contas às pessoas ou aos grupos que possam se ver afetados e a outros interessados, até mesmo para os investidores; a determinação de que a responsabilidade irá depender da variação que ocorre em maior ou menor sanção de acordo com o grau de impacto provocado, não excluindo qualquer empresa; a determinação de que a parceria entre Estado e empresa deve ser transparente e objetiva, (ONU, 2011) são normas orientadoras da RSC, que estão em convergência com as garantias de livre exercício da atividades econômicas. Em especial, com o dever desenvolver a atividade em qualquer horário ou dia da semana, inclusive feriados, observadas normas de proteção ao meio ambiente e leis trabalhistas; desenvolver atividade econômica de baixo risco – cuja classificação dependerá de ato do Poder Público Federal – independentemente de atos públicos de autorização ou liberação; definir livremente o preço de produtos ou serviços, em mercados não regulados; a garantia de livre contratação nos negócios jurídicos empresariais paritários, aplicando-se apenas subsidiariamente as regras de direito empresarial, ressalvada a aplicação de normas de ordem pública previstos na Lei de Liberdade Econômica (BRASIL, 2019).

Observamos ainda que, reconhecendo a vulnerabilidade do particular em face do Estado, a legislação determinar limites para a administração pública, quanto a regulamentação da atividade econômica, proibindo abusos de poder regulatório. Desta forma, a boa-fé deve orientar a interpretação dos contratos, estabelecendo que toda e qualquer cláusula contratual, deve ter seu sentido e alcance determinado pela ética que se espera das partes. Assim, é essencial a presença da boa-fé do particular perante o poder público, o que determina deveres de condutas éticas positivas e negativas.

A RSC, presente nas regulações estabelecidas pelas empresas no processo de adoção de códigos de ética/conduta simboliza um método de autorregulação, para definição de direitos e deveres empresariais quanto a atuação social e ética da empresa, o que demonstra a integralização e a regulação policêntrica dos códigos de ética/conduta existentes no atual complexo de regimes globais de atuação das empresas no cenário internacional (TEUBNER, 2016).

A legislação apresenta a garantia liberdade no exercício de atividades econômicas como direito de todas as pessoas, naturais ou jurídicas, sendo este direito essencial para o desenvolvimento e o crescimento econômicos do País. Assim, dentre as garantias principais à liberdade econômica, as pessoas poderão: desenvolver atividade econômica de baixo risco; desenvolver atividade econômica em qualquer horário ou dia da semana, inclusive feriados, sem que para isso esteja sujeita a cobranças ou encargos adicionais; definir livremente, em mercados não regulados, o preço de produtos e de serviços como consequência de alterações da oferta e da demanda; receber tratamento isonômico de órgãos e de entidades da administração pública quanto ao exercício de atos de liberação da atividade econômica; gozar de presunção de boa-fé nos atos praticados no exercício da atividade econômica; desenvolver, executar, operar ou comercializar novas modalidades de produtos e de serviços quando as normas infralegais se tornarem desatualizadas por força de desenvolvimento tecnológico consolidado internacionalmente; ter a garantia de que os negócios jurídicos empresariais paritários serão objeto de livre estipulação das partes pactuantes; ter a garantia de que, nas solicitações de atos públicos de liberação da atividade econômica que se sujeitam ao disposto nesta Lei, apresentados todos os elementos necessários à instrução do processo, o particular será cientificado expressa e imediatamente do prazo máximo estipulado para a análise de seu pedido e de que, transcorrido o prazo fixado, o silêncio da autoridade competente importará aprovação tácita para todos os efeitos (BRASIL, 2019).

A liberdade desenfreada poderá promover o risco de graves violações de direitos humanos, visto que, as principais características da RSC são: políticas de pessoal que respeitem os direitos dos que fazem parte da empresa e favoreça o seu desenvolvimento; transparência e boa governança (informação pública e contínua); respeito ao consumidor (produtos de boa qualidade e preços razoáveis); políticas ativas de proteção ao meio ambiente (não considerando apenas deixar de poluir ou degradar, mas tornar-se ativo); integração aos grandes temas que produzem o bem-estar comum; não praticar código de ética duplo, sendo necessária a coerência entre o discurso e a prática da RSC (SEN, KLIKSBERG, 2010).

As garantias à liberdade econômica evidenciadas na legislação devem garantir que a RSC, que é associada a evolução normativa com maior cooperação entre os sujeitos relacionados (*soft law*) superando as imposições normativas típicas (*hard law*) (AMOR, 2009). Além do fato de que a RSC, aplica-se pelas empresas quando o direito nacional não está suficientemente consolidado em termos de deveres das empresas, sendo, em princípio, voluntariamente.

3 A CAPACIDADE DE AUTORREGULAÇÃO DAS MULTINACIONAIS COMO FATOR DE IMPULSIONAMENTO A EFETIVAÇÃO DA LIBERDADE ECONÔMICA NO BRASIL

A utilidade da RSC como ferramenta para a efetivação da Lei de Liberdade Econômica no Brasil está fundamentada no impulsionamento dado pela capacidade de autorregulação das multinacionais. Essa capacidade de autorregulação das multinacionais está definida nos deveres extraídos dos textos de seus códigos de ética/conduta que garantem a autonomia privada na justificação da aplicação da Teoria do Direito em Rede no contexto transnacional (3.1). E, ainda, descrito na concretização dos direitos de liberdade econômica pela autorregulação empresarial (3.2).

3.1 A autonomia privada das multinacionais no processo de autorregulação como justificativa da aplicação da Teoria do Direito em Rede na transnacionalidade

A RSC representa ferramenta útil para a efetivação da Lei de Liberdade Econômica no Brasil, estando definida na capacidade de autorregulação das multinacionais, através da autonomia privada, para a aplicação da Teoria do Direito em Rede no contexto global.

A globalização surge devido, principalmente, à ausência de uma estrutura fixa e única de mercado, marcada pela ruptura, na década de 70, da dominação econômica e política global exercida pela tríade geográfica de dominação econômica e política internacional[1] (MAUREL, 2009; STIGLITZ, 2008). O termo globalização, neste trabalho, vai além da reorganização dos padrões de comerciais e processos produtivos em nível global (aspectos econômicos) que tradicionalmente o define. Considera-se, também a integração de ideais, conhecimentos, tecnologias, culturas, estruturas estatais e direitos (sociais e humanos), característicos da teoria francesa de "mundialização" (VARELLA, 2013). Toda essa reorganização das estruturas em nível global fez surgir contradições sobre os benefícios ou não da globalização. Essa contradição representa duas faces de uma mesma moeda (STIGLITZ, 2008). Que de um lado, levou ao surgimento de problemas nos diversos aspectos da vida humana, tais como: terrorismo, crises financeiras globais, migrações humanas (DELMAS-MARTY, 2016), além da imposição de um sistema econômico padronização pelos países industrializados (DELMAS-MARTY, 2016; STIGLITZ, 2008). De outro lado, favoreceu definindo uma prosperidade sem precedente a todos [países desenvolvidos e em desenvolvimento], com estabelecimento de novos empregos e crescimento para os países anfitriões, contribuindo para a redução do custo de vida e das taxas de juros/inflação para os países desenvolvidos (STIGLITZ, 2008). Mesmo existindo contradições sobre os benefícios ou não da globalização, o que se observa é que esse fenômeno fez surgir uma gama de preocupações em relação aos impactos socioambientais derivados dessa expansão mundial.

---

1 A tríade representa as 03 (três) áreas geográficas que dominavam a economia global e a condução da política internacional, sendo elas: América do Norte (Estados Unidos e Canadá); Europa Ocidental (União Europeia, Noruega e Suíça), e Ásia-Pacífico (com Japão e Coréia do Sul) (MAUREL, 2009, p. 17). Essa colocação é importante para deixar claro que a globalização não deve ser entendida como um sinônimo de americanização (STIGLITZ, 2008).

As multinacionais nascem de um processo de "inserção de atores econômicos de todos os portes, unindo em contratos internacionais micro e megaempresas" (VARELLA, 2013, p. 241), proporcionado pela globalização. Sendo que o controle estatal sobre as empresas transnacionais deixou de ser visto como forma exclusiva de regulação das atividades empresariais, isso porque houve a implementação de instrumentos de autorregulação norteadores das condutas transnacionais, como por exemplo, Tondo (2017, p. 151) as "recomendações, convenções e declarações, normas de *soft law* (lei branda) e Diretrizes criadas pela OCDE, os Princípios da ONU e a Declaração Tripartite da OIT". Somados a esses padrões destacam-se os princípios orientadores da ONU sobre empresas e Direitos Humanos, já descritos.

A Teoria do Direito em Redes (OST; KERCHOVE, 2010) nasce de um reposicionamento das normas no panorama transnacional (LHUILIER, 2016), derivado das complexidades jurídicas criadas pela globalização. A teoria recondiciona a atuação das normas para além do modelo piramidal, destacando os papéis dos diversos atores da sociedade internacional, diante de seus poderes, definindo o engajamento e as responsabilidade, além de incorporar à autonomia privada com o processo de autorregulação (TEUBNER, 2016).

Os chamados processos de autorregulação empresarial, definido por seus Códigos Ética e Condutas. Essa capacidade de governar a atividade como um todo é parte integrante da cultura organizacional da empresa (LOPEZ, 2016). Essa autorregulação significa que as empresas criam suas próprias normas ou incorporam-se a um padrão de normas pré-estabelecidos por organismos de controle de atividades das transnacionais, ou seja, a responsabilidade social corporativa é vista como mecanismo pelo qual as organizações econômicas se auto fiscalizam. (VEIGA; SILVA, 2016).

As atuações dos atores privados estão vinculadas diretamente a ideia de formação de "constituições próprias" para a autorregulação (TEUBNER, 2016). Tais fatores estão diretamente vinculados a percepção do direito transnacional que reconhece que o Estado não possui mais o imperativo da definição de normas, que atualmente está se tornando um processo contínuo envolvendo uma série de atores (LEVITT, 2005), possibilitando a inclusão de perspectivas antes renegadas pela construção tradicional do direito. É perceptível paralelamente às normas jurídicas tradicionais emergem as normas de governança corporativa, essas últimas flexíveis, dotadas de resiliência e compõe o novo contexto em prol equilíbrio. Desse modo, Tondo (2017) assegura que a RSC é vista como instrumento de autorregulação em que as empresas instituem suas normas baseadas em organismos de controle de condutas.

Em oposição a essa tradicional hierarquia, pode-se então observar os *Codes of Conduct* das empresas multinacionais (privados), através de uma interação com as normas estatais (públicos), o que representa a superação do modelo piramidal estatal. Essa interação garante uma reformulação na atuação dos Estados, que passa a exercer um papel impulsionador das constituições de instituições sociais, transformando os objetos de regulação (contratos e códigos de conduta privados) em normas reguladoras (TEUBNER, 2016). O que faz necessário a aplicação da Teoria do Direito em Rede como melhor alternativa para a análise dos instrumentos jurídicos de participação, na garantia de uma autorregulação que realmente realize a redefinição do conceito jurídico da RSC. Afinal, os atos jurídicos dos particulares (pela autorregulação) representa um simples ajuste do paradigma clássico, sem deixar de se enquadrar em uma estrutura hierárquica pré-estabelecida e tradicional (OST; KERCHOVE, 2010).

Assim, a capacidade de autorregulação representa uma atuação além das responsabilidades legalmente impostas pelos Estados nacionais em seus territórios, definida pelos Códigos e documentos empresariais às empresas, nesta perspectiva, através de um pluralismo jurídico, os Códigos de Conduta se destinam a formalizar os padrões éticos da empresa (GOND, IGALENS, 2010) existente além e distintamente do campo de intervenção da lei. A ética empresarial a capacidade, dentro da ordem do Estado, de adquirir um valor legal através dos Códigos de Conduta (MARAIN, 2016), definindo assim, essa capacidade de autorregulação das empresas. Devido a essa perspectiva, o empresariado assume uma atuação política operacional com maior responsabilidade, que assimila crescimento econômico e desenvolvimento social, cenário onde os direcionamentos do Livro Verde da Comissão Europeia de 2001, sobre "ir além das obrigações legais e é indicado como de adesão voluntária por parte das empresas, visando a adequação para uma sociedade melhor e com mais respeito ao meio ambiente" (VEIGA; SILVA, 2016, p. 621).

Cabe mencionar que, a Teoria do Direito em Rede não retira a atuação do Estado, através do modelo tradicional, porém incorpora normas privadas criando outras oportunidades de regulação, sem, no entanto, desaparecer os resíduos importantes do modelo piramidal. A atuação da teoria destaca-se na expressa mudança no aspecto normativo, quebrando o modelo de direito estruturado meramente em nacional e/ou internacional, estabelecendo interações e funções aos atores privados para além da atuação dicotomia do Estado, também denominada de extrapiramidal (OST; KERCHOVE, 2010). Estas regras não estão enraizadas no contrato consentimento dos Estados, mas sim nas semelhanças e adesões de normas e práticas locais. No entanto, as regras transnacionais evoluem para a normas com um impacto que vai muito além do grupo original, criando impactos e novas perspectivas e responsabilidades (LEVITT, 2005).

A criação de códigos de ética/conduta pelas empresas multinacionais representa uma forma objetiva de construção da responsabilidade social corporativa; a não incidência de sanções estatais sobre elas, faz com que a fiscalização ocorra de maneira privada, sob a inspeção de auditorias subsidiadas pelas próprias ETNs. Cabe registrar que por serem desprovidas de punições do Estado esses códigos são exemplos de *soft law*, configurando sistema não estatal dotado de validade jurídica (VEIGA; SILVA, 2016).

Assim, os códigos aqui descritos são iniciativas exclusivamente empresariais e definem o processo de autorregulação das multinacionais, o que garante a autonomia privada na estruturação de deveres empresariais. Essa autonomia privada das multinacionais, definida neste processo de autorregulação é justificado pela recomposição das normas e a superação do modelo tradicional que coloca os atores privados também na definição de normas que regulam o contexto transnacional. A aplicação da Teoria do Direito em Rede no contexto global justifica a utilidade da RSC como ferramenta para a efetivação da Lei de Liberdade Econômica no Brasil. Afinal, impulsiona autorregulação das multinacionais como meio de concretizar os direitos de liberdade econômica definidos na nova legislação brasileira. Este é o ponto que será abordado adiante.

3.2 A concretização dos direitos de liberdade econômica pela Autorregulação Empresarial

A capacidade de autorregulação das multinacionais representa fator de impulsionamento a efetivação da Liberdade Econômica no Brasil. Esse impulsionamento está presente na concretização dos direitos de liberdade econômica pela autonomia privada que garante a autorregulação empresarial.

A Lei de Liberdade Econômica define em seu art. 3° os direitos que efetivam o desenvolvimento empresarial (pessoa, natural ou jurídica) para o crescimento econômico do Brasil. Dentre os vários direitos destacados no artigo, um conjunto de direitos ganham especial atenção no contexto da RSC. Estes direitos estão descritos no inciso II, alíneas "a", e "c" do art. 3° da norma que define que as atividades econômicas devem ser desenvolvidas considerando: "a) as normas de proteção ao meio ambiente, incluídas as de repressão à poluição sonora e à perturbação do sossego público; [...] e c) a legislação trabalhista" (BRASIL, 2019).

A norma destaca que a proteção ambiental e os direitos trabalhistas devem ser verificados na efetivação da liberdade econômica, afinal, sem resguardar os direitos coletivos aqui listados será impossível estabelecer uma efetivação da liberdade econômica no país. Estes direitos auxiliam no processo de efetivação dos princípios já discutidos neste trabalho (item 2.2), principalmente em relação ao princípio que reconhece a vulnerabilidade do particular diante do Estado (inciso IV do art. 2º) (BRASIL, 2019). A "vulnerabilidade" é um termo frequentemente utilizado para descrever pessoas ou coisas que se encontra em desvantagem com relação a uma situação jurídica[2]. Ser considerado frágil em termos jurídicos significa necessitar de proteção especial do Estado face a uma condição específica, o que faz com que aquele objeto ou pessoa não possa ser tratado como comum, possuidor de todos os direitos.

A proteção ambiental e dos direitos trabalhistas são temas presentes nos Códigos de Ética e Conduta das multinacionais e estão em conformidade com os Princípios Orientadores sobre Empresas e Direitos Humano – Princípio 18 (ONU, 2011). Este princípio define que "a fim de aferir os riscos em matéria de direitos humanos, as empresas devem identificar e avaliar as consequências negativas reais ou potenciais sobre os direitos humanos em que possam ser envolvidos, seja por meio de suas próprias atividades ou como resultado de suas relações comerciais". Nos comentários a este princípio, aponta a necessidade de integrar ao processo de avaliação dos impactos sobre os direitos humanos outros processos, como as avaliações de risco ou de impacto ambiental ou social.

Os Códigos de Ética e Conduta das multinacionais (definidos como novas constituições globais empresariais) assumem dois objetivos: "romper os acoplamentos estruturais fortes das empresas transnacionais com a política e o direito dos Estados nacionais e, na medida em que seja necessário para uma rede global de comunicações funcionais específicas, construir estruturas de Estado de Direito" (TEUBNER, 2016, p. 150).

Assim, a efetivação de deveres de proteção ao meio ambiente e ao trabalho são pontos perceptíveis tanto nos Códigos de Ética e Conduta das multinacionais, como na Lei de Liberdade Econômica. E a definição de normas de autorregulação pelas multinacionais expressam ações de efetivação desses direitos de forma voluntária pela empresa, com o intuito de construir deveres empresariais pela natureza empresarial existente. A definição da autonomia empresarial pelos princípios de *corporate governance* de empresas

---

2 A palavra vulnerável vem do latim *vulnerabilis* significa frágil. (Disponível em: https://www.dicio.com.br/vulneravel/).

multinacionais faz com que certas orientações de normas jurídico-societárias sejam vinculadas pelo mercado de capitais e no estabelecimento de *shareholder values* (TEUBNER, 2016).

Principalmente, devido às forças das multinacionais no cenário internacional, as quais possuem grande poder econômico e político, exercendo até forças superiores a muitos Estados, principalmente os países em desenvolvimento (STIGLITZ, 2008). Do ponto de vista comum, diante das diferentes fases do compromisso com a responsabilidade de uma empresa ou organização, permite-se um reforço das interligações entre diferentes participantes para a composição da RSC, que considera o viés jurídico, econômico, social, penal ou, ainda, ambiental (POMADE, 2016).

Assim, a concretização destes direitos de liberdade econômica pela autorregulação empresarial existentes no Códigos de Ética e Conduta das multinacionais reforçam a capacidade da RSC como ferramenta para a efetivação da Lei de Liberdade Econômica no Brasil. Sendo considerados passos importantes no processo de estruturação no aspecto transnacional, no qual o Brasil se insere.

4 CONCLUSÕES

A Lei de Liberdade Econômica instituída no Brasil buscou definir garantias de proteção da livre iniciativa e livre exercício da atividade econômica, buscando incorporar as empresas privadas no modelo econômico mundial. O presente artigo teve o objetivo de discutir como a responsabilidade social corporativa (RSC) pode ser tornar uma ferramenta útil no contexto empresarial para viabilizar a efetivação das diretrizes previstas na Lei de Liberdade Econômica brasileira. O que foi percebido devido o alinhamento existente entre as normas de empresas e direitos humanos e os princípios norteadores da Lei de Liberdade Econômica brasileira para a efetivação da RSC. Além disso, foi confirmado pelo impulsionado dado pela capacidade de autorregulação das multinacionais para a efetivação das diretrizes da liberdade econômica no Brasil. O que está definido nos deveres extraídos dos textos dos códigos de ética/conduta das multinacionais, justificado pela aplicação da autonomia privada no contexto da Teoria do Direito em Rede e, também, na concretização dos direitos de liberdade econômica pela autorregulação empresarial.

Portanto, a responsabilidade social corporativa (RSC) representa ferramenta útil para efetivar a Lei de Liberdade Econômica no Brasil, podendo ter sua aplicação ampliada para uma maior integração dos atores privados no contexto regulatório nacional, através da autorregulação presente nos Códigos de Ética e Conduta das empresas, não apenas as multinacionais.

REFERÊNCIAS

AMOR, José Antonio Fernández. *Relaciones entre el poder financeiro y la responsabilidade social em matéria de meioambiente. In:* AMOR, José Antonio Fernández; DURÁN, Carolina Gala (coords.). ***La responsabilidad social empresarial**: un nuevo reto para el Derecho.* Madri: Marcial Pons, 2009.

BALBINO, Michelle Lucas Cardoso. A participação social na construção do direito ambiental global. **Revista de Direito Internacional**, Brasília, v. 14, 3, 2017, p. 79-104. Disponível em: https://www.publicacoesacademicas.uniceub.br/rdi/article/view/4978/pdf.

BRASIL. Lei 10.406, de 10 de janeiro de 2002. Código Civil. Brasília, DF: **Planalto.** Disponível em: http://www.planalto.gov.br/ccivil_03/leis/2002/L10406compilada.htm.

BRASIL. Lei 13.874, de 20 de setembro de 2019. Declaração de Direitos de Liberdade Econômica. Brasília, DF: **Planalto.** Disponível em: http://www.planalto.gov.br/ccivil_03/_ato2019-2022/2019/lei/L13874.htm.

BRASIL. Constituição da República Federativa do Brasil de 1988. Brasília, DF: **Planalto.** Disponível em:http://www.planalto.gov.br/ccivil_03/constituição/ConstituicaoCompilado.htm.

BRITO, Manuel. **Responsabilidade Social Corporativa**: O Caso das Empresas em Timor-Leste. 2017. 349 p. Doutorado – (Ciências Empresariais Especialidade de Organização e Políticas Empresariais) – Universidade do Minho Escola de Economia e Gestão. Minho, 2017.

CONECTAS E DIREITOS HUMANOS. **Especialistas criticam decreto que cria selo de Direitos Humanos para Empresas**: São Paulo, 2018. Disponível em: http://www.justificando.com/2018/12/06/especialistas-criticam-decreto-que-cria-selo-de-direitos-humanos-para-empresas/.

DELMAS-MARTY, Mirelle. ***Aux Quatré Vents du Monde:** petit guide de navigation sur l'océan de la mondialisation*. Seuil: set. 2016.

DENNY, Danielle. *Recent Business and Human Rights Brazilian Regulation.* ***Beijing Law Review***, 2019. Disponível em: https://doi.org/10.4236/blr.2019.104036.

FRIEDMAN, Milton. ***The Social Responsibility of Business is to Increase its Profits.*** *The New York Times Magazine*, 13 set. 1970.

FUNDAÇÃO GETÚLIO VARGAS. Centro de Direitos Humanos e Empresas. **Implementando os princípios orientadores sobre empresas e direitos humanos da ONU**: o dever do Estado de proteger e a obrigação das empresas de respeitar os direitos humanos. São Paulo: FGV, 2017. Disponível em: https://www.mdh.gov.br/sdh/noticias/2017/novembro/em-parceria-com-fgv-ministerio-publica-cartilha-sobre-empresas-e-direitos-humanos/EmpresaseDireitosHumanos.PDF.

GOND, Jean-Pascal; IGALENS, Jacques. ***La Responsabilité sociale de l'entreprise.*** 2. ed. Paris, Presses Universitarires de France, 2010.

HOMA. Centro de Direitos Humanos e Empresas. Reflexões sobre o Decreto 9571/2018 que estabelece Diretrizes Nacionais sobre empresas e Direitos Humanos. **Cadernos de Pesquisa Homa.** v. 1, 7, 2018. Disponível em: http://homacdhe.com/wp-content/uploads/2019/01/An%C3%A1lise-do-Decreto-9571-2018.pdf.

LEVITT, Janet Koven. *A Bottom-Up Approach to International Lawmaking: The Tale of Three Trade Finance Instruments.* ***The Yale Journal Of International Law.*** v. 30, 2005.

LHUILIER, Gilles. ***Le droit transnational.*** *Collection: Méthodes du droit. Editeur:* Dalloz, 2016.

LOPEZ, Laëtitia. ***L'action en justice des parties prenantes dans le cadre de la Responsabilité Sociale de l'Entreprise.*** 2016. 318 f. Tese – (Doutorado) – *Université Jean Moulin* Lyon: 04 nov. 2016. Disponível em: www.theses.fr/2016LYSE3052.

MACHADO FILHO, Claudio Pinheiro. **Responsabilidade Social e Governança**: O debate e as implicações, Pioneira Thomson Leaning. São Paulo: 2006.

MARAIN, Gaëtan. ***La Juridicisation de la Responsabilité Sociétale des Entreprises.*** *Universitaires D'Aix-Marseille. Collection de L'Institut de Droit des Affaire:Centre de Droit Économique,* 2016

MARTIN-CHENUT, Kathia; TRICOT, Juliette. *La loyaté des engagements: la SER prise au mot par le droit.* In: MARTIN-CHENUT, Kathia; QUENAUDON, René de. ***La RSE saisie par le droi:*** *perspectives interne et internationale.* Editions: A. Pedone, 2016, p. 362-380.

MAUREL, Olivier. *L'appel à une nouvelle responsabilité des entreprises.* In: ***La responsabilité des entreprises en matière de droits de l'homme.*** *Les Études de la Commission nationale consultative des droits de l'homme* (CNCDH): Paris: 2009.

OLIVEIRA, I. P. S. ***Compliance*, transnacionais e direitos humanos**: estudo de caso de aplicação da inteligência *compliance* em auditoria por adesão para avaliação da conformidade de mineração de grande porte aos princípios orientadores da Organização das Nações Unidas. 2019. 231 f. Dissertação -(Mestrado em Direitos Humanos) – Universidade Federal de Goiás: Goiânia, 2019.

OIT. Organização Internacional do Trabalho. **Declaração Tripartida de Princípios sobre Empresas Multinacionais e Política Social.** 1977. Disponível em: https://www.ilo.org/wcmsp5/groups/public/---ed_emp/--emp_ent/documents/publication/wcms_579899.pdf

ONU. Organização das Nações Unidas. **Princípios orientadores sobre Empresas e Direitos Humanos**. 2011. Genebra: Publicação da ONU. Disponível em: https://www.ohchr.org/Documents/Publications/GuidingPrinciplesBusinessHR_EN.pdf

OST, François; KERCHOVE, Michel Van de. ***De la pyramide au réseau?*** *Pour une théorie dialectique du droit. Presses de l''Université Saint-Louis*: 2010.

PIOVESAN, Flávia; GONZAGA, Victoriana. Empresas e direitos humanos: desafios e perspectivas à luz do direito internacional dos direitos humanos. **Revista do Tribunal Regional Federal da 1ª Região,** v. 31, 1, p. 11-28, 2019.

POMADE, Adélie. *Panorama en droit de l'environnement*. *In*: MARTIN-CHENUT, Kathia; QUENAUDON, René de. ***La RSE saisie par le droi:*** *perspectives interne et internationale*. Editions: A. Pedone, 2016.

SACCONI, Lorenzo. ***Corporate Social Responsibility (CSR) as a Model of 'Extended' Corporate Governance:*** *An Explanation Based on the Economic Theories of Social Contract, Reputation and Reciprocal Conformism*. 2004. LIUC: Ethics, *Law and Economics Paper*. 142.

SEN, Amartya; KLIKSBERG, Bernardo. **As pessoas em primeiro lugar**: a ética do desenvolvimento e os problemas do mundo globalizado. Tradução de Bernardo Ajzemberg e Carlos Eduardo Lins da Silva. São Paulo: Companhia das letras, 2010.

SIQUEIRA, Wagner. **As organizações são morais?** Responsabilidade social, ética empresarial e empresa cidadã. 1.ed. Rio de Janeiro: Qualitymark Editora, 2014.

STIGLITZ, Joseph E. ***Um autre monde:*** *contre la fanatisme du marché*. Poche:2008.

TEUBNER, Gunther. **Fragmentos Constitucionais**: constitucionalismo social na globalização. São Paulo: Saraiva, 2016.

TONDO, Ana Lara. **Direitos humanos, autorregulação e responsabilidade social empresarial**: dos códigos de conduta das empresas transnacionais–cidadania ou inefetividade? 2019. Disponível em: http://bibliodigital.unijui.edu.br:8080/xmlui/handle/123456789/6274.

VARELLA, Marcelo Dias. **Internacionalização do Direito**: direito internacional, globalização e complexidade. Brasília: UniCEUB, 2013.

VEIGA, Fábio da SILVA; SILVA, Érica Guerra da. **Empresa e Direitos Humanos**: da governança corporativa à responsabilidade social. S. d. Disponível em: http://www.cidp.pt/revistas/rjlb/2016/4/2016_04_0603_0631.pdf.

Capítulo 9

A DESCONSIDERAÇÃO DA PERSONALIDADE JURÍDICA À LUZ DA LEI DA LIBERDADE ECONÔMICA

Maria da Glória Costa Gonçalves de Sousa Aquino

Resumo: O presente artigo tem como escopo analisar o denominado instituto da desconsideração da personalidade jurídica a partir das recentes alterações promovidas pelo advento da nova Lei da Liberdade Econômica – Lei 13.874/2019, que alterou dispositivos do Código Civil brasileiro no objetivo apriorístico de fornecer maior segurança jurídica em relação a responsabilidade dos sócios e administradores das empresas. Nesse aspecto, serão objeto de análise as principais modificações realizadas na codificação privada a respeito da desconsideração da personalidade jurídica, com enfoque na inclusão do novo artigo 49-A e na modificação do artigo 50 no Código Civil de 2002. Para tanto, o ensaio foi edificado a partir de metodologia de cunho descritivo, pautada na utilização de procedimento bibliográfico casuístico, com técnica documental procedente da doutrina pátria.

Palavras-chave: Liberdade econômica. Desconsideração da personalidade jurídica. Pessoa jurídica. Desvio de finalidade. Confusão patrimonial.

Abstract: The purpose of this article is to analyze the so-called institute of disregard for legal personality based on the recent changes promoted by the advent of the new Law on Economic Freedom – Law 13.874/2019, which altered provisions of the Brazilian Civil Code in the a priori objective of providing greater legal certainty in relation to the liability of partners and company administrators. In this regard, the main changes made to the private coding regarding the disregard of the legal personality will be analyzed, with a focus on the inclusion of the new article 49-A and in the modification of article 50 in the Civil Code of 2002. For this purpose, the essay was built from descriptive nature, based on the use of a case-by-case bibliographic procedure, with documentary technique from the native doctrine.

Keywords: Economic freedom. Disregard of legal personality. Legal person. Purpose deviation. Heritage confusion.

1 INTRODUÇÃO

A primavera brasileira do ano de 2019 foi marcada pela edificação da Declaração de Direitos de Liberdade Econômica, a denominada Lei da Liberdade Econômica – Lei 13.874/2019, decorrente da conversão da Medida Provisória 881, de 30 de abril de 2019, aprovada em 20 de setembro de 2019.

Em suas disposições gerais, a recente Lei da Liberdade Econômica passa a estabelecer normas de proteção à livre iniciativa e ao livre exercício de atividade econômica, além de instituir disposições acerca da atuação do Estado como agente normativo e regulador, garantindo-se subjacentemente o equilíbrio entre os propósitos decorrentes das relações privadas e os objetivos nacionais de cumprimento das políticas econômico-sociais.

Entre os princípios norteadores da Lei 13.874/2019 sobressai o princípio da liberdade como uma garantia legal no exercício da atividade econômica, o princípio da boa-fé do particular em face do poder público, o princípio da intervenção em caráter excepcional e subsidiário do Estado sobre o exercício de atividades econômicas, o princípio do respeito aos contratos, aos investimentos e à propriedade, bem como o princípio do reconhecimento da maior vulnerabilidade do particular em relação ao Estado.

Tais preceitos norteiam o exercício da atividade estatal regulatória de modo a assegurar o pleno desenvolvimento econômico em consonância com os fundamentos republicanos, a exemplo dos valores sociais do trabalho e da dignidade da pessoa humana (CRFB, art. 1º, incisos III e IV).

O principal objetivo da alteração normativa é a desburocratização para o exercício das atividades empresariais, através de uma maior flexibilização dos procedimentos a serem realizados pelas empresas, empresários e empreendedores no que tange ao exercício das profissões, comércio, juntas comerciais, registros públicos, transporte e proteção ao meio ambiente.

Nesse sentido, a Lei da Liberdade Econômica se direcionou a diversos normativos jurídicos e introduziu importantes alterações no âmbito do direito do trabalho, do direito empresarial, do direito econômico, do direito urbanístico, do direito ambiental e, sobretudo, do direito civil.

A exemplo das modificações sancionadas, destaca-se a implementação da "carteira de trabalho digital", em formato eletrônico contendo a identificação única do empregado associada ao número de inscrição no Cadastro de Pessoa Física – CPF (artigo 15 da Lei 13.874/2019); a previsão de extinção do sistema e-Social (Sistema de Escrituração Digital das Obrigações Fiscais

Previdenciárias e Trabalhistas), criado pelo governo federal e regulamentado pelo Decreto 8.373, de 11 de dezembro de 2014, e a sua substituição por outro sistema que adote as mesmas funções de coleta de informações previdenciárias, trabalhistas e tributárias e que estabeleça procedimentos de modo menos burocratizado e mais ágil (artigo 16 da Lei 13.874/2019); a equiparação de validade entre o documento digital e o documento físico original, inclusive, prevendo a escrituração, a publicação, a conservação e o armazenamento documental em formato eletrônico digital – a virtualização dos cartórios de Registros Públicos (artigos 10 e ss. da Lei 13.874/2019); alterações nos trâmites dos processos administrativos e judiciais que tenha como representante a Procuradoria da Fazenda Nacional, dispensando-a de contestar, de oferecer contrarrazões e de interpor recursos, e autorizada a desistir de recursos já interpostos, sob a condição de que inexista outro fundamento relevante (artigo 13 da Lei 13.874/2019); a dispensa de exigibilidade de registro de ponto para os trabalhadores em empresas com menos de 20 (vinte) empregados (artigo 15 da Lei 13.874/2019).

Especificamente, no âmbito do ordenamento civil, a Lei da Liberdade Econômica estabeleceu uma relevante alteração legislativa no tocante ao instituto da desconsideração da personalidade jurídica – objeto da presente análise. Desse modo, o estudo propõe uma reflexão em torno da desconsideração da personalidade jurídica à luz das novas diretrizes normativas estabelecidas pela Lei da Liberdade Econômica, de modo a identificar os avanços tendentes a garantir maior segurança jurídica, proteção às atividades econômicas desenvolvidas pelo empresário e direcionamento objetivo à aplicabilidade do instituto.

2 ASPECTOS GERAIS ACERCA DO INSTITUTO DA DESCONSIDERAÇÃO DA PERSONALIDADE JURÍDICA

Ao longo do tempo, o instituto da desconsideração da personalidade jurídica passou a ocupar a tribuna de grandes debates jurídicos em diversas áreas do direito em razão das constantes alterações legislativas provocadas pelo legislador que impactaram diretamente o exercício da atividade empresarial no Brasil.

A desconsideração da personalidade jurídica surge como uma forma de promover uma melhor adequação e instrumentalização da pessoa jurídica no desenvolvimento da atividade empresarial dentro dos fins legítimos aos quais se propõe, evitando, via de consequência, a desvirtualização patrimonial entre a sociedade e o sócio, acionista e administradores da empresa. Consoante Cristiano Chaves de Farias & Nelson Rosenvald (2008, pp.307 e 308):

> O consectário natural da personalização das pessoas jurídicas é o reconhecimento de sua autonomia patrimonial em relação aos seus instituidores, como sustentado alhures.
>
> Todavia, com os crescentes abusos praticados por sócios sem escrúpulos, que utilizavam a estrutura autônoma e independente da pessoa jurídica para a prática de negócios fraudulentos e desvinculados da finalidade desta, afastando-se da responsabilidade, a jurisprudência e a doutrina começaram a perceber a necessidade de buscar mecanismos ágeis de atingir o patrimônio do sócio, em favor dos prejudicados de boa-fé, inibindo a utilização da pessoa jurídica como escudo para a prática de atos ilícitos ou abusos.

A teoria da desconsideração da personalidade jurídica (*disregard doctrine*) permite que o juiz, em determinadas situações, estabeleça a extensão da responsabilidade patrimonial por débitos contraídos pela empresa aos seus sócios, acionistas e administradores. Nos dizeres de Cristiano Chaves de Farias & Nelson Rosenvald (2008, p.310), em termos conceituais, o *disregard doctrine* revela:

> [...] o desprezo episódico (eventual), pelo Poder Judiciário, da personalidade autônoma de uma pessoa jurídica, com o propósito de permitir que os seus sócios respondam com o seu patrimônio pessoal pelos atos abusivos ou fraudulentos praticados sob o véu societário. Enfim, é a permissão judicial para responsabilizar civilmente o sócio, nas hipóteses nas quais for o autêntico obrigado ou o verdadeiro responsável, em face da lei ou do contrato.

A regulamentação sobre os requisitos e as exigências para se aplicar o instituto da desconsideração da personalidade jurídica encontra previsão na legislação de âmbito civil, precisamente nos artigos 49-A, *caput* e § único, e 50, §§ 1º a 5º do Código Civil de 2002, recentemente, incluídos e alterados pela Lei 13.874/2019 – a Lei da Liberdade Econômica.

Não obstante, o Judiciário brasileiro reconhece a existência de microssistemas legais em relação a temática, como se verifica através da leitura do Enunciado 51 da I Jornada de Direito Civil, do Conselho da Justiça Federal (2012, p. 23): "Enunciado 51 – Art. 50: A teoria da desconsideração da personalidade jurídica – disregard doctrine – fica positivada no novo Código Civil, mantidos os parâmetros existentes nos microssistemas legais e na construção jurídica sobre o tema".

De acordo com Mônica Gusmão (2016, p. 185), o Enunciado 51 define o arcabouço jurídico sobre o assunto e admite a existência dos microssistemas legais, através das várias legislações extravagantes que tratam a matéria; em que pese a autora entender ser desnecessária a aplicação da teoria da desconsideração da personalidade jurídica quando já houver expressa previsão legal, como as previstas, por exemplo, no artigo 158 da Lei 6.404/1976; no artigo 135, inciso III do Código Tributário Nacional; artigo 1.015, com seu respectivo parágrafo único e demais incisos, artigos 1.016 e 1.080 do Código Civil de 2002.

Dentre as legislações que regulamentam o instituto jurídico da desconsideração da personalidade jurídica, destacam-se: o artigo 28, §§ 2º a 5º do Código de Defesa do Consumidor (Lei 8.078/1990); o artigo 14 da Lei 12.846/2013, que dispõe sobre a responsabilização administrativa e civil de pessoas jurídicas pela prática de atos contra a administração pública; o artigo 4º da Lei do Meio Ambiente (Lei 9.605/1998), entre outras.

A doutrina civilista reconhece a desconsideração comum e a desconsideração inversa. Na primeira modalidade, a responsabilidade patrimonial da empresa, decorrente das dívidas contraídas, é estendida aos sócios, acionistas e administradores da empresa. Enquanto na segunda, os débitos pessoais dos sócios e administradores poderão atingir os bens pertencentes à empresa, dada a própria extensão patrimonial garantida pela aplicação do instituto.

O processamento do instituto da desconsideração da personalidade jurídica encontrou resguardo no Código de Processo Civil de 2015, precisamente nos artigos 133 a 137, incluídos no Capítulo IV, em título destinado a intervenção de terceiros; pelo que se admite a aplicação dos dispositivos também nas hipóteses de desconsideração indireta e expansiva da personalidade conforme orientação do Enunciado 11, da I Jornada de Direito Processual Civil da Justiça Federal (2017, p. 13): "Enunciado 11: Aplica-se o disposto nos arts. 133 a 137 do CPC às hipóteses de desconsideração indireta e expansiva da personalidade jurídica".

Segundo Marcus Vinícius Rios Gonçalves (2019, p. 274), em caso de desconsideração indireta e expansiva haverá a necessidade de instauração do incidente quando:

> [...] se queira atingir o patrimônio de empresa controladora por negócios jurídicos realizados por empresas coligadas, que funcionam como uma espécie de longa manus daquelas; ou para estender a responsabilidade patrimonial a sócios ocultos, que se valem de sócios aparentes (os chamados "laranjas") para fugir da responsabilidade.

Sem embargo dos avanços procedimentais aludidos no Código de Processo Civil de 2015, em relação a desconsideração da personalidade jurídica, ainda persistiam lacunas na legislação civil, que ensejavam interpretações judiciais diversificadas, razão pela qual, no objetivo de imprimir maior clareza à aplicação do referido instituto jurídico, a Lei 13.874/2019 promoveu pontuais modificações e acréscimos ao Código Civil de 2002, a fim de compatibilizar as divergências então existentes e de proporcionar maior segurança jurídica aos sócios, acionistas e administradores das empresas no exercício da atividade empresarial, bem como ao juiz, com atribuição de análise e de julgamento de pedidos de desconsideração em caso de abuso da personalidade jurídica.

3 AS INOVAÇÕES ADVINDAS DA DECLARAÇÃO DE DIREITOS DE LIBERDADE ECONÔMICA ACERCA DA DESCONSIDERAÇÃO DA PERSONALIDADE JURÍDICA

Dentre as diversas alterações motivadas pela Lei 13.874/2019 destaca-se, em matéria de desconsideração da personalidade jurídica, a previsão contida no artigo 7° que acrescentou o artigo 49-A e modificou o artigo 50 do Código Civil de 2002, que passaram a ter a seguinte redação:

> Art. 49-A. A pessoa jurídica não se confunde com os seus sócios, associados, instituidores ou administradores.
>
> Parágrafo único. A autonomia patrimonial das pessoas jurídicas é um instrumento lícito de alocação e segregação de riscos, estabelecido pela lei com a finalidade de estimular empreendimentos, para a geração de empregos, tributo, renda e inovação em benefício de todos.
>
> Art. 50. Em caso de abuso da personalidade jurídica, caracterizado pelo desvio de finalidade ou pela confusão patrimonial, pode o juiz, a requerimento da parte, ou do Ministério Público quando lhe couber intervir no processo, desconsiderá-la para que os efeitos de certas e determinadas relações de obrigações sejam estendidos aos bens particulares de administradores ou de sócios da pessoa jurídica beneficiados direta ou indiretamente pelo abuso.
>
> § 1° Para fins do disposto neste artigo, desvio de finalidade é a utilização da pessoa jurídica com o propósito de lesar credores e para a prática de atos ilícitos de qualquer natureza.
>
> § 2° Entende-se por confusão patrimonial a ausência de separação de fato entre os patrimônios, caracterizada por:
>
> I – cumprimento repetitivo pela sociedade de obrigações do sócio ou do administrador ou vice-versa;
>
> II – transferência de ativos ou de passivos sem efetivas contraprestações, exceto os de valor proporcionalmente insignificante; e
>
> III – outros atos de descumprimento da autonomia patrimonial.

> § 3º O disposto no *caput* e nos §§ 1º e 2º deste artigo também se aplica à extensão das obrigações de sócios ou de administradores à pessoa jurídica.
> § 4º A mera existência de grupo econômico sem a presença dos requisitos de que trata o caput deste artigo não autoriza a desconsideração da personalidade da pessoa jurídica.
> § 5º Não constitui desvio de finalidade a mera expansão ou a alteração da finalidade original da atividade econômica específica da pessoa jurídica.

3.1 A autonomia patrimonial das pessoas jurídicas e a limitação da responsabilidade patrimonial dos sócios e acionistas

A inclusão normativa do artigo 49-A do Código Civil trouxe importante inovação, pois estabeleceu a limitação da responsabilidade dos sócios e dos acionistas nos tipos de sociedade empresária mais utilizados no país, no caso a sociedade de responsabilidade limitada, regulamentada pelo Código Civil e pela Lei 12.441/2011 (que permitiu a constituição de empresa individual de responsabilidade limitada), e a sociedade anônima, disposta na Lei 6.404/1976.

Em relação a sociedade de responsabilidade limitada, os sócios e os acionistas poderão ser responsabilizados pelos prejuízos decorrentes das atividades da sociedade no limite de suas quotas de participação, salvo previsão contrária expressa em lei, como a contida no artigo 50 do Código Civil e no artigo 134, inciso VII do Código Tributário Nacional, enquanto a responsabilidade dos sócios e dos acionistas na sociedade anônima é delimitada pelas ações que possuem.

A Lei da Liberdade Econômica consolida, portanto, o entendimento de que a pessoa jurídica permanece como responsável, tanto civil quanto administrativamente, pelos passivos e obrigações advindos dos compromissos empresariais assumidos pela sociedade ao instituir a distinção entre a pessoa jurídica e os sócios, associados, instituidores ou administradores da empresa. Além disso, reafirma a autonomia patrimonial das pessoas jurídicas como sendo um instrumento lícito de alocação e segregação de riscos advindos das atividades empresariais como uma forma de fortalecer o desenvolvimento das negociações empresariais e de estimular o empreendedorismo na implementação de novos negócios pelas empresas, com o objetivo de gerar empregos, renda e tributos, ao mesmo tempo, em que garante maior segurança e proteção jurídica aos atos praticados pelos sócios, acionistas e administradores.

Não menos, a limitação da responsabilidade patrimonial dos sócios e dos acionistas encontra obstáculo na previsão contida no artigo 133 e seguintes, do Código de Processo Civil, que dispõe sobre o incidente de desconsideração da personalidade jurídica. É que o incidente poderá ser instaurado a pedido do órgão do Ministério Público e pela parte, leia-se, pelo credor da obrigação, no momento em que lhe(s) couber(em) intervir no processo, possibilitando a responsabilidade pessoal dos sócios, administradores e dos acionistas nos casos previstos em lei – existentes os pressupostos materiais, e, dessa forma, ensejando a que os mesmos respondam pelas obrigações financeiras contraídas e pelos passivos da sociedade. Em referência ao assunto, destaca-se o entendimento de Cássio Scarpinella Bueno (2015, p. 132):

> O Anteprojeto inovou pertinentemente ao criar uma novel técnica para permitir incidentalmente ao processo desconsiderar a personalidade jurídica e, com isso, conseguir responsabilizar pessoalmente os sócios nos casos que a lei material o permite. Os Projetos do Senado e da Câmara mantiveram-no buscando seu aperfeiçoamento, sendo que o Projeto da Câmara, corretamente, propôs que a novidade fosse colocada ao lado das demais modalidades de intervenção de terceiro, o que acabou sendo acolhido pelo texto a final aprovado.

A respeito do procedimento de desconsideração da pessoa jurídica cabe ressaltar ainda, que nas hipóteses do incidente ser requerido pelo Ministério Público, não haverá a necessidade da intervenção do órgão do *Parquet* como fiscal da lei. Essa é a orientação colacionada no Enunciado 123, do Fórum Permanente de Processualistas Civis:

> Enunciado 123 do Fórum Permanente de Processualistas Civis: (art. 133) É desnecessária a intervenção do Ministério Público, como fiscal da ordem jurídica, no incidente de desconsideração da personalidade jurídica, salvo nos casos em que deva intervir obrigatoriamente, previstos no art. 178. (Grupo: Litisconsórcio e Intervenção de Terceiros).

Outro ponto a evidenciar, diz respeito a possibilidade de instauração do incidente de desconsideração da personalidade jurídica nos casos de processo de execução coletiva – ou seja, de processo falimentar – em que há concorrência entre credores para a arrecadação do patrimônio da empresa a fim de suprir o passivo sob responsabilidade da sociedade empresarial, como orienta o Enunciado 247, do Fórum Permanente de Processualistas Civis:

> Enunciado 247 do Fórum Permanente de Processualistas Civis: (art. 133) Aplica-se o incidente de desconsideração da personalidade jurídica no processo falimentar. (Grupo: Impactos do CPC nos Juizados e nos procedimentos especiais de legislação extravagante).

Em sendo requerido na petição inicial (pedido originário) ou instaurado no curso do processo o incidente (pedido incidental) de desconsideração da personalidade jurídica (§ 2º do artigo 134 do CPC), o sócio ou a pessoa jurídica será citado(a) para se manifestar, requerendo a produção de provas necessárias, no prazo de 15 (quinze) dias (artigo 135 do CPC). Nesse sentido, convém ressair o posicionamento de Cássio Scarpinella Bueno que entende pela exigência de ato citatório para assegurar a observância ao direito da ampla defesa dos sócios, acionistas ou administradores da empresa (2015, p. 134):

> A citação (e não a mera intimação) dos sócios ou terceiros é indispensável, estabelecendo-se, de maneira incidental ao processo em curso, independentemente da fase que ele se encontre, o cabível contraditório sobre a existência, ou não, de fundamento para a desconsideração da personalidade jurídica pretendida. [...]

No entanto, apesar de expressamente prevista a observância aos princípios processuais constitucionais, como o devido processo legal, exigindo-se a prática do ato citatório para o exercício da ampla defesa dos sócios, acionistas ou administradores da empresa, ainda assim, há normativos que admitem a desconsideração da personalidade jurídica, de ofício, a exemplo, da Resolução 203, de 15 de março de 2016, que trata sobre as normas do Código de Processo Civil de 2015 a serem aplicáveis e/ou não aplicáveis ao Processo do Trabalho, e reconhece a aplicação *ex officio* do *disregard doctrine*, como se observa no artigo 6º da dita Resolução "Art. 6º. Aplica-se ao Processo do Trabalho o incidente de desconsideração da personalidade jurídica regulado no Código de Processo Civil (arts. 133 a 137), assegurada a inciativa também do juiz do trabalho na fase de execução (CLT, art. 878)".

Nesse aspecto, nota-se que o Código de Processo Civil de 2015 caminhou na vanguarda do direito, ao determinar a citação prévia dos sócios, acionistas e administradores da empresa, na forma prevista no comando do § 2º do artigo 134, em casos de pedido originário e/ou incidental de desconsideração da personalidade jurídica, assegurando a observância aos princípios do devido processo legal, do contraditório e da ampla defesa e, a não aplicação da teoria de ofício pelo juiz. Sobre o assunto sobreleva salientar o teor contido no Enunciado 248, do Fórum Permanente de Processualistas Civis:

> Enunciado 248 do Fórum Permanente de Processualistas Civis: (art. 134, § 2º; art. 336) Quando a desconsideração da personalidade jurídica for requerida na petição inicial, incumbe ao sócio ou a pessoa jurídica, na contestação, impugnar não somente a própria desconsideração, mas também, os demais pontos da causa (Grupo: Petição inicial, resposta do réu e saneamento).

Apesar dos avanços procedimentais introduzidos pelo diploma processual de 2015, ainda persistiam lacunas na legislação material, quanto a limitação da responsabilidade dos sócios, acionistas e administradores da empresa, e a necessidade do reconhecimento da autonomia patrimonial das pessoas jurídicas, as quais foram suprimidas com a inserção do artigo 49-A e parágrafo único ao Código Civil de 2002, por meio do artigo 7º da nova Lei da Liberdade Econômica, viabilizando, dessa forma, um profícuo aperfeiçoamento normativo e a garantia de maior segurança jurídica no desenvolvimento das atividades jurídico-empresariais.

Por outro lado, o Código de Processo Civil instituiu a observância de pressupostos materiais previstos em lei, como requisito essencial ao processamento e julgamento do pedido de desconsideração da personalidade jurídica. Essas regras específicas não estavam definidas no Código Civil de 2002, porém, foram introduzidas através da edição da Medida Provisória da Liberdade Econômica (MP 881/2019) que, como já dito anteriormente, foi convertida na Lei 13.874/2019. Sendo assim, esses requisitos foram mantidos pela Lei da Liberdade Econômica, em seu artigo 7º, que promoveu a alteração ao artigo 50 do Código Civil brasileiro

3.2 O abuso da personalidade jurídica decorrente do desvio de finalidade e da confusão patrimonial

O Código de Processo Civil mantém a observância de pressupostos materiais previstos em lei – o desvio de finalidade e a confusão patrimonial, como requisitos necessários ao processamento e ao julgamento do pedido de desconsideração da personalidade jurídica em caso de abuso no desenvolvimento da atividade empresarial. Esses requisitos essenciais já constavam no dispositivo do artigo 50 do Código Civil de 2002, que tinha a seguinte redação:

> Código Civil de 2002
>
> Artigo 50. Em caso de abuso da personalidade jurídica, caracterizado pelo desvio de finalidade, ou pela confusão patrimonial, pode o juiz decidir, a requerimento da parte, ou do Ministério Público quando lhe couber intervir no processo, que os efeitos de certas e determinadas relações de obrigações sejam estendidos aos bens particulares dos administradores ou sócios da pessoa jurídica.

Evidencia-se que o vetusto artigo 50 do Código Civil 2002 não possibilitava a decretação da desconsideração da personalidade jurídica, mas apenas o reconhecimento de que *os efeitos de certas e determinadas relações de obrigações fossem estendidos aos bens particulares dos administradores ou sócios da pessoa jurídica.* Tal omissão foi sanada pela nova redação do artigo 50 do Código Civil de 2002 (alterado que foi pelo artigo 7° da Lei 13.874/2019), que determina expressamente a desconsideração da personalidade jurídica em caso de abuso caracterizado pelo desvio de finalidade ou pela confusão patrimonial praticada pelos sócios, acionistas e administradores da empresa, permitindo a penhora de bens particulares desses, uma vez verificada a insolvência da pessoa jurídica – no caso, da empresa.

O conteúdo dispositivo do artigo 50 do Código Civil de 2002 também não trazia a definição conceitual do que o legislador cível entendia por desvio de finalidade e de confusão patrimonial nas hipóteses de ocorrência de abuso da personalidade jurídica, suscitando diversos equívocos interpretativos por parte do Judiciário brasileiro diante das apreciações casuísticas, que acarretavam insegurança jurídica no manejo do instituto da desconsideração da personalidade jurídica, e obstaculizavam a interpretação precisa dos conceitos jurídicos – desvio de finalidade e confusão patrimonial.

Coube, portanto, a nova Lei de Liberdade Econômica introduzir o frescor necessário ao acrescentar os parágrafos §§ 1° ao 5° ao artigo 50 do Código Civil de 2002, fundamentando legalmente os conceitos de desvio de finalidade e de confusão patrimonial.

O propósito da inclusão legislativa foi de delimitar e de definir critérios objetivos de caracterização do desvio de finalidade e de confusão patrimonial em caso de cometimento de abuso da personalidade jurídica, proporcionando maior segurança jurídica ao processo e, consequentemente, às decisões judiciais quando da aplicação do instituto da desconsideração da personalidade jurídica nos casos submetidos à apreciação do Poder Judiciário.

Com a inserção dos novos conceitos legais busca-se refrear a utilização irrestrita do instituto, de modo a evitar que seja atingido diretamente o patrimônio pessoal dos sócios, acionistas e administradores da empresa em situações em que não estiver devidamente evidenciado o desvio de finalidade e/ou a confusão patrimonial; melhor dizendo, que sejam atingidos os bens particulares dos sócios e administradores que tenham sido beneficiados, direta ou indiretamente, por prática da atividade econômica decorrente de abuso da personalidade jurídica.

Faz-se importante salientar que, em recente julgado da Terceira Turma do Superior Tribunal de Justiça (STJ), houve o entendimento pela exclusão de sócio minoritário, sem poderes de administração que não contribuiu para a prática de atos fraudulentos, consolidando o posicionamento de que a desconsideração tem o condão de atingir somente os sócios e administradores que comprovadamente tenham contribuído para a prática dos atos configuradores do abuso da personalidade jurídica. Eis o acórdão que reconhece a limitação da incidência do instituto da desconsideração da personalidade jurídica quando não identificado o abuso e/ou fraude na prática da atividade empresarial:

> RECURSO ESPECIAL 1.861.306 – SP (2017/0131056-8)
> EMENTA: RECURSOS ESPECIAL. AÇÃO DE INDENIZAÇÃO POR DANOS MORAIS E MATERIAIS. CUMPRIMENTO DE SENTENÇA. DESCONSIDERAÇÃO DA PERSONALIDADE JURÍDICA. HERDEIRA. SÓCIO MINORITÁRIO. PODERES DE GERÊNCIA OU ADMINISTRAÇÃO. ATOS FRAUDULENTOS. CONTRIBUIÇÃO. AUSÊNCIA. RESPONSABILIDADE. EXCLUSÃO.
>
> 1. Recurso Especial interposto contra acórdão publicado na vigência do Código de Processo Civil de 1973 (Enunciados Administrativos nºs 2 e 3/STJ).
> 2. Cuida-se, na origem, de ação de indenização por danos morais e materiais na fase de cumprimento de sentença.
> 3. A questão central a ser dirimida no presente recurso consiste em saber se a herdeira do sócio minoritário que não teve participação na prática dos atos de abuso ou fraude deve ser incluída no polo passivo da execução.
> 4. A desconsideração da personalidade jurídica, em regra, deve atingir somente os sócios administradores ou que comprovadamente contribuíram para a prática dos atos caracterizadores do abuso da personalidade jurídica.
> 5. No caso dos autos, deve ser afastada a responsabilidade da herdeira do sócio minoritário, sem poderes de administração, que não contribuiu para a prática dos atos fraudulentos.
> 6. Recurso especial não provido.
>
> ACÓRDÃO
> Vistos e relatados estes autos, em que são partes as acima indicadas, decide a Terceira Turma, por unanimidade, negar provimento ao recurso especial, nos termos do voto do Sr. Ministro Relator. Os Srs. Ministros Marco Aurélio Bellizze, Moura Ribeiro, Nancy Andrighi e Paulo de Tarso Sanseverino (Ptesidente) votaram com o Sr. Ministro Relator.
>
> Brasília (DF), 02 de fevereiro de 2021 (Data do Julgamento)
> Ministro RICARDO VILLAS BÔAS CUEVA

No que tange aos critérios objetivos, o legislador entendeu, especificamente, que o desvio de finalidade ocorre quando a pessoa jurídica é utilizada com o propósito de lesar credores e para a prática de atos ilícitos de qualquer natureza (§ 1º do artigo 50 do Código Civil de 2002).

Por sua vez, compreendeu se tratar de confusão patrimonial, quando caracterizada a ausência de separação de fato entre o patrimônio evidenciado pelo cumprimento repetitivo pela sociedade de obrigações do sócio ou do administrador ou vice-versa (inciso I do artigo 50 do Código Civil de 2002); ou pela efetivação de transferência de ativos ou de passivos sem efetivas contraprestações, exceto os de valor proporcionalmente insignificante (inciso II do artigo 50 do Código Civil de 2002) e outros atos de descumprimento da autonomia patrimonial (inciso III do artigo 50 do Código Civil de 2002).

A doutrina civilista caminhou a passos largos, na conceituação jurídica do desvio de finalidade e da confusão patrimonial, pelo que se ressai o posicionamento de Pablo Stolze Gagliano e Rodolfo Pamplona Filho (2012, p.280) que já concebiam (antes da entrada em vigor da Lei 13.874/2019) que o desvio de finalidade se caracterizava quando configurado um desvirtuamento do objetivo social, no intuito de se perseguir fins não previstos contratualmente ou proibidos por lei, enquanto a confusão patrimonial se afigurava quando a atuação do sócio ou administrador se confundia com o funcionamento da própria sociedade, de modo a confundir a identificação da separação patrimonial entre a empresa e o sócio ou administrador.

Apesar dos avanços na definição dos conceitos legais de desvio de finalidade e de confusão patrimonial, promovidos pela Lei 13.874/2019, ainda assim, pela análise do inciso III do artigo 50 do Código Civil de 2002, observa-se que o legislador assentou uma brecha normativa ao não definir com exatidão quais seriam os *outros atos de descumprimento da autonomia patrimonial*, permitindo, com isso, a adoção de um viés hermenêutico mais ampliado para o julgador.

Registre-se que os §§ 4° e 5° do artigo 50 do Código Civil de 2002, expressamente determinam que a mera existência de grupo econômico não autoriza a imediata desconsideração da personalidade jurídica, muito menos, que a mera expansão ou a alteração da finalidade original da atividade econômica específica da pessoa jurídica é motivo para justificar a caracterização do abuso da personalidade jurídica pelo desvio de finalidade. No caso de sociedade que participe de grupo econômico é adequado frisar que a simples participação no grupo econômico, não acarreta a modificação no patrimônio, que permanece desvinculado das demais sociedades e/ou integrantes empresariais ou individuais do grupo.

A inserção expressa dos §§ 1° a 5° do artigo 50 da legislação civil trazem em seu âmago a necessidade do legislador circunscrever os requisitos essenciais que possam ensejar a desconsideração por decorrência de abuso da personalidade jurídica, tornando cristalina as regras que permitem o manejo do instituto jurídico com a serventia de atingir os bens particulares dos sócios, acionistas e administradores das empresas, direta ou indiretamente, nos casos em que se configure a prática de atos empresariais eivados de abuso.

4 CONCLUSÃO

O presente artigo visou examinar o instituto da desconsideração da personalidade jurídica a partir das alterações motivadas pela nova Lei de Liberdade Econômica, que alterou o Código Civil de 2002, reconhecendo a dissociação entre a pessoa jurídica com a figura dos seus sócios, acionistas e administradores das sociedades limitadas e anônimas e incluindo o conceito de autonomia patrimonial das pessoas jurídicas como instrumento de estímulo ao desenvolvimento empreendedor das atividades empresariais.

> A Lei 13.874/2019 inovou, ao caminhar *pari passu* com as previsões normativas definidas pelo Código de Processo Civil de 2015, delimitando o conceito legal do desvio da finalidade e da confusão patrimonial, nas hipóteses em que se configure o abuso da personalidade jurídica, possibilitando a desconsideração da personalidade jurídica. Embora se reconheça um certo retrocesso legislativo quando não define os outros atos de descumprimento da autonomia patrimonial, dando margem a que o julgador possa ampliar o seu entendimento, na análise de casos em que não estejam configurados os requisitos objetivos que justifique a desconsideração da personalidade jurídica, inclusive de forma inversa.

Por fim, verifica-se que as inovações e as alterações promovidas pela Lei 13.874 não encerram o debate, mas propiciam a sedimentação de conceitos legais importantes à garantia de maior segurança jurídica no desenvolvimento da atividade empresarial, viabilizando a flexibilização na atuação das sociedades e de seus sócios, acionistas e administradores diante das práticas jurídico-econômicas.

REFERÊNCIAS

AGUIAR JÚNIOR, Ruy Rosado de. **Jornadas de direito civil I, III, IV e V: enunciados aprovados.** Brasília: Conselho da Justiça Federal, Centro de Estudos Judiciários, 2012. Disponível em: https://www.cjf.jus.br/cjf/corregedoria-da-justica-federal/centro-de-estudos-judiciarios-1/publicacoes-1/jornadas-cej/EnunciadosAprovados-Jornadas-1345.pdf. Acesso em: 15 abr. 2021.

BRASIL. Justiça Federal, Conselho da Justiça Federal – Centro de Estudos Judiciários. I **Jornada de Direito Processual Civil: enunciados aprovados.** Brasília/DF, 24 e 25 de agosto de 2017. Brasília: Conselho da Justiça Federal, Centro de Estudos Judiciários, 2017. Disponível em: file:///C:/Users/Dell/Downloads/I%20Jornada%20Direito%20Processual%20Civil.pdf. Acesso em: 16 abr. 2021.

BRASIL. Constituição da República Federativa do Brasil de 1988. Brasília, 5 de outubro de 1988. **Planalto.** Disponível em: http://www.planalto.gov.br/ccivil_03/constituicao/constituicao.htm. Acesso em: 28 abr. 2021.

BRASIL. Decreto 8.373, de 11 de dezembro de 2014. Institui o sistema de Escrituração Digital das Obrigações Fiscais, Previdenciárias e Trabalhistas – eSocial e dá outras providências. **Planalto.** Disponível em: http://www.planalto.gov.br/ccivil_03/_ato2011-2014/2014/decreto/d8373.htm. Acesso em: 29 abr. 2021.

BRASIL. Lei 6.404, de 15 de dezembro de 1976. Dispõe sobre as Sociedades por Ações. **Planalto.** Brasília, DF, 17 dez. 1976. Disponível em: http://www.planalto.gov.br/ccivil_03/leis/l6404consol.htm. Acesso em: 20 abr. 2021.

BRASIL. Lei 8.078, de 11 de setembro de 1990. Dispõe sobre a proteção do consumidor e dá outras providências. **Planalto.** Disponível em: http://www.planalto.gov.br/ccivil_03/leis/l8078.html. Acesso em: 15 abr. 2021.

BRASIL. Lei 10.406, 10 de janeiro de 2002. Institui o Código Civil. **Planalto**, Brasília, DF, 11 jan. 2002. Disponível em: http://www.planalto.gov.br/ccivil_03/Leis/2002/L10406compilada.htm. Acesso em 20 abr. 2021.

BRASIL. Lei 12.441, de 11 de julho de 2011. Altera a Lei 10.406, de 10 de janeiro de 2020 (Código Civil), para permitir a constituição de empresa individual de responsabilidade limitada. **Planalto**, Brasília, DF, 12 jul. 2011. Disponível em: http://www.planalto.gov.br/ccivil_03/_ato2011-2014/2011/lei/l12441.htm. Acesso em: 20 abr. 2021.

BRASIL. Lei 13.874, de 20 de setembro de 2019. Institui a Declaração de Direitos de Liberdade Econômica; estabelece garantias de livre mercado; altera as Leis nos 10.406, de 10 de janeiro de 2002 (Código Civil), 6.404, de 15 de dezembro de 1976, 11.598, de 3 de dezembro de 2007, 12.682, de 9 de julho de 2012, 6.015, de 31 de dezembro de 1973, 10.522, de 19 de julho de 2002, 8.934, de 18 de novembro 1994, o Decreto-Lei 9.760, de 5 de setembro de 1946 e a Consolidação das Leis do Trabalho, aprovada pelo Decreto-Lei 5.452, de 1º de maio de 1943; revoga a Lei Delegada 4, de 26 de setembro de 1962, a Lei 11.887, de 24 de dezembro de 2008, e dispositivos do Decreto-Lei 73, de 21 de novembro de 1966; e dá outras providências. **Planalto**. Disponível em: http://www.planalto.gov.br/ccivil_03/_ato2019-2022/2019/lei/L13874.htm. Acesso em: 28 abr. 2021.

BRASIL. Medida Provisória 881, de 30 de abril de 2019. Institui a Declaração de Direitos de Liberdade Econômica, estabelece garantias de livre mercado, análise de impacto regulatório, e dá outras providências. **Planalto**. Disponível em: http://www.planalto.gov.br/ccivil_03/_ato2019-2022/2019/Mpv/mpv881.htm#:~:text=MPV%20881&text=Institui%20a%20Declara%C3%A7%C3%A3o%20de%20Direitos,regulat%C3%B3rio%2C%20e%20d%C3%A1%20outras%20provid%C3%AAncias. Acesso em: 28 abr. 2021.

BRASIL. Tribunal Superior do Trabalho. **Resolução 203, de 15 de março de 2016.** Edita a Instrução Normativa 39, que dispõe sobre as normas do Código de Processo Civil de 2015 aplicáveis e inaplicáveis ao Processo do Trabalho, de forma não exaustiva. Disponível em: http://www.tst.jus.br/documents/10157/429ac88e-9b78-41e5-ae28-2a5f8a27f1fe#:~:text=TRIBUNAL%20PLENO-,RESOLU%C3%87%C3%83O%20N%C2%BA%20203%2C%20DE%2015%20DE%20MAR%C3%87O%20DE%202016.,Trabalho%2C%20de%20forma%20n%C3%A3o%20exaustiva. Acesso em: 17 abr. 2021.

BUENO, Cassio Scarpinella. **Novo Código de Processo Civil anotado.** São Paulo: Saraiva, 2015.

DIDIER JR, Fredie; TALAMINI, Eduardo [et. al.]. Encontro do Fórum Permanente de Processualistas Civis (3:2015: Curitiba, PR) **Enunciados do Fórum Permanente de Processualistas Civis de 01, 02 e 03 de maio de 20015.** Salvador: Editora Jus Podivm, 2016.

FARIAS, Cristiano Chaves de; ROSENVALD, Nelson. **Direito Civil – Teoria Geral.** 7ª edição. Rio de Janeiro: Editora Lumen Juris, 2008.

GAGLIANO, Pablo Stolze; PAMPLONA FILHO, Rodolfo. **Novo curso de direito civil**. Volume 1: parte geral. 14ª edição. São Paulo: Saraiva, 2012.

GONÇALVES, Marcus Vinícius Rios; LENZA, Pedro (coord.). **Direito Processual Civil Esquematizado.** 10ª edição. São Paulo: Saraiva Educação, 2019 (Coleção esquematizado).

GUSMÃO, Mônica. A Desconsideração da Personalidade Jurídica. **Revista EMERJ**, Rio de Janeiro, v. 19, 74, p. 183-191, 2016. Disponível em: https://www.emerj.tjrj.jus.br/revistaemerj_online/edicoes/revista74/revista74_183.pdf. Acesso em: 05 abr. 2021.

Capítulo 10

DECLARAÇÃO DE DIREITOS DE LIBERDADE ECONÔMICA (LEI 13.874/19) E O TERCEIRO SETOR:
Aplicação da AIR e ARR na Normatização da Atuação das Organizações da Sociedade Civil

Renato Dolabella Melo

Sumário: 1. Liberdade Econômica e a Lei 13.874/19. 2. Terceiro Setor e Atividade Econômica. 3. Erros de Normatização/Regulação Estatal e Benefícios do Uso da AIR e da ARR em Relação à Atuação do Terceiro Setor. 4. Conclusões. Referências.

Resumo: A legislação de liberdade econômica prevê instrumentos de análise e medição dos impactos provocados pela atividade regulatória/normativa por parte do Poder Público. Tais instrumentos podem ser utilizados no caso de regras aplicáveis ao funcionamento das organizações da sociedade civil (Terceiro Setor), com ganhos de economicidade e eficiência, favorecendo toda a população que é beneficiada pelas atividades sociais executadas pelas OSCs.

Palavras-chave: Liberdade econômica; AIR; ARR; Terceiro Setor; OSC

Abstract: The economic freedom legislation provides instruments for analyzing and measuring the impacts caused by the regulatory/normative activity by the Government. Such instruments can be used in the case of rules applicable to the functioning of civil society organizations (Third Sector), with gains in economy and efficiency, favoring the entire population that is benefited by the social activities carried out by CSOs.

Keywords: Economic Freedom; Regulatory Impact Analysis; Regulatory Result Analysis; Third Sector; Civil Society Organizations.

1 LIBERDADE ECONÔMICA E A LEI 13.874/19

A Lei 13.874/19, conhecida como Declaração de Direitos de Liberdade Econômica, estabelece normas de proteção à livre iniciativa e ao livre exercício de atividade econômica e disposições sobre a atuação do Estado como agente normativo e regulador, temas previstos nos artigos 1º, 170 e 174 da Constituição da República de 1988. Nesse sentido, deve-se notar que o contexto de aplicação dessa lei envolve especialmente o direito de livre iniciativa e a (im)possibilidade de atuação estatal limitando essa liberdade.

Assim, para a compreensão do tema, é importante analisar no que consistem esses pontos.

A livre iniciativa está prevista nos artigos 1º, IV e 170 da Constituição da República[1]. Basicamente, significa um direito que os particulares têm para produzir bens ou serviços (atividade econômica). Isso envolve inclusive a liberdade de escolha sobre o objeto e local dessa atuação, entre outros fatores. O Estado somente poderá impor condições para o exercício dessas atividades se houver alguma justificativa para tanto, considerando o interesse público e os princípios da razoabilidade e da proporcionalidade. Nesse sentido, a Declaração de Direitos de Liberdade Econômica procura explicitar que as limitações ao exercício das atividades econômicas devem ser tratadas como exceção, e não como regra. Apesar de não ter criado o direito de livre iniciativa, a Lei 13.874/18 procura dar caráter concreto ao dispositivo, especialmente ao estabelecer expressamente certas obrigações e vedações à atuação do Estado nesse âmbito. Dessa forma, o caráter abstrato do princípio constitucional fica reduzido, ficando claro que não há espaço para livre arbítrio estatal nessa seara. Com isso, a lógica é favorecer a efetividade da liberdade de iniciativa em várias situações, uma vez que eventuais debates saem de um contexto preponderantemente teórico e passam a ser discutidos diante de regras explícitas trazidas pela Declaração de Direitos de Liberdade Econômica.

Essa questão se torna ainda mais relevante quando o tema é analisado no âmbito do poder normativo do Estado, relacionado à oferta de bens e serviços pelos particulares. O artigo 174 da CR/88 prevê esse tipo de atuação estatal, mas esta deve ser pautada pelos princípios que regem a Administração Pública, especialmente economicidade[2] e eficiência[3]. Nesse sentido, é

---

1 "A liberdade de inciativa ou de indústria representa um desdobramento do princípio da liberdade contido na Constituição da República de 1988 e protegido como uma garantia fundamental do cidadão. O próprio artigo 1º do texto constitucional a coloca nessa condição principiológica ao afirmar que a liberdade de iniciativa constitui-se fundamento do Estado Democrático de Direito. Revestidas dessas condições, as liberdades, de modo genérico, constituem no plano jurídico-objetivo normas de competência negativa para o poder público, no sentido de impedir a prática de atos que contrariem tais fundamentos sem que exista motivação adequada para garantia da ordem social e econômica". (FERNANDES; SCHMIDT; MAYER, 2014, p. 5)

2 "O princípio da economicidade é o critério que condiciona as escolhas que o mercado ou o Estado, ao regular a atividade econômica, devem fazer constantemente, de tal sorte que o resultado final seja sempre mais vantajoso que os custos sociais envolvidos." (FONSECA, 2010, p. 25)

3 O princípio da eficiência indica que as escolhas devem ser tomadas de modo a maximizar o resultado que se busca alcançar. Trata-se de conceito muito

importante notar que o artigo 4º da Lei 13.874/18 determina que o Poder Público exerça sua prerrogativa de regulamentação sem fazer exigências que não sejam necessárias para alcançar o fim desejado e nem impondo condições que aumentem custos sem demonstração dos benefícios que se procura obter com essa medida. Na mesma linha, a edição e de alteração de atos normativos de interesse geral de agentes econômicos ou de usuários dos serviços devem ser precedidas de análise de impacto regulatório (AIR)[4], de modo a avaliar previamente seus efeitos. Essa medida é fundamental para que a normatização seja realizada de forma eficiente[5]. Importante notar que, embora a aplicação da AIR no Brasil tenha sido originalmente concebida no âmbito de atuação das agências reguladoras (nos termos da Lei 13.848/19), trata-se de uma metodologia que pode (e deve) ser utilizada em todas as situações que haja atuação, por parte do Estato, na definição de regras que afetem os particulares[6].

---

explorado pela Análise Econômica do Direito, vertente acadêmica desenvolvida na Escola de Chicago, onde se destacaram, entre outros, os professores Ronald Coase, Richard Posner e Guido Calabresi. Para um estudo mais aprofundado da questão. (POSNER, 2007).

4 "[A] Análise de Impacto Regulatório (AIR) pode ser definida como um processo sistemático de análise baseado em evidências que busca avaliar, a partir da definição de um problema regulatório, os possíveis impactos das alternativas de ação disponíveis para o alcance dos objetivos pretendidos, tendo como finalidade orientar e subsidiar a tomada de decisão. Como ferramenta de melhoria da qualidade regulatória, proporciona maior fundamentação técnica e analítica ao ente regulador no momento da sua tomada de decisão, especialmente quando esta significa a imposição de regras a serem cumpridas". (BRASIL, 2018, p. 7)

5 "Nesse diapasão, não podemos olvidar que desde 1996 a maior parte dos integrantes da Organização para Economia, Cooperação e Desenvolvimento (OCDE) adotaram a Análise de Impacto Regulatório (AIR) como instrumento para melhoraria da eficiência dos regulamentos expedidos por esses países. [...] Assim sendo, a AIR é um meio auxiliar à tomada de decisão que mensura os custos, os benefícios, os riscos e os resultados da atividade regulatória, definindo qual política é capaz de ampliar a maximização do bem-estar social, ou no caso específico deste artigo, proteger e incentivar a concorrência e fomentar a inovação, com vistas à melhoria do desenvolvimento econômico". (CAÇAPIETRA; MIRANDA, 2017, p. 39 e 52).

6 "Cumpre esclarecer que, embora as Diretrizes tenham sido elaboradas com foco nas Agências Reguladoras, as orientações aqui reunidas podem ser utilizadas por quaisquer órgãos ou entidades da administração pública que editem

Sobre a incidência dessas disposições da Declaração de Direitos de Liberdade Econômica, é necessário destacar que a legislação não limita sua aplicação apenas aos casos nos quais a atividade econômica busque uma finalidade lucrativa. O artigo 3º da Lei 13.874/18 prevê expressamente que todas as pessoas naturais ou jurídicas são destinatárias dessa legislação, o que inclui as condições que devem ser observadas pelo Poder Público para eventual intervenção na atividade desses particulares. Nesse sentido, é importante então avaliar como a Declaração de Direitos de Liberdade Econômica impacta a atuação das entidades privadas sem fins lucrativos, também conhecidas como Terceiro Setor.

2 TERCEIRO SETOR E ATIVIDADE ECONÔMICA.

O Terceiro Setor é composto por pessoas jurídicas de Direito privado, sem fins lucrativos, que executam atividades de interesse social. Nesse contexto, o Poder Público é chamado de Primeiro Setor, enquanto os particulares que atuam visando o lucro compõem o Segundo Setor. Historicamente chamadas de organizações não-governamentais (ONGs), atualmente as entidades do Terceiro Setor são denominadas organizações da sociedade civil (OSCs), especialmente após a edição da Lei 13.019/14, que popularizou esse termo.

Quanto à sua natureza jurídica, as OSCs são usualmente associações ou fundações privadas. As primeiras são pessoas jurídicas constituídas pela reunião de pessoas para exercício de algum objeto lícito. Já as segundas são criadas por meio de um patrimônio que é destinado para execução de alguma das finalidades previstas no artigo 62 do Código Civil. Para contextualização da atuação dessas entidades e a aplicação da Lei 13.874/18, é fundamental esclarecer que o fato de essas pessoas jurídicas não terem finalidade lucrativa não significa que não exerçam atividades econômicas.

Produção econômica significa ofertar bens ou serviços. Já a finalidade lucrativa não tem relação com a atuação em si da pessoa, mas sim com a destinação que é dada ao resultado dessa atividade. Se os resultados financeiros oriundos da atuação da pessoa jurídica forem partilhados entre sócios, então considera-se que ela tem fins lucrativos. Se a destinação desses recursos, ao contrário, for o reinvestimento na manutenção e

---

instrumentos com potencial de alterar direitos ou criar obrigações a terceiros". (BRASIL, 2018, p. 13)

desenvolvimento dos seus objetivos estatutários, então considera-se que não há finalidade de lucro. Esse conceito está previsto no art. 12, § 3° da Lei 9.532/97 e deixa claro que o que configura o fim lucrativo não é a obtenção de receita/superávit, mas sim que é feito com esses valores.

Nessa linha, é possível o exercício de atividade *econômica* (geração de bens e serviços) sem finalidade *lucrativa* (sem partilha dos resultados financeiros entre sócios). Esse entendimento foi inclusive objeto do Enunciado Administrativo 534 do Conselho da Justiça Federal/STJ: *"as associações podem desenvolver atividade econômica, desde que não haja finalidade lucrativa"*[7] *Logo, toda vez que a legislação eventualmente utiliza o termo "sem fins econômicos" para designar a atuação de uma OSC, há uma impropriedade conceitual.*

Deve-se notar, inclusive, que a percepção correta dessas diferenças implica em consequências práticas bastante relevantes. Exemplo disso é a mudança da jurisprudência admitindo recuperação judicial para entidades sem fins lucrativos[8]. No caso, a linha de raciocínio se baseou justamente no exercício de atividades econômicas pelas OSCs. Como o espírito da recuperação judicial é buscar meios de preservação da pessoa jurídica, considerando especialmente seu impacto socioeconômico (inclusive no que diz respeito a geração de empregos), o Judiciário passou a considerar que o fato de uma instituição atuar sem visar lucros não seria um impeditivo para uso do mecanismo. O exercício de atividade econômica, ainda que sem finalidade lucrativa, justificaria a possibilidade de aplicação da recuperação judicial, até então um instrumento jurídico exclusivo de pessoas com atuação empresarial buscando lucro.

Nesse sentido, é importante destacar o impacto socioeconômico da atuação do Terceiro Setor, presente em áreas diversas, como assistência social, saúde, cultura, educação, meio ambiente, esporte e pesquisa, entre outras. Pesquisa realizada pelo Fórum Nacional das Instituições Filantrópicas (FONIF) apurou que, a cada R$1,00 disponibilizado para essas instituições, é entregue em média para a população o equivalente a R$7,39 em

---

7 CONSELHO DA JUSTIÇA FEDERAL. **Enunciado 534**. Disponível em: https://www.cjf.jus.br/enunciados/enunciado/145.

8 LUNA, Denise. TJ do Rio confirma recuperação judicial da Universidade Candido Mendes. Portal do estado de São Paulo. 2020. Disponível em: https://economia.estadao.com.br/noticias/geral,justica-confirma-recuperacao-judicial-da-universidade-candido-mendes,70003424518

serviços de relevância social prestados pelo Terceiro Setor[9]. Logo, as OSCs disponibilizam para a sociedade um valor muito superior ao montante nominal dos recursos que gerenciam. Esse dado é relevante porque eventual normatização equivocada nesse âmbito, por parte do Poder Público, afeta negativamente esse resultado. Logo, é importante a aplicação das regras da Declaração de Direitos de Liberdade Econômica nas searas atendidas pelo Terceiro Setor, especialmente para dar mais racionalidade e eficiência à atuação do Estado. Isso é particularmente sensível quando se percebe que mesmo o Poder Público é passível de falhas no exercício de sua função normativa e regulatória.

3 ERROS DE NORMATIZAÇÃO/REGULAÇÃO ESTATAL E BENEFÍCIOS DO USO DA AIR E DA ARR EM RELAÇÃO À ATUAÇÃO DO TERCEIRO SETOR

Em sentido amplo, a expressão "regulação" pode ser entendida como a ação de organizar determinada atividade, visando seu funcionamento adequado. Há algumas situações distintas que podem ser observadas quanto à ação regulatória, considerando especialmente a elaboração de normas que afetem a ação dos agentes. Os cenários hipotéticos variam desde a desregulação até uma intervenção por parte do Poder Público, especialmente por meio da criação de regras que vinculam os particulares[10]. Quando há atuação estatal nesse último sentido, é importante perceber que é necessária uma análise técnica já na definição dos temas que devem (ou não) ser objeto de regulação/normatização. Isso porque não realizar a regulação/normatização onde ela deve ser feita ou atuar sobre atividades

---

9 FONIF. Fórum Nacional das Instituições Filantrópicas – FONIF. **A contrapartida do setor filantrópico para o Basil.**2018. Disponível em: https://fonif.org.br/wpcontent/uploads/2017/06/PESQUISA_FONIF_2019_compressed.pdf.

10 "Podemos enumerar como possibilidades de regulação *lato sensu* da economia, (a) a regulação estatal, feita pelas regras emitidas por órgãos do próprio Estado, mesmo que participem representantes de organismos intermédios da sociedade; (b) a regulação pública não-estatal, feita por entidades da própria sociedade, mas por delegação ou por incorporação das suas normas ao ordenamento jurídico estatal; (c) a regulação privada [autorregulação], levada a cabo autonomamente por instituições privadas, geralmente associativas, sem qualquer delegação ou chancela estatal; e (d) a desregulação, consistente na ausência de regulação institucional, pública ou privada, ficando os agentes sujeitos apenas ao livre desenvolvimento do mercado" (ARAGÃO, 2002, p. 13).

nos quais esse tipo de intervenção não seja necessário são ambas situações problemáticas[11].

Independente da qualidade das normas em questão, é importante lembrar que a simples implementação de um sistema regulatório/normativo já implica em custos. Além do trabalho de elaboração das regras, todos os destinatários das normas incidem em gastos para conhecer e se adaptar à legislação, sem esquecer das despesas de fiscalização e acompanhamento que serão suportadas pela autoridade regulatória/normativa para verificar o cumprimento dos dispositivos legais. É também razoavelmente comum que surjam dúvidas relacionadas à aplicação das normas, sobretudo porque dificilmente o responsável pela criação de uma regra jurídica será capaz de prever todos os desdobramentos possíveis sobre o assunto, especialmente em um contexto diversificado como é o Terceiro Setor[12]. E, ainda que conseguisse, o ambiente no qual essas atividades sociais são executadas se encontra em constante mutação. Assim, há ainda a possibilidade de ineficiência de determinada norma pela ocorrência de alterações na realidade concreta sobre a qual ela incide. Tudo isso também pode se traduzir em custos de variadas naturezas.

Além desses gastos inerentes a qualquer sistema regulatório/normativo, a questão pode se agravar caso a implementação das normas não seja devidamente precedida de uma análise técnica adequada. Essa medida é imprescindível, porque em qualquer tipo de atividade regulatória em sentido amplo há possibilidade de falhas na sua concepção e execução[13]. E isso não é

---

11 Conceitualmente, tais hipóteses são entendidas respectivamente como erros tipo 1 e 2.

12 Já tivemos oportunidade de apresentar esse ponto de vista em outras situações relativas ao Terceiro Setor, como, por exemplo, em discussões sobre a exigência do Certificado de Entidade Beneficente de Assistência Social (CEBAS): "Vale destacar que qualquer lógica de certificação é, por conceito, restritiva. O legislador que define previamente os critérios para a concessão de um certificado dificilmente é capaz de prever todas as situações possíveis em um ambiente diversificado como o Terceiro Setor, de modo a contemplá-las adequadamente na norma com os requisitos para certificação. E muito menos imaginar todas as inovações e mudanças que podem ocorrer no futuro em relação às formas de atuação em prol do público necessitado e que não estejam contempladas nas regras que foram concebidas para a situação do momento presente" (MELO, 2020b).

13 "Cabe ressaltar que a ampliação regulatória, característica de um Estado intervencionista, pode produzir o que se conhece como "falha de governo",

diferente mesmo quando a elaboração das regras é feita pelo próprio Estado[14]. Esse risco de problemas aumenta potencialmente se não houver o uso de ferramentas técnicas adequadas para compreensão da demanda e definição dos mecanismos a serem utilizados para alcance dos objetivos adequados[15]. Isso envolve inclusive a intensidade da intervenção estatal nas

---

gerando alguns problemas que merecem atenção: a instituição de um "Estado babá" que age restringindo a liberdade dos indivíduos, estabelecendo uma relação paternalista entre o poder público e determinados grupos sociais; a captura da regulação pelos agentes econômicos regulados, em prejuízo dos cidadãos, afetando principalmente os consumidores, que se veem premidos pela formação de monopólios ou pela péssima qualidade dos serviços prestados; e a impossibilidade da execução de atividades econômicas em razão do grande número de restrições por parte do Estado, o que favorece a concentração de mercado, inibindo a concorrência e as atividades inovadoras, tão essenciais para o desenvolvimento econômico na modernidade. Por esse motivo, torna-se útil estabelecer um ponto de equilíbrio, que admita a intervenção pública apenas no sentido de zelar pelas regras de concorrência, não criando normas em excesso, demonstrando claramente os objetivos, as ações, os resultados e os impactos na sociedade, sobre a ótica do custo-benefício da política regulatória" (CAÇAPIETRA; MIRANDA, 2017, p. 42).

14 "A regulação [...] se utilizada de modo arbitrário e desproporcional, pode gerar efeitos nocivos substanciais aos mercados e à sociedade como um todo, tais como: aumento do preço dos produtos ou serviços, queda de investimentos, barreiras à entrada, barreiras à inovação, altos custos de conformidade ao setor regulado, aumento dos riscos e distorções de mercado. Além disso, a regulação também impõe custos de fiscalização e monitoramento ao regulador. Assim, ela só deve ser criada quando sua existência é justificada". (BRASIL, 2018, p. 21 e 22)

15 "Reconhecendo os custos e consequências da má regulação, a maior parte dos países desenvolvidos tem dirigido esforços, desde o início da década de 90, à implementação de mecanismos e ferramentas para promover a melhoria da qualidade e do desempenho regulatório. A Organização para a Cooperação e Desenvolvimento Econômico – OCDE tem dedicado atenção ao estudo e registro do tema. No documento Recomendação sobre Melhoria da Qualidade Regulatória (OECD Recommendationon Improving the Quality of Government Regulation), a Organização propõe um roteiro segundo o qual a boa regulação deve: • buscar resolver problemas e alcançar metas claramente definidas e ser eficaz na consecução desses objetivos; • ser fundamentada em evidências e proporcional ao problema identificado; • estar fundamentada em uma base legal sólida; • produzir benefícios que justifiquem os custos; • considerar a distribuição dos seus efeitos entre os diferentes atores e grupos; •

atividades, porque regulação em excesso é tão ruim quanto sua falta onde seja de fato necessária[16].

Além da AIR, a legislação de liberdade econômica também indica um segundo instrumento gerencial, chamado de avaliação de resultado regulatório (ARR). Encontra-se previsto no Decreto 10.411/20 e consiste na verificação dos efeitos decorrentes da edição de ato normativo, considerados o alcance dos objetivos originalmente pretendidos e os demais impactos observados sobre o setor regulado e a sociedade, em decorrência de sua implementação. Importante notar que essa medida é tão relevante quanto o próprio AIR, uma vez que não será possível gerir efetivamente os mecanismos jurídicos se não forem medidos os resultados concretos[17].

---

minimizar os custos administrativos e eventuais distorções de mercado resultantes de sua implementação; • ser clara e compreensível aos regulados e usuários; • ser consistente com outros regulamentos e políticas; • ser elaborada de modo transparente, com procedimentos adequados para a manifestação efetiva e tempestiva de atores e grupos interessados; e • considerar os incentivos e mecanismos para alcançar os efeitos desejados, incluindo estratégias de implementação que potencializem seus resultados. [...] Em muitos casos, as decisões regulatórias são tomadas a partir de informações limitadas e sem considerar de forma adequada quais grupos serão afetados e de que modo. A AIR busca modificar esta prática. A mera identificação de um problema não é justificativa para a intervenção governamental". (BRASIL, 2018, p. 22)

16 "A AIR não deve ser entendida como uma mera comparação entre alternativas de intervenção. Antes disso, a AIR deve buscar entender a natureza e a magnitude do problema regulatório, definir quais os objetivos pretendidos pelo regulador e analisar se algum tipo de intervenção é de fato necessária. Somente após esta reflexão inicial, parte-se para a identificação e análise de possíveis alternativas de ação, de modo a permitir que a melhor escolha possível seja feita. Após o exame de todas as informações e considerações relevantes, a AIR pode inclusive indicar que não regular é a melhor alternativa possível. [...] A análise dos impactos de cada alternativa deve ter sempre como referência a opção de não ação, ou seja, os impactos devem ser qualificados ou quantificados como um ganho ou custo líquido com relação ao cenário de inação por parte da agência, órgão ou entidade. A opção de não ação representa não somente uma fotografia atual do problema, mas deve ser entendida de forma dinâmica, levando-se em conta projeções futuras da evolução do problema e suas repercussões, inclusive a possibilidade de que ele seja resolvido ou minimizado por outros fatores não relacionados às alternativas sob análise". (BRASIL, 2018, p. 22 e 53)

17 "O sucesso da ação implementada deve ser verificado mediante a comparação dos resultados observados com as metas previamente definidas. Para tanto, é

No contexto das OSCs, o uso da AIR e da ARR pode se mostrar bastante interessante, porque propõem uma metodologia técnica para a análise que vai preceder a elaboração da norma (ou a conclusão de que o melhor seria não criar norma alguma no caso e dar mais liberdade à atuação dos particulares), bem como, posteriormente, medir os impactos daquela regulação. Isso é bastante compatível com o funcionamento das entidades do Terceiro Setor, especialmente porque, há algum tempo, tem-se notado que é necessário definir as ações das organizações da sociedade civil a partir de uma visão gerencial, baseada na eficiência. Tal perspectiva pode ser percebida inclusive na legislação que rege vários tipos de parceria entre as OSCs e o Poder Público. Desde o surgimento das primeiras Leis de OS (organizações sociais) e OSCIPs (organizações da sociedade civil de interesse público), na década de 1990, há uma tentativa de mudança de foco, passando de um controle burocrático das relações entre Primeiro e Terceiro Setores[18] para um monitoramento lastreado na busca de resultados. Essa visão se manifestou também na Lei 13.204/15, que reformou o Marco Regulatório das Organizações da Sociedade Civil – MROSC (Lei 13.019/14) e reforçou a eficiência como um dos princípios balizadores das parcerias entre as OSCs e o Poder Público[19]. Além disso, essa legislação determina que tais ações, destinadas a implementar medidas de interesse social, devem conter obrigatoriamente

necessário que sejam elaborados indicadores capazes de mensurar se estas metas estão sendo atingidas. Existem diferentes categorias de indicadores que podem ser utilizados: indicadores de eficiência, de eficácia, de processo, de impacto, indicadores de atraso, dentre outros. A definição deve ser feita caso a caso, a depender do tipo de ação a ser monitorada, dos objetivos e das metas definidas. Entretanto, sempre que possível, os indicadores devem ser expressos de modo quantitativo (valores, percentuais, médias, taxas, índices, etc). Indicadores qualitativos, quando utilizados, devem ser objetivamente verificáveis". (BRASIL, 2018, p. 61)

18 Nesse sentido, diz o Plano Diretor da Reforma do Aparelho do Estado, documento elaborado pelo governo federal na década de 1990: "O modelo burocrático tradicional que a Constituição de 1988 e todo sistema de direito administrativo brasileiro privilegiam, está baseado no formalismo, no excesso de normas e na rigidez de procedimentos [...] a excessiva regulamentação é expressão da ênfase nas normas e processo, e ocorre em detrimento dos resultados". (BRASIL, 1995)

19 Para uma análise dos instrumentos de parceria entre o Primeiro e Terceiro Setores (MELO; CAMPOS, 2019).

um plano de trabalho[20]. Este também se trata de um importante instrumento de gestão, sobretudo porque deve prever as metas e indicadores aplicáveis a cada parceria, elementos essenciais para avaliação dos resultados daquela iniciativa.

Para aplicação efetiva da AIR, deve ser escolhida pelo administrador público a metodologia que se mostre mais adequada para cada caso. O Decreto 10.411/20 apresenta algumas alternativas nesse sentido, a partir de métodos que são usualmente adotados para esse fim pelos países integrantes da Organização para a Cooperação e Desenvolvimento Econômico – OCDE. O "Guia Orientativo Para Elaboração de Análise de Impacto Regulatório (AIR)", elaborado pela Presidência da República (BRASIL, 2018) explica as linhas gerais de cada opção, devendo ser feita a ressalva que poderá ser adotado ainda algum método que não esteja indicado no Decreto 10.411/20, se as condições concretas do caso indicarem que essa seria a melhor opção.

Em relação às alternativas sugeridas no "Guia Orientativo Para Elaboração de Análise de Impacto Regulatório (AIR)" e baseadas na experiência dos membros da OCDE, a primeira opção é a análise multicritério (*Multi-Criteria Analysis*). Neste caso, são definidos os critérios que seriam relevantes no caso, sendo atribuído um peso para cada um deles. Assim, as opções disponíveis de atuação são ponderadas a partir dessa tabulação, permitindo a escolha do caminho mais adequado considerando as referências identificadas como importantes e a pontuação que cada uma receber. Esse método permite trabalhar conjuntamente vários aspectos distintos, como questões sociais, técnicas, econômicas, ambientais e distributivas. Porém, o resultado vai depender das variáveis selecionadas e do peso conferido a cada uma, de modo que eventual subjetividade na escolha desses elementos afetará o resultado.

Já a análise de custo-benefício (*Cost-Benefit Analysis*) trabalha com os valores monetários dos gastos e ganhos a serem alcançados por meio da intervenção, sendo válidas as opções nas quais os primeiros forem inferiores aos segundos. Em que pese ser um método bastante objetivo, ele tem limitações para lidar com questões que não sejam mensuráveis em dinheiro.

A análise de custo-efetividade (*Cost-Effectiveness Analysis*), por sua vez, compara custos monetários com benefícios, o que não se confunde com ganhos econômicos. O objetivo pode ser a cura de doenças, aumento de

---

20 BRASIL Lei 13.019, de 31 de Julho de 2014. Brasília, DF: **Planalto.** Disponível em: http://www.planalto.gov.br/ccivil_03/_ato2011-2014/2014/lei/l13019.htm

expectativa de vida, diminuição de casos de violência, fortalecimento de vínculos familiares, entre diversas outras possibilidades. Tem mais flexibilidade do que o método do custo-benefício no que diz respeito à análise das entregas esperadas, mas pode apresentar limitações quanto à quantificação objetiva dos resultados, bem como avaliar se o custo para seu alcance está adequado.

A análise de custo *(Cost Assessment)* foca na identificação da opção de menor custo para alcance de um certo benefício. Esse método permite analisar a despesa total, considerando inclusive todos os envolvidos (governo, população, empresariado e OSCs), mas não é capaz de analisar adequadamente a escolha entre opções de igual custo e benefícios de natureza distinta.

A análise de risco (*Risk Analysis*) se aplica quando o objetivo é reduzir determinado risco da maneira mais eficiente. Os riscos podem assumir variadas formas, como acidentes em determinada atividade, evasão escolar ou qualquer outro tipo de problema. Porém, em que pese o método ser capaz de apresentar alternativas de solução, ele não avalia os custos para tanto e nem os possíveis reflexos negativos de cada medida em outras áreas.

Por fim, a análise risco-risco (*Risk-Risk Analysis*) trata de forma cruzada os riscos diretos e indiretos afetados por cada medida escolhida. No Terceiro Setor, um dilema que foi enfrentado nesse sentido envolveu a adoção de medidas de isolamento social para prevenção à pandemia de covid, mas que afetaram atendimentos na área de assistência social pelas OSCs. Se a medida para redução dos riscos do Covid implicasse na paralisação dessas atividades, um outro risco que poderia ser impactado negativamente é o aumento da violência doméstica nas famílias que tiverem seu atendimento interrompido, por exemplo[21]. Assim, a análise risco-risco pode ser utilizada em casos de riscos cruzados, inclusive para considerar se o benefício alcançado em relação ao primeiro problema não seria eventualmente anulado pelo incremento do segundo risco. Porém, há uma possível dificuldade nessa mensuração se os problemas envolvidos forem de naturezas muito distintas.

Assim, na escolha da metodologia, é fundamental notar que cada uma delas oferece possibilidades, mas também estão todas sujeitas a limitações. Logo, o uso da AIR configura um trabalho dinâmico de gestão e

---

21 Sobre a importância da manutenção das parcerias com o Terceiro Setor durante a pandemia do coronavírus, vide (MELO, 2020a).

planejamento, sempre considerando os detalhes de cada situação. De toda forma, mesmo diante de eventuais limites, o uso dessas técnicas é importante para uma atuação mais eficiente, inclusive em relação a questões envolvendo entidades privadas sem fins lucrativos, que muitas vezes se relacionam com o Poder Público em ações de interesse social.

4 CONCLUSÕES

O objetivo do presente texto foi demonstrar que a legislação de liberdade econômica apresenta instrumentos que podem ser utilizados pelo Poder Público nos casos em que elabora normais aplicáveis ao Terceiro Setor. O uso desses mecanismos gerenciais e a percepção que qualquer trabalho de regulação/normatização implica em custos e impactos nos resultados (nem sempre positivos), é fundamental para a sequência da consolidação de uma visão focada na eficiência em relação às regras incidentes sobre o trabalho das OSCs[22].

Historicamente, há diversos casos registrados de problemas relacionados a normas criadas para serem aplicadas sobre o Terceiro Setor e que se mostraram ineficientes ou até mesmo prejudiciais ao interesse público. E é importante notar que nem sempre isso é responsabilidade exclusiva do Poder Executivo, a quem cabe legalmente um poder de regulação. Várias das regras que podem ser identificadas como problemáticas tiveram iniciativa ou participação do Poder Legislativo, sendo até mesmo consolidadas em leis em diversos casos.

Um exemplo nesse sentido é a exigência, prevista na legislação de OS e contratos de gestão de Minas Gerais (Lei estadual 23.081/18), de que "para a aquisição de bens, serviços e obras, a OS observará os valores máximos registrados nas Atas de Registro de Preço firmadas pelo Estado ou pelo ente contratante"[23]. O Decreto estadual 47.553/18, ao regulamentar essa regra, determinou que o órgão estatal parceiro (OEP) deve

22 "Diante do que foi exposto, existe a necessidade de institucionalização não apenas da AIR, mas da lógica consequencialista, que trata da eficiência e da eficácia na aplicação dos recursos públicos e de certa forma da interpretação do próprio direito, ainda muito arraigado em argumentos abstratos que não mensuram os impactos das decisões, fato extremamente grave dentro de um cenário de recursos cada vez mais escassos". (CAÇAPIETRA; MIRANDA, 2017, p. 54)

23 Art. 65, § 11 da lei estadual MG 23.081/18

"encaminhar, mensalmente, à OS tabela contendo os valores máximos de bens permanentes, serviços e obras registrados nas Atas de Registro de Preço que estejam em acompanhamento e cujo OEP seja participante". Caso o objeto da demanda, devidamente especificado, não esteja registrado em nenhuma dessas atas, a legislação determina que a OS/MG solicite ao OEP, para que se "verifique se existe item com mesmas especificações técnicas em atas registradas por outros órgãos e entidades de administração pública estadual". Somente após essa verificação é que a OS estará liberada para dar sequência na demanda de contratação utilizando os meios usualmente previstos para esse tipo de contratação em parcerias entre o Primeiro e Terceiro Setor: uso de um Regulamento de Compras e Contratações (previamente aprovado pelo Estado), com procedimentos como coleta de orçamentos e mecanismos similares, que respeitem os princípios da Administração Pública cabíveis, como publicidade, moralidade e impessoalidade[24].

O problema aqui é que a experiência mostra que, na grande maioria dos casos, nunca se encontra registro da especificação necessária do bem ou serviço nas atas do Estado. Assim, a OS sempre acaba executando os procedimentos normais de coleta de preços junto a fornecedores, publicação de editais e instrumentos similares, mas apenas depois de ser realizada não apenas uma, mas duas pesquisas sobre as atas de registro de preços em cada caso (uma primeira, no âmbito do próprio órgão estatal parceiro e, caso essa verificação dê resultado vazio, uma segunda pesquisa agora em todas as atas de registro de preço feitas pela Administração Pública Estadual). O procedimento é antieconômico, porque demanda trabalho tanto de servidores públicos (que são consultados para responder) quanto de funcionários da OS (que são legalmente obrigados a provocar formalmente os servidores) para uma situação que, via de regra, sempre redunda na conclusão de que não há licitação/registro de preço anterior que atenda à especificação do objeto[25].

---

24 Arts. 40 e 41 do decreto estadual MG 47.553/18

25 Este autor (que em 2020 já contava com 15 anos de advocacia para organizações da sociedade civil) pode testemunhar que nunca verificou sequer uma única demanda desse tipo que conseguiu aproveitar alguma ata de registro de preço junto a licitações do Estado. Em função das especificidades das contratações, todas as consultas desse tipo tiveram resultado negativo e foram resolvidas por meio dos procedimentos tradicionais usualmente previstos na legislação de parcerias: coleta de orçamentos e outros mecanismos similares que respeitem os princípios da Administração Pública cabíveis, como publicidade,

Na verdade, tal situação seria até previsível, caso o legislador tivesse considerado a enorme gama de especificidades que estão presentes na execução de parcerias entre o Poder Público e o Terceiro Setor. Mas a falta de cultura do uso de instrumentos técnicos de gestão para elaboração de normas (seja pelo Legislativo, seja pelo Executivo) propiciam o surgimento desse tipo de situação problemática.

Outro exemplos que podem ser invocados na mesma linha são a regulamentação da Lei Aldir Blanc (que deveria disponibilizar auxílios emergenciais para entidades e profissionais da área cultural, em função do coronavírus; a complexidade e lentidão da regulamentação federal sobre o mecanismo geraram um atraso de cerca de cinco meses para a liberação de recursos que deveriam ser emergenciais, podendo causar até mesmo a perda desses valores)[26] e a Lei 14.027/20, que obriga as OSCs a fazerem um procedimento de autorização prévia, junto ao Governo Federal, para realização de sorteios (cujo problema maior está no fato de que qualquer sorteio, independentemente do valor, em tese deve ser precedido desse procedimento; considerando que grande parte das organizações utiliza rifas e outros mecanismos de menor porte para captação de recursos, a norma é claramente antieconômica e ineficiente nesse âmbito)[27], para ficarmos apenas em mais dois casos, relacionados ao Terceiro Setor, cujos problemas de eficiência e economicidade poderiam ser evitados se a elaboração das normas tivesse sido precedida de uma avaliação técnica consistente.

A conclusão que se chega é que é extremamente necessário que essa visão de análise e medição dos impactos gerados pelo trabalho estatal de normatização (a princípio concebida com foco em regulação de mercados e exercício de atividades econômicas em geral) seja estendida às questões referentes ao Terceiro Setor, inclusive nos casos de parcerias com o Poder Público. O uso dessas técnicas pode colaborar imensamente na execução de ações de interesse social, com efeitos positivos nos campos da economicidade e eficiência[28].

---

moralidade e impessoalidade. Porém, até ser legalmente possível para o OS executar esse procedimento, já houve perda de tempo e dinheiro com o trabalho de funcionários privados e servidores públicos.

26 (MELO, 2020c e MELO, 2020d).

27 Vide MELO, 2020e.

28 "A aproximação entre direito e economia é desejável não só porque torna a avaliação mais descomplicada, mas também porque ajuda a compreender a verdadeira influência das normas jurídicas sobre o comportamento dos

REFERÊNCIAS

ARAGÃO, Alexandre Santos de. Regulação da Economia: conceito e características contemporâneas. **Revista de Direito da Associação dos Procuradores do Novo Estado do Rio de Janeiro.** vol. XI. Lumen Juris: Rio de Janeiro, 2002.

BRASIL. ***Plano Diretor da Reforma do Aparelho do Estado.*** *Brasília, 1995.*

BRASIL. **Diretrizes Gerais e Guia Orientativo para Elaboração de Análise de Impacto Regulatório – AIR.** Subchefia de Análise e Acompanhamento de Políticas Governamentais [et al.]. Brasília: Presidência da República, 2018.

CAÇAPIETRA, Ricardo dos Santos; MIRANDA, Ana Amélia Barros. Regulação Econômica Estatal: a análise de impacto regulatório (AIR) como instrumento de avaliação da eficiência. **Revista de Direito Administrativo e Gestão Pública.** vol. 3, 2. Florianópolis: Conselho Nacional de Pesquisa e Pós-graduação em Direito (CONPEDI), 2017.

FERNANDES, Almir Garcia; SCHMIDT, Lélio Denícoli; MAYER, Rogério. Marcas de Alto Renome e Marcas Notoriamente Conhecidas à Luz do Princípio da Livre Concorrência. **Revista da ABPI.** 133. São Paulo: ABPI, 2014.

FONIF. **A Contrapartida do Setor Filantrópico para o Brasil.** S.d Disponível em: http://materiais.fonif.org.br/pesquisa_sobre_filantropia_no_brasil.

LEOPOLDINO DA FONSECA, João Bosco. **Direito Econômico.** 6ª ed. Rio de Janeiro: Forense, 2010.

MELO, Renato Dolabella; CAMPOS, Mariana M. A. S. A Execução de Políticas Públicas por Meio de Parcerias com o Terceiro Setor. In: LEÃO, Simone Letícia Severo e Sousa Dabés e RIBEIRO, Luiz Gustavo Gonçalves. (Org.). **Temas de Direito Contemporâneo.** Belo Horizonte: Del Rey, 2019.

MELO, Renato Dolabella. **Coronavírus e o terceiro setor: necessidade de manutenção das parcerias e projetos.** Informativo Migalhas. 2020. Disponível em: https://migalhas.uol.com.br/depeso/322440/coronavirus-e-o-terceiro-setor--necessidade-de-manutencao-das-parcerias-e-projetos.

MELO, Renato Dolabella. **Imunidade tributária de contribuições sociais para organizações da sociedade civil de educação e assistência social:** Novo entendimento após o julgamento da ADIn 4.480 (27.03.20) e a publicação dos embargos no RE 566.662 (**08.05.20**). Informativo Migalhas. 2020b. Disponível em: https://migalhas.uol.com.br/depeso/327646/imunidade-tributaria-de-contribuicoes-sociais-para-organizacoes-da-sociedade-civil-de-educacao-e-assistencia-social-novo-entendimento-apos-o-julgamento-da-adi-4480-27-3-20-e-a-publicacao-dos-embargos-no-re-566662-8?U=7CEC2EB77E99&utm_source=informativo&utm_medium=1069&utm_campaign=1069

---

indivíduos e dos grupos de interesse, auxiliando no momento da tomada de decisão sobre uma política pública ou mesmo na fundamentação de uma decisão judicial". (CAÇAPIETRA; MIRANDA, 2017, p. 49)

MELO, Renato Dolabella. **A regulamentação da Lei Aldir Blanc para o Setor Cultural (decreto 10.464/20):** Solução ou problema? 2020. Disponível em https://migalhas.uol.com.br/depeso/332224/a-regulamentacao-da-lei-aldir-blanc-para-o-setor-cultural--decreto-10-464-20---solucao-ou-problema.

MELO, Renato Dolabella. **Nova regulamentação da Lei Aldir Blanc para o setor cultural (decreto 10.489/20)**: Novo capítulo de uma longa novela. 2020. Disponível em: https://migalhas.uol.com.br/depeso/333634/nova-regulamentacao-da-lei-aldir-blanc-para-o-setor-cultural--decreto-10-489-20---novo-capitulo-de-uma-longa-novela.

MELO, Renato Dolabella. **Obrigatoriedade de autorização prévia para realização de sorteios por organizações da sociedade civil**: A lei 14.027, de 20 de julho de 2020. Disponível em: https://migalhas.uol.com.br/depeso/331022/obrigatoriedade-de-autorizacao-previa-para-realizacao-de-sorteios-por-organizacoes-da-sociedade-civil--a-lei-14-027--de-20-de-julho-de-2020.

POSNER, Richard A. ***Economic Analysis of Law.*** 7ª ed. Boston: Little, *Brown and Company*, 2007.

PARTE 3

O OLHAR ECONÔMICO DA IMPLEMENTAÇÃO DAS REGRAS DE LIBERDADE ECONÔMICA NO BRASIL

Capítulo 11

A TEORIA ECONÔMICA E A LEI DE LIBERDADE ECONÔMICA BRASILEIRA

Hermano Caixeta Ibrahim

Sumário: 1 Introdução 2 Teorias econômicas e suas políticas. 3 Teoria Microeconômica e a Lei de Liberdade Econômica. 4. Conclusão. Referências.

Resumo: O presente trabalho fundamenta a Lei de Liberdade Econômica à luz da Teoria Neoclássica, apresentando suas hipóteses, pressupostos e postulados, bem como o desdobramento da teoria em leis e propostas de condução da política econômica. A revisão bibliográfica dos principais pensadores da literatura econômica e a conjuntura histórica de suas respectivas contribuições salientam o caráter dinâmico da teoria econômica e as diferentes orientações políticas ao longo do tempo. No caso específico, a fundamentação microeconômica da Lei de liberdade econômica revela tanto seus pressupostos teóricos como suas expectativas empíricas, as quais merecerão uma análise qualitativa e quantitativa posteriormente. A conclusão aponta para aspectos microeconômicos que também precisam de ser considerados para a promoção do crescimento econômico.

Palavras-chave: Teoria Econômica, Microeconomia, Eficiência, Lei de Liberdade Econômica

Abstract: The present work bases the Law of Economic Freedom in the light of the Neoclassical Theory, presenting its hypotheses, assumptions and postulates, as well as the unfolding of the theory in laws and proposals for conducting economic policy. The bibliographic review of the mainsream thinkers of economic literature and the historical context of their respective contributions highlight the dynamic character of economic theory and the different political orientations over time. In the specific case, the microeconomic foundation of the Economic Freedom Act reveals both its theoretical assumptions and its empirical expectations, which will later merit a qualitative and quantitative analysis. The conclusion points to microeconomic aspects that also need to be considered for the promotion of economic growth.

Keyword: Economic Theory, Microeconomics, Efficiency, Economic Freedom Law

1 INTRODUÇÃO

Desde sua origem a Ciência Econômica se concentra em desenvolver metodologias e teorias que possam mensurar e explicar a atividade econômica. Não obstante, essa ciência também se propõe a oferecer um arcabouço teórico e empírico para orientar a condução das políticas econômicas, sejam elas macroeconômicas (fiscal, cambial, monetária, etc.) ou microeconômicas (regulação, tributação, produtiva). Em relação à Lei 13.874, de 20 de setembro de 2019 que institui o Declaração de Direitos de Liberdade Econômica e estabelece garantias de livre mercado evidencia a forte influência das bases teóricas da teoria neoclássica. O objetivo é evidenciar o respaldo teórico da teoria microeconômica, destacando também as a dificuldade de se alcançar a livre definição de preços de bens e serviços em mercados e em uma sociedade em que os agentes econômicos não tenham comportamento estritamente racional.

Ao longo da história, várias foram as teorias econômicas que se destacaram pela sua proposta de explicação da realidade e pelo impacto direto na sociedade através das políticas econômicas. Ao analisar e descrever o funcionamento da economia mercantilista e pré-capitalista, Adam Smith (1723-1790), um dos autores clássicos da literatura econômica, fundamentou o papel da expansão e liberdade dos mercados no avanço econômico durante os séculos XVI e XVII. David Ricardo (1772 – 1823), outro autor clássico da literatura econômica, ao vislumbrar o papel do comercio internacional no crescimento dos países europeus no século XVIII, desenvolveu a Teoria das Vantagens Comparativas orientando os países a se especializarem em produção de mercadorias específicas e intensificarem o comércio mundial. Por sua vez, Karl Marx (1818 – 1883), conviveu com a explosão da economia industrial europeia e o respectivo impacto do nascimento do capitalismo industrial nas relações sociais. A velocidade e a intensidade conferida pelo processo de industrialização, urbanização e precarização das condições de trabalho nas cidades europeias encontrou nas obras do intelectual alemão as origens e características do então nascente modo de produção capitalista. Com a utilização majoritariamente dos métodos histórico-dedutivo e materialismo-dialético tais autores podem ser considerados os pilares do pensamento clássico da literatura econômica.

Contudo, com o avançar tecnológico da economia capitalista industrial, o crescente impacto das Ciências Exatas no estilo de vida urbano e nas atividades econômicas incitou à adoção do método hipotético-dedutivo nas Ciências Econômicas a partir da chamada Teoria Marginalista, atribuída principalmente à William Stanley Jevons (1877) e Leon Walras (1874). A proposição de hipóteses lógico-matemática permitiu à essa teoria propor modelos de comportamento gerais e previsíveis de equilíbrio geral dos mercados.

Essa literatura está atrelada a boa parte do desenvolvimento industrial do século XIX baseada na capacidade dos agentes econômicos racionais equilibrarem os mercados. Contudo, apesar do crescimento econômico do período, a oligopolização dos mercados, o aumento do impacto da vulnerabilidade financeira no setor produtivo e as recorrentes crises do sistema capitalista culminaram com a revisão do papel do Estado propostos por John Maynard Keynes em 1836.

A maior atuação estatal na suavização das crises de acumulação ao longo do século XX levariam a chama "época de ouro" do capitalismo moderno até o final da década de 1980. Na América Latina, essa teoria tomaria corpo através do Estruturalismo Latinoamericano e sua orientação nas políticas industrializantes das economias periféricas. Essa corrente é centrada na explicação do subdesenvolvimento dos países latinos-americanos por meio dos problemas de estrutura existentes no âmbito econômico, político, cultural e social. Metodologicamente, o estruturalismo latino-americano tem, em sua base, tanto o método denominado "hipotético-dedutivo", como o "histórico-estrutural". Uma ordenação analítica lógico-dedutiva de certas hipóteses inter-relacionadas sobre comportamentos (empresários, trabalhadores, consumidores, grupos sociais, políticos) a fim de demonstrar sua compatibilidade expressa em resultado definido e logicamente consistente: a continuidade do subdesenvolvimento (RODRIGUEZ, 2009)

No final da década de 1980, a implementação do "Novo Consenso Macroeconômico" baseado no retorno do conceito de expectativas racionais foi acompanhado pela liberalização de capitais e o rápido aprofundamento da globalização financeira, acentuando seu caráter especulativo e caracterizando o processo de financeirização[1]. Resgatando a metodologia marginalista, o receituário liberal retomou ao centro do debate teórico passando a defender a autorregulação dos mercados com base na taxa de desemprego não aceleradora da inflação, ou a NAIRU (*non-accelerating inflation rate of unemployment*). Esse receituário se tornou o *mainstream* das políticas econômicas a partir dos anos 1990, orientando uma menor intervenção do governo e um enfraquecimento do poder de negociação dos trabalhadores. Nos

[1] A partir de meados dos anos 1970, o capitalismo ingressa numa fase em que a valorização financeira aumenta sua participação e passa a comandar o processo de acumulação. As sucessivas crises financeiras de escala internacional assistida nos últimos trinta anos e o aumento da participação dos ativos financeiros no PIB mundial confirmam as teses da financeirização do capitalismo (PAULANI, 2013),

modelos neoclássicos de crescimento econômico, a redução dos salários reais e a melhora na rentabilidade das empresas levam a um aumento dos lucros e do investimento, diminuindo o desemprego e melhorando o desempenho macroeconômico. Consequentemente, qualquer tentativa do governo para promover o emprego acima da taxa de desemprego não aceleradora da inflação (ou NAIRU) levará à aceleração do aumento no nível geral de preço e ao não crescimento do emprego.

Por essa perspectiva, a recente dominância do debate público pela Teoria Neoclássica fornece boa parte da fundamentação teórica da Lei de Liberdade Econômica, revelando as hipóteses, pressupostos e postulados, bem como a orientação teórica para a condução das políticas econômicas. A fundamentação microeconômica da Lei de liberdade econômica contempla tanto seus pressupostos teóricos como suas expectativas empíricas, as quais merecerão uma análise posterior. Contudo, apesar de ser a corrente dominante, a Ciência Econômica é feita por um intenso debate acadêmico e empírico de outras correntes que avaliam a atividade econômica no ambiente micro. Dessa forma, o trabalho conclui apresentando uma crítica e um balanço sobre as expectativas quanto a respectiva lei.

A segunda seção do capítulo se dedica a uma rápida revisão bibliográfica sobre os principais pensadores da literatura econômica e sua conjuntura. O objetivo é realçar a influência que cada corrente teórica teve em determinado momento histórico desde o século XVIII. Ademais, analisando a evolução do pensamento econômico é possível contextualizar o surgimento da teoria neoclássica, sua proposta metodológica e como esse pensamento se tornou a corrente convencional (*mainstream*) entre os formuladores de políticas econômicas desde a década de 1980.

Na terceira seção o trabalho foca na Teoria Marginalista e sua relação com a Lei de liberdade econômica. Para tanto é apresentado os postulados e hipóteses básicas da microeconomia como forma explicar os conceitos reiterados no texto da respectiva lei. Essa relação permite compreender quais são as bases da teoria econômica que fundamentam a lei e entender quais as expectativas relacionadas às propostas. Além de evidenciar o viés teórico da Lei de Liberdade Econômica, essa seção também traz críticas à visão neoclássica oriundas da literatura neoschumpeteriana e institucionalista, bem como suas discordâncias e propostas de incentivo produtivo.

Após contextualizar a dominância atual do pensamento liberal e entender seus desdobramentos em forma de políticas econômicas, o trabalho conclui na última seção apresentando um balanço teórico e sugestões de estudos empíricos posteriores que captem a efetividade da Lei de liberdade econômica

2 AS TEORIAS ECONÔMICAS E SUAS POLÍTICAS

Boa parte dos estudos nas Ciências Econômicas se concentram em dois objetivos gerais, entender e direcionar a produção e distribuição de riqueza na sociedade conforme determinada teoria e metodologia. Em um dos primeiros clássicos da literatura econômica, "Uma Investigação sobre a Natureza e as Causas da Riqueza das Nações" de 1776, Adam Smith apresenta sua teoria do valor a partir dos seus componentes: lucro, salário e renda. Mais à frente, no trabalho clássico de David Ricardo, "Princípios da Economia Política e Tributação" de 1817, o autor acrescenta o papel da escassez e do ganho marginal decrescente de produtividade na determinação do valor e da distribuição de riqueza entre os proprietários de terra, donos de capital e trabalhadores). Seguindo a linha de autores clássicos da ciência econômica, Karl Marx rompe com a teoria de valor de Smith e Ricardo ao apresentar em "O Capital" de 1867 sua própria teoria do valor-trabalho a partir dos conceitos de produção e expropriação da mais-valia dos trabalhadores pela classe capitalista. Nessa primeira fase, as três teorias clássicas usaram essencialmente o método histórico-dedutivo e o histórico-dialético, condicionados, dessa forma, à temporariedade de seus pensadores. Suas teorias seriam responsáveis por explicar a origem e a formação das atividades econômicas mercantilistas, pré-industriais e industriais. Porém, com o avançar tecnológico imposto pela revolução industrial e a crescente contribuição das ciências exatas nesse desenvolvimento, as Ciências Econômicas passaram a se aproximar do método hipotético-dedutivo para propor "leis gerais" de funcionamento da economia.

A "Revolução Marginalista" pode ser considerada a segunda fase da literatura econômica. Suas origens remontam à obra clássica de Stuart Mill, "Princípios da Economia Política" de 1848, no qual o autor apresenta o conceito de *homo economicus* capaz de balizar todas as decisões dos indivíduos e superar seu caráter impreciso. Contudo, a chamada "Revolução Marginalista" ocorreria somente no início dos anos 1870 a partir de uma disseminação do método hipotético-dedutivo e de sua pretensa capacidade lógico-dedutiva de promover a "matematização" do comportamento dos agentes da atividade econômica. A Teoria Marginalista tomaria proeminência no debate a partir dos trabalhos de William Stanley Jevons (1871) e Leon Walras (1874) e a aproximação da Ciência Econômica das Ciências Exatas a partir da adoção de postulados lógico-matemáticos e de modelos racionais, gerais e previsíveis de tomada de decisão dos indivíduos. Essa teoria trouxe uma reinterpretação matemática dos conceitos econômicos desenvolvidos principalmente por Smith e Ricardo mostrando que se as tomadas de decisões dos agentes econômicos são racionais e feitas em um mercado perfeitamente competitivo a economia operará em um ponto ótimo de equilíbrio entre as curvas de oferta e demanda.

As leis gerais de funcionamento da atividade econômica proposta pela Teoria Marginalista respaldariam boa parte do crescimento econômico oriundo da revolução capitalista nas economias centrais (Europa e EUA) e a promoção do liberalismo econômicos entre as nações economicamente avançada até o início da década de 1920. Todavia, o intenso processo de crescimento industrial pelo qual as economias centrais haviam passado ao longo do século XIX foi acompanhado de recorrentes crises de super produção que desencadearam a Grande Econômica Crise de 1929. Entendendo como "desequilíbrios momentâneos dos mercados", as políticas liberais, baseadas na teoria marginalista e no seu método hipotético-dedeutivo, acabaram por gerar um cenário oposto do que os pressupostos microeconômicos ao provocar uma intensa oligopolização dos mercados e aumento da influência e da volatilidade do capital financeiro na atividade produtiva.

No Brasil, após o longo período colonial de submissão à política mercantilista de Portugal em que o país serviu basicamente como renda da terra para a metrópole europeia, a Constituição de 1824 permitiu ao Imperador D. Pedro I expandir a capacidade de produção e exportação de produtos primários à medida que consolidava seu poder e as fronteiras brasileiras. Nesse processo, a inserção definitiva e autônoma do país no comércio internacional a partir da especialização na produção de café, principalmente durante o segundo reinado (1840 – 1889), encontra respaldo teórico na chamada "Teoria das Vantagens Comparativas", apresentada por David Ricardo (1817). Nela o autor explica que a produtividade geral da economia mundial será maior se cada país, estado ou região especializar-se na produção de um determinado bem, diminuindo custos e aumentando a eficiência de modo a ofertá-los no comércio internacional benéfico a todos. Dessa forma, durante o período imperial, o aumento exponencial das fronteiras agrícolas e a consolidação do Brasil como uma economia cafeeira permitiu ao país participar e se beneficiar do comércio internacional.

A "Constituição Imperial" (1824 – 1889) foi então substituída pela primeira Constituição da República Brasileira em 1881. O banimento do Poder Moderador, bem como a exclusão de todos os privilégios de nascimento e títulos honoríficos veio inserir finalmente os direitos e as garantias individuais junto com as ideais liberais da teoria econômica marginalista. Não obstante, a organização da nação sobre a forma de federação garantiu a autonomia dos entes federados para definir suas respectivas políticas tributárias, especialmente às relacionadas à exportação de café, permitindo uma maior expansão da atividade comercial e o início da chamada era da "Política do Café com Leite". Ademais, durante a República Oligárquica (1889 – 1930), a autonomia dos estados na condução das políticas econômicas permitiu a condução de políticas migratórias e de expansão da malha ferroviária necessárias para o aumento da produção e da produtividade da atividade cafeeira.

Nesse período, o desequilíbrio de mercado gerado pela dominância brasileira no mercado internacional de café acabou por garantir ao Brasil um poder de monopólio sobre o preço do produto. Em 1960, o Convênio de Taubaté veio garantir instrumentos para que os cafeicultores brasileiros produzissem e vendessem acima do equilíbrio de mercado através do controle de preço e da política de recompra do governo dos excedentes não comercializados a um preço mínimo. Contudo, os desequilíbrios gerados pela oligopolização dos mercados conduziram a economia mundial para recorrentes crises de superprodução e no Brasil não seria diferente com sua economia majoritariamente cafeeira do início do século XX

A profundidade da crise econômica desencadeada com a quebra da bolsa de Nova Iorque em 1929 revelou um sistema econômico caracterizado pelo acúmulo de capital produtivo inoperante, alta volatilidade dos investimentos financeiros, falta de demanda efetiva para consumir a produção e os estoques existentes combinados com uma elevada e estável taxa de desemprego. Perante essa realidade John Maynard Keynes publicou seu livro "A Teoria do Emprego, do Juro e da Moeda" em 1936 apresentando sua Teoria da Demanda Agregada em uma economia monetária da produção. A partir dos conceitos marginalistas e de seu próprio método hipotético-dedutivo, Keynes (1936) refuta a ideia de tendência ao equilíbrio de mercado e o pleno emprego das forças produtivas a partir dos impactos da incerteza sobre o investimento e seus desdobramentos sobre a demanda por moeda e juros. Segundo o autor, desde que a economia opere através da circulação monetária, a demanda de moeda pelo motivo precaução retira do sistema econômico parte do capital em troca de uma remuneração futura proveniente da taxa básica de juros. Dessa forma, em uma economia monetária da produção, o Estado teria a capacidade suavizar os ciclos de expansão e contração da atividade econômica através das políticas econômicas (fiscal, monetária e cambial) e seus respectivos impactos sobre as variáveis da demanda agregada (consumo, investimento, exportações e importações).

A capacidade de explicação da realidade da década de 1930 e a retomada do crescimento econômico mundial propiciada pela Teoria da Demanda Efetiva de Keynes permitiu ao capitalismo mundial entrar em um novo ciclo de acumulação e avanço tecnológico durante boa parte do século XX. A partir da influência da teoria keynesiana, bem como de outros autores não-marginalistas, o estruturalismo latino-americano também desenvolveu uma metodologia e teoria que fundamentou uma série de ações governamentais em prol do crescimento e desenvolvimento econômico na região ao longo do século XX. A relação centro-periferia, bem como seus desdobramentos sobre o balanço de pagamento, evidenciava a necessidade de adaptar as importações à capacidade de pagamento conferida pelas exportações brasileira. Para tanto, era necessário diminuir sua elasticidade-renda da demanda por importações, modificando sua estrutura produtiva através da industrialização. Ademais, caberia ao Estado criar condições propícias para o investimento, garantindo investimento estratégicos necessárias e fomentando a mudança da trajetória tecnológica em direção de estrutura produtiva mais dinâmica e menos concentradora de renda, evitando o desperdício de capacidade instalada e incentivando a concorrência entre os setores. No que tange a taxa de câmbio e o comércio internacional, as políticas econômicas precisavam depreciar a moeda nacional para incentivar a produção de bens industriais, limitar a importação dos bens supérfluos e promover a complementariedade entre e dentro dos setores produtivos, revertendo a especialização produtiva. Não suficiente, as orientações também permeavam a necessidade de política fiscal que promovesse a redistribuição de renda em favor dos salários através de reformas estruturais (agrária, financeira, tributária, educacional, cultural)

Contudo, a partir da década de 1980, observa-se uma retomada do pensamento marginalista a partir da escola neoclássica e sua defesa da autorregulação dos mercados com base na taxa de desemprego não aceleradora da inflação, ou a NAIRU (*non-accelerating inflation rate of unemployment*). Esse receituário se tornou o *mainstream* das políticas econômicas a partir dos anos 1980, orientando novamente uma menor intervenção do governo e um enfraquecimento do poder de negociação dos trabalhadores. Desde então, a dinâmica capitalista diminuiu paulatinamente seu ritmo de acumulação, ao mesmo tempo em que crises se tornaram mais frequentes. A hegemonia do pensamento liberal e a simples orientação de políticas liberalizantes não conseguiram retomar o crescimento das décadas anteriores. Na verdade, o resultado no Brasil, foi um crescimento medíocre e periódico, com choques externos ocasionando crises domésticas durante a década de 1990.

A implementação do "Novo Consenso Macroeconômico" baseado no resgate das expectativas racionais foi acompanhado pela liberalização de capitais e o rápido aprofundamento da globalização financeira, acentuando seu caráter especulativo e caracterizando o processo de financeirização[2]. Como antes de 1929, quanto mais relevantes na economia mundial, mais os fluxos de capitais ganhavam autonomia, volatilidade e sensibilidade ao risco. Após as medidas de estabilização inflacionárias do início da década de 1990, as políticas econômicas no Brasil passaram a se preocupar exclusivamente com a manutenção de uma taxa de juros e de superávits fiscais necessários para garantir a paridade do cambial, de forma que a política monetária e a política fiscal ficaram submetidas ao equilíbrio cambial e inflacionário. Nos primeiros anos pós-plano Real, a estabilidade da economia brasileira seria acompanhada por um baixo crescimento econômico, aumento do desemprego, declínio dos serviços públicos e redução da capacidade do Estado de guiar o crescimento e distribuição de renda comparada às décadas anteriores. A política de superávits primários, paridade cambial, eliminação do protecionismo, abertura comercial, fim das barreiras não-tarifárias e a redução das alíquotas de importação representaram a implantação dos elementos centrais do chamado "Consenso de Washington".

Desde o início da década de 1990 a dominância do pensamento econômico pela escola neoclássica e o resgate dos conceitos marginalistas vem guiando a formulação de leis e políticas econômicas no Brasil. Apesar de mudanças significativas no perfil de condução das políticas econômicas (fiscal, cambial e monetária) durante os anos 2000, o argumento de maior eficiência produtiva baseada no livre mercado e na livre iniciativa e escolhas dos agentes vem direcionando boa parte das atuais medidas governamentais. Nos últimos anos vale o destaca a Proposta de Emenda Constitucional do

---

2 A partir de meados dos anos 1970, o capitalismo ingressa numa fase em que a valorização financeira aumenta sua participação e passa a comandar o processo de acumulação. As sucessivas crises financeiras de escala internacional assistida nos últimos trinta anos e o aumento da participação dos ativos financeiros no PIB mundial confirmam as teses da financeirização do capitalismo (PAULANI, 2013),

Teto de Gastos aprovada em 2016 que congelou os gastos reais do governo (descontado a inflação) por 20 anos e a Lei de Liberdade Econômica promulgada em 2019.

Sendo assim, na seção seguinte será apresentado e explicado os conceitos da Escola Marginalista de pensamento econômico que fundamentam as políticas econômicas liberalizantes. Na seção seguinte o presente trabalho se debruça sobre a Lei de Liberdade Econômica interpretando-a através dos conceitos anteriormente apresentados. Por fim apresenta-se uma crítica tanto à Teoria Marginalista como seus desdobramentos nas políticas econômicas e promulgação de leis sobre o tema.

3 A TEORIA MICROECONÔMICA APLICADA À LEI DE LIBERDADE ECONÔMICA BRASILEIRA: A LIBERDADE E EFICIÊNCIA ECONÔMICA

O método utilizado para entender o fenômeno social da produção, comercialização e distribuição bens e serviços sempre foi um desafio para a Ciências Econômicas. A busca por conceitos e trajetórias capazes de sintetizar esse movimento ao longo do tempo permeou boa parte dos estudos clássicos da literatura. Em 1848, Stuart Mill já destacava a necessidade de determinar um modelo de tomada de decisão dos indivíduos na sua oba "Princípios da Economia Política". A partir da década de 1870 a teoria marginalista passa a tomar corpo com os trabalhos de William Stanley Jevons (1871) e Leon Walras (1874). Os fundamentos metodológicos e teóricos dos marginalistas fundamentariam a ascensão da teoria microeconômica e sua proposta de modelagem do comportamento racional humano geral e previsível, eliminando variáveis imensuráveis ou específicas.

A Microeconomia desenvolve modelos lógico-matemáticos do sistema natural de liberdade presente já nas obras de Smith, Ricardo e, em certa medida, Marx. Contudo, apesar de destacar o papel da liberdade natural da ação dos indivíduos, os autores clássicos e seus estudos históricos-dedutivos destacam o papel do Estado na construção_e desenvolvimento dos sistemas de produção e distribuição de riqueza. Mesmo os marginalistas e neoclássico se consolidando como a corrente dominante dentro da Teoria microeconômica, a economia schumpeteriana e institucionalista também se propõe a explicar o nível micro da atividade econômica. Essas escolas de pensamento resgatam o método histórico-dedutivo e o caráter evolucionário e dialético das empresas e da sociedade para propor outras variáveis e conceitos explicativos da trajetória da produção de bens, serviços e sua comercialização.

Por ser na atualidade a corrente dominante no meio acadêmico e entre os principais formuladores de políticas econômicas, a Teoria Microeconômica conta com um vasto e ampla discussão, contribuição teórica e exercícios empíricos. Entretanto, o presente trabalho se concentra nos conceitos e na metodologia básica da microeconomia. Um maior destaque é dado à formulação marginalista e suas hipóteses básicas por guardarem maior proximidade com os termos da Lei de Liberdade econômica. Em seguida é apresentado os conceitos da teoria Neoschumpeteriana e Institucionalista e suas respectivas contribuições para esse mesmo nível de análise.

A denominação de microeconomia ou teoria microeconômica está relacionada com sua proposta metodológica de análise da realidade a partir de dois modelos hipotéticos, os indivíduos e as empresas, interagindo em uma estrutura específica, o mercado através de duas variáveis, preço e quantidade. Para poder modelar o comportamento dos seres humanos, a microeconomia propõe sua estrutura de análise baseada em dois princípios básicos: (i) as pessoas e as empresas vão querer sempre o máximo possível de utilidade e lucro, respectivamente; e (ii) os preços são influenciados apenas pela quantidade demandada e ofertada no mercado.

Para aplicar o método hipotético-dedutivo nas Ciências Econômicas, essa corrente de pensamento precisou definir uma série de axiomas lógico-matemáticos para modelar e definir o ponto de equilíbrio no mercado composto por compradores e produtores. Essa dedução é a pedra fundamental da teoria microeconômica e é amplamente difundida nos centros de pós-graduação em economia através da obra de Jehle e Reny de 2015: Teoria Microeconômica Avançada.

O primeiro desafio da teoria marginalista é provar matematicamente a possibilidade de existência de uma curva de preferências do consumidor e dos produtores baseados em cinco axiomas lógicos. O axioma da completeza ou comparabilidade determinada que os consumidores e as empresas têm capacidade comparar perfeitamente duas cestas de consumo e produção. Esse axioma exclui a possibilidade das empresas ou indivíduos não terem plena informação sobre as mercadorias. Já o axioma dois, o da transitividade, garante que as escolhas das empresas e dos indivíduos serão consistentes, ou seja, optarão sempre por aquela cesta de produtos que garantem maior satisfação ou lucro. Enquanto os dois primeiros axiomas garantem que as empresas e os indivíduos tomarão decisões racionais, o terceiro axioma, o da continuidade, garante que os indivíduos decidirão "na margem", ou seja, ao conseguir descriminar e comparar as cestas, os indivíduos e as empresas conseguem definir uma curva de indiferença entre as diferentes composições da cesta de bens. Esses três primeiros axiomas garantem a existência da curva da função utilidade, para os consumidores, e da função produção, para as empresas. Por fim, os dois axiomas restantes, o da não-saciedade local e o da convexidade, terminam modelando o comportamento racional dos agentes econômicos e sua capacidade de maximizador a utilidade da curva de indiferença restrita a uma linha orçamentária, no caso dos consumidores, e maximizar os lucros minimização dos custos, no caso das empresas.

A partir da definição lógico-matemática do comportamento racional dos agentes econômicos, sejam eles consumidores ou produtores, a Teoria Microeconômica consegue definir matematicamente a curva de demanda a curva de oferta e o ponto de equilíbrio na intersecção de ambas as curvas. Uma vez que os indivíduos e as empresas tenham um comportamento racional e decidam pelo melhor, ou seja, decidem "na margem", a teoria marginalista consegue deduzir matematicamente que a economia inevitavelmente caminha para o ponto de equilíbrio de maior eficiência e onde todos os indivíduos estejam satisfeitos. Nesse modelo o preço é apenas um instrumento de mensuração e transmissão das preferências maximizadas dos agentes, sua livre movimentação em um mercado perfeitamente competitivo é essencial para promover a eficiência econômica.

O arcabouço teórico a microeconomia evolui para a definição de vários conceitos relacionados à atividade econômica, fazendo o caminho inverso das outras correntes teóricas, indo do microeconômico, consumidores e produtores, para o macroeconômico proposto pela chamada Teoria do Equilíbrio Geral. O organograma a seguir retirado do prefácio do manual de Microeconomia de Hal Varian ilustra os grandes campos de debate dentro dessa teoria. Evidente que discutir todos os principais pontos da teoria foge ao escopo desse trabalho, por isso, a seguir vamos destacar alguns conceitos teóricos desenvolvidos pela microeconomia que também são encontrados na Lei de Liberdade Econômica.

A liberdade econômica do ponto de vista da microeconomia é uma condição necessária para que as variações dos preços permitam a maximização das preferências do produtor e do consumidor em um mercado competitivo. Na microeconomia, os preços e seu representante em moeda são apenas recursos contábeis necessários para o cálculo da eficiência produtiva das empresas e da utilidade para os consumidores. A livre mobilidade dos preços e quantidades, assim como bens de capital e fatores de produção é o que o garante o ponto de equilíbrio entre oferta e demanda, uma vez que as demais variáveis são históricas, geográficas, ou seja, peculiares de cada economia. Dessa forma, a livre variação de preços e o papel do leiloeiro walrasiano apresentado por Leon Walras (1874) cumprem o papel da "mão invisível" já descrita por Adam Smith na promoção da eficiência e da satisfação econômica dos agentes racionais.

Outro conceito utilizado dentro da microeconomia e presente na Lei de Liberdade Econômica é a ideia e o modelo de concorrência perfeita necessário para se alcançar o equilíbrio geral. O pressuposto é de que existem um número grande suficiente de compradores e produtores que impossibilitem a qualquer empresa ou consumidor ter dominância sobre o mercado. Nessa hipótese, a saída e entrada de novas empresas e famílias é livre e sempre disponível e os fatores de produção são todos variáveis ao longo do tempo. Ademais, além de existir perfeita informação sobre o preço e a utilidade, os produtos são considerados homogêneos de forma a serem substitutos perfeitos entre sí. A microeconomia também se dispõe a analisar os mercados de concorrência imperfeita caracterizados pelo oligopólio, monopólio ou monopsônio. Porém nesses casos, que caracterizam a maioria dos mercados reais, a dificuldade de mobilidade de capitais, a existência de barreiras à entrada ou a informação impedem a economia de operar no equilíbrio eficiente de mercado ou no chamado "ótimo de Pareto"[3].

Na prática, os mercados são instituições sociais regidas por regras, leis e direitos garantidos pelos Estados. O direito à propriedade na microeconomia é dividido entre três características: individual, estatal ou coletiva; variando conforme o direito de uso, de exploração e de alienação. Através de intervenções específicas por determinado objetivo, a sociedade visa restringir a oferta ou a demanda através de controle de preços, restrições à entrada, imposição de serviços ou garantias, especificação e normas de segurança, limite de horas ou consumo, imposição de normas ambientais e de trabalho, etc. Contudo, essas regras, leis e normas podem ser aplicadas para melhorar a eficiência de falhas pré-existentes ou inerentes do mercado. Em geral, as regulamentações são classificadas entre dois instrumentos: (i) o de controle associadas a regras particulares definidas por empresas estatais ou públicas para determinado fim coletivo, como a regulação de bens públicos e monopólio naturais e (ii) o instrumento de incentivos financeiros relacionados a transferências de recursos por meio de impostos e subsídios à determinados setores (saúde, educação, tecnologia, militar).

---

3 Em referências aos trabalhos de Vilfredo Pareto (1848-1923) que define o ponto ótimo de equilíbrio quando uma alocação de recursos é a melhor possível e não permite a modificação sem deteriorar a condição do outro.

Dentro do escopo da microeconomia, os bens comuns e os bens públicos também são objeto de atuação estatal uma vez que determinados setores podem não ser viáveis do ponto de vista da racionalidade econômica, porém, desejáveis pelo lado social ou por questão estratégica. A ausência de proprietário dos bens comuns acaba por influenciar na subestimação dos custos e na tomada de decisão de consumo individual sem internalizá-los socialmente, como por exemplo, pesca em águas internacionais, congestionamentos de trânsito, descarte de resíduos em vias públicas, etc. Por sua vez, os bens públicos carecem de regulação do Estado tanto no que tange as leis de patentes e propriedades intelectuais como também a regulamentação de monopólios naturais que viabilizem a oferta de bens e serviços aos agentes privados. Essa atuação estatal visa corrigir as externalidades ou decisões de produção que são afetadas pelas escolhas de outros agentes, impondo restrições à concorrência. Dessa forma, o Estado pode intervir para diminuir as externalidades negativas, como por exemplo, precificando a poluição, ou pode agir também para aumentar as externalidades positivas, como subsidiar a educação visando o avanço tecnológico e cultural da sociedade. Esse arcabouço sobre o papel do Estado na microeconomia converge para a teoria da escolha pública e a discussão sobre o papel dos governos no que tange a tributação e a prestação de serviços públicos nas sociedades modernas.

A questão sobre o financiamento de bens e serviços públicos determina as áreas de atuação por meio do Estado e sua política de tributação. Na microeconomia, caso os impostos não sejam evitáveis, eles devem se alterar o mínimo possível para que os sinais e influências nos preços sejam equilibrados no mercado competitivo. Dois tipos de impostos se destacam pelo seu impacto maior ou menor no mercado, o imposto de renda e os impostos sobre o consumo. Enquanto o primeiro não altera os preços relativos dos bens e pode tributar diferentemente os rendimentos dos indivíduos e com isso não gerar grandes perdas na eficiência do mercado de bens; o imposto sobre consumo pode ser específico quanto quantidade, valor necessidade, porém geram um diferencial dos preços relativos e perda de eficiência alocativa no mercado.

A proposta metodológica da teoria microeconômica é analisar como os consumidores e produtores determinam os preços e as quantidades produzidas e consumidas em uma determinada economia de mercado. A modelagem geral do comportamento racional dos agentes surge em meados do século XIX e se consagra como a escola marginalista de pensamento econômico até o início do século XX. Enquanto o consumidor tem por objetivo maximizar sua utilidade ou satisfação, as firmas decidem a quantidade ofertada e os preços a serem cobrados visando otimizar determinada função objetivo, maximizando lucros ou minimizando custos. A abordagem de Equilíbrio Geral que se desenvolve das curvas de oferta e demanda determina a formação dos preços dos bens considerando apenas dois fatores de produção gerais, capital e trabalho. Dessa forma, qualquer tentativa de deslocar-se para uma relação mais concreta dentro da teoria microeconômica necessitaria de incluir todos os diferentes tipos de insumos, a dinâmica e a características de seus mercados. Por outro lado, o levantamento e consideração de todas as características peculiares à cada mercado ou mercadoria desvirtualiza o caráter geral proposto pela análise marginalista.

Outro campo de pensamento da teoria econômica é a ciência evolucionária atribuída à Economia Institucional e Schumpeteriana. Tais correntes estão fundamentadas na obra inicial de Thorstein Veblen, A Teoria da Classe Ociosa de 1898, e nos trabalhos de Joseph Alois Schumpeter, entre eles, A Teoria do Desenvolvimento Econômico de 1908. Ambas as escolas surgem enquanto o espoco teórico marginalista tomava proeminência no debate acadêmica. Essa corrente visa construir um arcabouço teórico capaz de entender como as diversas instituições que compõe a sociedade influenciam o processo de avanço tecnológico, uma vez que não se pode entender o movimento de desenvolvimento fora de uma conjuntura socialmente ativa. Por essa abordagem é falho construir e analisar ambientes perfeitamente equilibrados que não condizem com uma possibilidade real.

A sociedade não é feita apenas de variáveis explicativas e mensuráveis, dessa forma a microeconomia evolucionária considera fatores que outras ciências estudam e ajudam a explicar a sociedade, avaliando a influência do passado sobre o presente ou contemplando todo o comportamento cultural que reflete em vários aspectos econômicos e sociais de dado país. Portanto, para analisar o motivo pelo qual uma nação alcança o desenvolvimento tecnológico e industrial e outra não, precisa-se averiguar não somente seu contexto econômico, mas também político, histórico e social para entender como se deu a construção de sua matriz institucional e inovativa, para enfim captar a compatibilidade com paradigma tecnológico em questão.

Por sua vez, Joseph Alois Schumpeter (1912) propõe em sua obra "Teoria do Desenvolvimento Econômico" outra forma de analisar o comportamento das empresas a partir do resgate da método histórico-dedutivo e evolucionário da trajetória econômica. O autor vem questionar a capacidade alocativa do mercado e sua capacidade de incitar o avanço tecnológico e o desenvolvimento econômico destaca o papel do avanço tecnológico no desenvolvimento capitalista, como defendida pelo método e teoria marginalista. Partindo do cenário proposto pela teoria marginalista de mobilidade perfeita de bens, insumos e competição e equilíbrio estável da oferta e demanda, considera-se que a taxa de lucros dos capitalistas esteja constante e estável devido à mobilidade perfeita de capitais de forma que diferenças de produtividades inexistam em um mercado perfeito em que há domínio pleno das tecnologias e simetria de informações. Nesse cenário, os investimentos são feitos apenas de maneira substitutiva, já que qualquer diferença de investimento e rendimentos se equilibra corretamente junto ao mercado perfeito.

Dessa forma, a concorrência apenas através de preço e quantidade não teriam capacidade de incitar novos produtos e processos responsáveis pelo aumento da produtividade. Para a teoria microeconômica schumpeteriana o empresário inovador é quem se levanta perante o comodismo e estabilidade do fluxo circular do mercado, enfrentando barreiras sociais, psicológicas e econômicas em busca da evolução tecnológica. O crescimento econômico e aumento da produtividade não é fruto exclusivamente da concorrência, mas feita através da de diferenciação de novas mercadorias, processos e tecnologias, comumente classificado entre cinco tipos de inovação: (i) introdução de um novo bem; (ii) introdução de um novo método de produção; (III) abertura de um novo mercado; (iv) conquista de uma frente de oferta de matérias-primas ou de bens semifaturados; e (v) o estabelecimento de uma nova organização qualquer da indústria.

A Economia Institucional também é uma linha de pensamento que se concentra na investigação do comportamento econômico dos indivíduos e sua reverberação na caracterização das instituições como mercado, Estado, inovação tecnológica, etc. A abordagem destaca o comportamento humano e seus desdobramentos nas variáveis econômicas e políticas, considerando então o mercado como sendo fruto de um conjunto de instituições individuais e sociais e suas respectivas interações. A questão sobre a definição das instituições e sua evolução é levantada pelos autores institucionalistas como o resultado de uma situação presente, que molda o futuro através de um processo seletivo e coercitivo, orientado pela forma como os homens veem as coisas, o que altera ou fortalece seus pontos de vista. O processo de evolução social e econômica na análise da Economia Institucional apresenta seis propostas básicas: (i) orientações ativa das instituições sociais; (ii) inconformidade com o individualismo auto subsistente e o não intervencionismo sustentado pelos marginalistas; (iii) tecnologia como força transformadora de estruturas de poder; (iv) valor não por preços relativos, mas como valores incorporados e projetados nas instituições; (v) cultura como processo de "causação cumulativa"; e (vi) relações sociais de poder gerando estruturas desiguais e hierarquizadas.

A seguir, é apresentado um quadro estilizando os pensamentos e a complementaridade entre a escola de pensamento Institucionalista e Neoschumpeteriana para que se possa destacar suas similaridades e complementariedades como teorias microeconômicas.

Quadro 3 – Pressupostos analíticos com incidência complementar.

Dimensão analítica	Neo-Schumpeterianos	Institucionalistas	Visão Complementar
História	– Contexto evolucionário; – Caminho tomado pela trajetória tecnológica.	– Elemento difusor da tecnologia; – Padrão para estabelecer comparações; – A história importa; *-Path Dependence; -Lock -in*	– As instituições podem estimular ou reprimir as inovações tecnológicas a partir da disseminação ou retenção e indução ou afastamento das mudanças;
Evolução	– Avanço tecnológico; – Rotina; – Ruptura tecnológica	– Estrutura de produção; – Tecnologia social; – Ações socialmente construídas.	– Avanço tecnológico acompanha os padrões institucionais que orientam a dinâmica inovativa.
Aprendizado	– Acúmulo de conhecimento. – Tecnologia; – Rotina; – Apropriabilidade	– Regularidade de comportamento; – Respostas a problemas; – Ambiente estimulante; – Pesquisa científica – Hábitos que geram rotinas;	– As instituições propiciam os acréscimos de conhecimentos que são incorporados a cada nova onda de desenvolvimento que se inserem nas rotinas e aprimoramentos tecnológicos.

Mudança	– Inovação; – Estratégia; – Janela de oportunidade.	– Instituições Formais; – Instituições Informais; – Movimento natural, onde múltiplos fatores induzem a mudança.	– Cabe ao ambiente institucional a função de ritmar (lento ou rápido) o processo de mudança que acontece no âmbito tecnológico e competitivo; – Processos interdependentes de mudança tecnológica e institucional; – Ação coletiva para a construção do cenário socioeconômico.
Hábitos	– Busca; – Seleção; – Rotina.	– Hábitos de vida; – Valores; – Crenças; – Cultura.	– Ações institucionais se combinam com as rotinas para promover o progresso técnico e institucional se adequando ou alterando os hábitos existentes.

Fonte: Ibrahim (2015).

Uma vez que a própria ciência evolucionária participa do movimento de constante evolução que ela mesma descreve, os conceitos e fenômenos são costumeiramente revisitados e acrescidos de novas variáveis explicativas. A similaridade do processo de inovação tecnológica a partir do entendimento de instituições como "tecnologia social" revelam que as instituições impactam na evolução tecnológica. Os conceitos de paradigma, trajetória e regime tecnológicos se apresentam como uma proposta no entendimento da conformação de um aparato institucional. Esses conceitos ajudam a entender que um aparato institucional surge à medida que determinadas instituições passam a confluir, assim como as trajetórias tecnológicas, para um determinado aparato institucional.

A partir da análise das instituições como uma tecnologia social, passou-se a entendê-la a partir dos conceitos de rotina, busca e seleção. Considerando o conceito de rotina interna à firma schumpeteriana como hábitos e costumes da sociedade na escola institucional, é possível perceber como que determinados hábitos e costumes são selecionados a partir de um processo de busca e seleção, propiciando assim a conformação de uma nova instituição (tecnologia social). O domínio de determinada tecnologia capacita a prospecção de novos caminhos a partir do acúmulo de conhecimento. Já para as instituições, o conhecimento propicia a adequação das instituições a necessidades da sociedade, e move no sentido de capacitá-la para dar respostas aos diferentes acontecimentos, à institucionalidade das pesquisas científicas, à construção de hábitos e o desenvolvimento de rotinas sociais. A complementaridade das vertentes vem do conceito de conhecimento não ser entendido apenas como científico e tecnológico, mas também enraizado no interior da sociedade e nas instituições.

Por fim, em ambas as escolas são dadas a importância da trajetória histórica na caracterização da evolução. A história nos neo-schumpeterianos está presente no sentido de determinação do padrão tecnológico e na caminhada inovativa, de modo que a última inovação determina os possíveis campos de avanço futuro. Esse contexto na visão institucionalista já traz a ideia de importância na configuração das instituições atuais juntamente com conceitos de *path dependence* ou *lock-in*, que são verificados e fixados em acontecimentos anteriores.

O resgate da proposta metodológica apresentada pela revolução marginalista a partir da Teoria Microeconômica Neoclássica e Marginalista e seus desdobramentos sobre as políticas econômicas veio advogar novamente por uma menor interferência do Estado na economia e maior liberdade dos agentes econômicos em busca da eficiência alocativa de mercado. O modelo hipotético baseado em dois atores principais, consumidores e produtores, interagindo no mercado perfeito através dos preços e quantidades consumidas e ofertadas respaldaram a ascensão do liberalismo econômico a partir da década de 1980. Contudo, sua incapacidade de tratar de aspectos específicos da economia que afetam em maior grau o ritmo de crescimento econômico fez avançar outra teoria microeconômica preocupada em explicar o processo de avanço tecnológico e institucional considerando os aspectos históricos, sociológicos e políticos de cada economia. Dessa forma, apesar de potencialmente contribuir com o incentivo ao investimento devido a desburocratização, regulação e regulamentação de determinadas atividades, a Lei de Liberdade Econômica pode não apresentar a eficácia desejada haja vista sua incapacidade de lidar com os principais problemas específicos da economia brasileira.

4 CONCLUSÃO

Do ponto de vista político, a Lei 13.874, de 20 de setembro de 2019 que institui o Declaração de Direitos de Liberdade Econômica e estabelece garantias de livre mercado foi aprovada com base no discurso de facilitação da atividade econômica através da desburocratização, menor intervenção estatal e maior liberdade e independência dos agentes econômicos. A proposta de determinar regras claras e evitar exigências e regulamentações excessivas visa aumentar a segurança para empreender, gerar emprego e renda. Para tanto estabelece o princípio da boa-fé dos particulares e reconhece sua vulnerabilidade perante o Estado, priorizando a liberdade e autonomia dos agentes econômicos como forma de promover a eficiência e o crescimento econômico. Do ponto de vista prático, a lei tem capacidade de fomentar a atividade econômica à medida que facilita, regulariza, regulamenta e define uma série de garantias, direitos do empreendedor brasileiro.

Por outro lado, se analisada pela perspectiva da teoria econômica, a Lei de Liberdade Econômica se baseia na fundamentação teórica e metodológica proposta inicialmente pela teoria marginalista em 1870 e resgatada pela teoria neoclássica a partir da década de 1980. Essa corrente teórica surge de uma nova metodologia de análise da atividade econômica a partir do método hipotético-dedutivo baseado em dois agentes, produtores e consumidores, interagindo no mercado competitivo e tendo o preço e a quantidade como variáveis a ajuste em torno do equilíbrio geral.

No modelo hipotético desenvolvido pela "Revolução Marginalista" no século XIX e aprimorada pelos estudos Neoclássicos, a eficiência econômica é alcançada quando se torna impossível melhorar o resultado das preferências de um dos atores sem impor uma perda aos demais indivíduos. Em contrapartida, por esse arcabouço teórico, a ineficiência econômica permite a melhora geral da economia através da livre mobilidade de fatores de produção (capital e trabalho) em um mercado perfeitamente competitivo. A liberdade para ajustar os preços e as quantidades produzidas e consumidas significa que necessariamente a economia caminha para o ponto de equilíbrio geral onde o aproveitamento dos recursos finitos permite o máximo de satisfação

Apesar de ser uma instituição socialmente construída, a microeconomia neoclássica fundamenta sua análise em um mercado hipotético, considerando-o como o melhor e mais geral instrumento de alocação racional dos ativos através da variação dos preços e das quantidades comercializadas. Para construir modelar o sistema de tomada e decisão das empresas e dos consumidores a teoria neoclássica também carece de uma série de pressupostos como: comportamento racional maximizador dos agentes, propriedade privada plena e de livre mobilidade de fatores de produção (capital e trabalho).

Contudo, no mundo real existem mais variáveis que influenciam a tomada de decisão e a maximização dos interesses dos indivíduos que somente a quantidade e preço das mercadorias. A existência de poder de mercado por parte de algumas empresas, grupo de consumidores ou o próprio Estado dificultam os cálculos dos indivíduos e fomenta o surgimento de monopólios, oligopólios ou monopsionistas. Ademais, os pressupostos básicos da teoria presente nos axiomas da comparabilidade, transitividade e continuidade não se verificam na prática devido a existência de informações incompletas que dificultam os cálculos por parte das empresas e dos consumidores. Por fim, as externalidades e a existência de bens públicos descolam o suposto equilíbrio geral para níveis sub-ótimos e ineficientes do ponto de vista microeconômico.

A dificuldade de verificação empírica imposta pela metodologia marginalista incitou o resgate do debate teórico sobre outros fatores que explicam a produção e distribuição de bens na sociedade. O comportamento racional e o ponto de equilíbrio modelado pela teoria marginalista através de variáveis mensuráveis desconsideram a trajetória histórica, política e social e seu caráter dinâmico ao longo do tempo. Nesse sentido, a teoria econômica Schumpeteriana e Institucionalista vem propor também uma análise micro da realidade econômica, entretanto a proposta de ambas as escolas é analisar a interação dos indivíduos com as instituições (Estado, mercado, moeda) e seu impacto no avançar tecnológico e produtivo.

Dessa forma, se a proposta da Lei de Liberdade Econômica é promover o avanço produtivo e tecnológico do país seria necessário elencar outras variáveis econômicas que influenciam na produção e consumo de bens e serviços. Uma vez que a maioria dos mercados apresentam alguma falha, os ganhos de eficiência oriundos da livre mobilidade e competição entre as empresas e as famílias podem não ser suficientes para promover o crescimento almejado. Nesse processo, a atuação do Estado para corrigir falhas e promover simetrias entre os mercados pode precisar de ser mais do que "excepcional" como presente nos princípios da lei.

REFERÊNCIAS

IBRAHIM, H. C. **A indústria microeletrônica no brasil e na coreia do sul:** estudo sobre padrão de desenvolvimento. (Dissertação de Mestrado). Universidade Federal de Santa Catarina, Florianópolis, Santa Catarina. 2015.

JEHLE, Geoffrey. A; RENY, Philip. J. ***Advanced Microeconomic Theory, second edition***.Addison-Wesley, 2001.

JEVONS, William Stanley. ***The Principles of Science. A Treatise on Logic and Scientific Method***. *University Press of Pacific*: Hawaii, USA, 786. p. 1877.

KEYNES, *John Maynard*. **Teoria Geral do Emprego, do Juro e da Moeda**. São Paulo: Editora Noval Cultural, (Coleção Os Economistas), tradução português: [1936].1996.

MARX, Karl. **O Capital**: Crítica da Economia Política. Vol. I. Editora Nova Cultura Ltda: 1996.

MILL, John Stuart. **Princípios de economia política.** São Paulo: Abril Cultural, 2. vol., Coleção "Os economistas", 1983 [1848].

PARETO, Vilfredo. **Propriedade dos resíduos e das derivações**. São Paulo: Ática, p. 75-82. Coleção Grandes Cientistas Sociais. 1984.

PAULANI, Leda. Acumulação sistêmica, poupança externa e rentismo: observações sobre o caso brasileiro. **Estudos Avançados**. São Paulo, v. 27, 1, jan./abr. 2013

RICARDO, David. **Princípios de economia política e tributação**. São Paulo: Abril Cultural, 1983.

RODRIGUEZ, Octavio. **O estruturalismo latino-americano.** Rio de Janeiro: Civilização Brasileira, 2009

SCHUMPETER, Joseph Alois. **Teoria do Desenvolvimento Capitalista**. São Paulo: Abril Cultural, 1983.

SMITH, Adam. **Riqueza das nações**. São Paulo: Abril Cultural, 1983.

VARIAN, Hal. **Microeconomia**, 8ª edição, Editora Campus, 2012.

WALRAS, Léon. **Compêndios dos elementos de economia política pura**. São Paulo: Nova Cultural, 352p. 1996.

Capítulo 12

REGULAÇÃO ESTATAL E A ANÁLISE DE IMPACTO REGULATÓRIO

Caroline Ubaldo Gomes da Silva

Paulo Márcio Reis Santos

Sumário: 1 Introdução. 2 A Atuação do Estado no Domínio Econômico. 2.1 Panorama geral: intervenção direta e indireta. 2.2 O Estado Regulador. 2.3 Entes Reguladores e as Agências Reguladoras. 3 Análise de Impacto Regulatório. 3.1 Aspectos Gerais. 3.3 Implementação prática e etapas da AIR. 4 Caso Concreto: A Rotulagem Nutricional de produtos – ANVISA. 5 Conclusões. Referências

Resumo: O presente estudo aborda a intervenção estatal no domínio econômico, apresentando as modalidades de intervenção existentes e suas principais características, com destaque para o papel do Estado como agente normativo e regulador da atividade econômica. Além disso, o trabalho tem como foco apresentar a Análise de Impacto Regulatório ("AIR"), instrumento voltado para a melhoria da qualidade regulatória do Poder Público, recomendado pela OCDE e atualmente de utilização obrigatória para os órgãos e entidades da Administração Pública Federal. Ao final do trabalho foi exposto um caso prático de implementação da AIR pela ANVISA. Espera-se contribuir para evidenciar a questão da qualidade das normas regulatórias no Brasil, que, muitas vezes, acabam por trazer mais prejuízos aos agentes envolvidos do que benefícios.

Palavras-chave: Direito Regulatório. Regulação Estatal. Análise de Impacto Regulatório. Normas Regulatórias.

Abstract: This study addresses state intervention in the economic domain, presenting the existing intervention modalities and their main characteristics, with emphasis on the role of the State as a normative agent and regulator of economic activity. In addition, the work focuses on presenting the Regulatory Impact Analysis ("AIR"), an instrument aimed at improving the regulatory quality of the Public Power, recommended by the OECD and currently mandatory for the bodies and entities of the Federal Public Administration. At the end of the work, a practical case of implementation of AIR by ANVISA was exposed. It is expected to contribute to highlight the issue of the quality of regulatory standards in Brazil, which often end up bringing more harm to the agents involved than benefits.

Keywords: Regulatory Law. State regulation. Regulatory Impact Analysis. Regulatory Standards.

1 INTRODUÇÃO

O presente estudo aborda a intervenção estatal no domínio econômico, destacando o papel do Estado como agente normativo e regulador da atividade econômica. Além disso, o trabalho tem como foco a Análise de Impacto Regulatório (AIR), instrumento que visa a melhoria na qualidade das normas regulatórias editadas pelo poder público.

É importante frisar que o tema escolhido para o desenvolvimento deste trabalho é controverso e objeto de discussão entre estudiosos. Há aqueles que argumentam que a interferência estatal na economia é necessária para corrigir falhas de mercado, bem como para implementar políticas públicas. Por outro lado, há aqueles que defendem a intervenção estatal mínima, ponderando que o mercado se autorregula e que a ingerência causaria "falhas de governo", piorando o bem-estar social.

A Análise de Impacto Regulatório surge justamente nesse contexto, como uma tendência internacional, indicada pela Organização para a Cooperação e Desenvolvimento Econômico (OCDE) e por outros organismos internacionais, para otimizar as normas regulatórias. Por meio desse instrumento, os entes reguladores são instigados a analisar previamente a real necessidade da norma regulatória, e a investigar, de forma pormenorizada, seus possíveis impactos, em busca de uma regulação mais efetiva e menos onerosa na consecução dos objetivos regulatórios.

O objetivo do trabalho é apresentar ao leitor o tema da regulação de forma imparcial e mostrar a importância de os entes reguladores pensarem a regulação de maneira consciente e analítica, fazendo uso da AIR para sopesar as consequências positivas e negativas da regulação a ser implementada.

Como fonte de pesquisa foram utilizados artigos científicos, livros de autores específicos da área de conhecimento, estudos elaborados pelo Governo, além de legislação relacionada ao assunto.

2 A ATUAÇÃO DO ESTADO NO DOMÍNIO ECONÔMICO

2.1 Panorama geral: intervenção direta e indireta

O papel do Estado na ordem econômica está previsto na Constituição Federal de 1988, notadamente nos artigos 173 e 174. O artigo 173 se refere à *exploração direta* de atividade econômica pelo Estado e dispõe que, ressalvados os casos previstos na Constituição[1], será permitido ao Estado explorar diretamente atividade econômica apenas quando esta for necessária aos imperativos de segurança nacional ou relevante interesse coletivo, conforme definidos em lei.

Neste modelo denominado "Estado Empreendedor", o Estado cria empresas públicas e sociedades de economia mista – pessoas jurídicas de direito privado – cuja finalidade é a exploração de atividade econômica de produção ou comercialização de bens ou prestação de serviços, assim mencionadas no art. 173, §§ 1º, 2º e 3º, da Constituição Federal. Nota-se que, ao explorar atividade econômica, o Estado passa a atuar como empresário, tendo, portanto, finalidade lucrativa.

Conforme aponta João Bosco Leopoldino da Fonseca (2017, p. 179), em sua obra "Direito Econômico", sob as formas de empresa pública e sociedade de economia mista, o Estado pode atuar em regime concorrencial, equiparando-se com as empresas privadas, ou em regime monopolístico[2]. Como exemplos de empresas estatais que atuam em regime concorrencial pode-se indicar a Caixa Econômica Federal e o Banco do Brasil, ambas atuando em regime de concorrência com as demais instituições bancárias do país. Por outro lado, como exemplos de estatais que atuam em regime monopolístico, tem-se os Correios e a Petrobrás.

Cumpre ressaltar que as empresas públicas e as sociedades de economia mista, embora façam parte da Administração Pública Indireta, estão sujeitas a regime jurídico híbrido que mescla regras de direito público – por exemplo, no que se refere à licitação, aos contratos, à prestação de contas e à admissão de pessoal (concurso público) – com regras de direito privado, típicas da iniciativa privada (MARINELA, 2018).

Observa-se que a *intervenção3 direta* do Estado na economia, que foi largamente utilizada pelo Brasil de 1930 até a promulgação da Constituição

---

1 Por exemplo, os casos de monopólio estatal (art. 177, CF/88).

2 Acrescenta-se a participação do Estado em parceria com a iniciativa privada – denominadas Parcerias Público Privadas – PPP's, nas quais celebram-se acordos negociais de interesse geral e de caráter continuado, entre o Estado e agentes privados, a fim de tornar viável o desenvolvimento socioeconômico pretendido. (BAGNOLI, 2013, p.110).

3 Embora haja discussão doutrinária a respeito da diferenciação entre os termos "atuação" e "intervenção", neste trabalho os termos serão utilizados como sinônimos, uma vez que foge do escopo do presente estudo ater-se à referida discussão.

de 1988, constitui-se uma exceção no modelo de Estado que prevalece na atualidade[4] (FLORENZANO, 2020).

Conforme indica João Bosco Leopoldino da Fonseca,

> O artigo 170 da Constituição Federal, ao traçar os parâmetros da Ordem Jurídico-Econômica Brasileira, privilegiou o fundamento da liberdade de iniciativa, que, pela sua própria conceituação doutrinária e legal, limita a intervenção do Estado no domínio econômico. (FONSECA, 2017, p.104)

Ao analisar o texto constitucional, pode-se concluir, conforme observa o referido autor, que a intenção do legislador constituinte foi, e é, a de vedar, proibir que o Estado aja como empresário. (FONSECA, 2017).

Por outro lado, o artigo 174 da Constituição de 1988 aborda o papel do Estado como agente normativo e regulador da atividade econômica. Nessa perspectiva, dispõe o referido artigo que o Estado exercerá, na forma da lei, as funções de fiscalização, incentivo e planejamento. Trata-se da *intervenção indireta* do Estado no domínio econômico, por meio da qual o Estado deve zelar e garantir a eficácia dos princípios da Ordem Econômica traçados no artigo 170 da Constituição Federal, por exemplo a livre concorrência. (FONSECA, 2017).

A atuação indireta do Estado se consubstancia através de normas e políticas públicas editadas pelos órgãos e entidades estatais, que têm como finalidade fiscalizar, incentivar ou planejar; sendo o planejamento, como informa a redação do art. 174, determinante para o setor público e somente indicativo para o setor privado.

Após essa breve explicação sobre a intervenção direta e indireta do Estado, o próximo item focará na intervenção estatal indireta, notadamente na modalidade regulação.

2.2 O Estado Regulador

Sabe-se que a Constituição de 1988 optou claramente pela economia de mercado ao estabelecer no art. 170 que a ordem econômica brasileira estará fundada na valorização do trabalho humano e na livre inciativa, devendo pautar-se, ainda, no princípio da propriedade privada, livre concorrência, dentre outros[5].

---

4 Observa-se que, diferentemente do que prevê a Constitucional atual, o art. 163 da Constituição de 1967/69 estabelecia a intervenção estatal no domínio econômico como uma faculdade.

5 A Constituição Federal prevê, ainda, a livre iniciativa como um dos fundamentos da República Federativa do Brasil (Art. 1º), o que corrobora com a adoção do sistema capitalista pelo legislador constituinte. (BRASIL, 1988).

Nesse contexto, o papel do Estado dentro de um sistema capitalista, deve ser o de

> criar as condições para a livre iniciativa atuar nos mercados, conferindo não só a segurança jurídica necessária para o indivíduo empreender, mas também toda a infraestrutura necessária para estimulá-ló a empreender e, com isso, promover a circulação das riquezas. (BAGNOLI, 2013, p. 77).

O Estado Regulador – em contraponto ao Estado Empreendedor – deixa para a iniciativa privada a exploração das atividades econômicas, reservando para si a função reguladora, no escopo de assegurar a livre concorrência para que os agentes econômicos possam travar suas relações numa economia equilibrada.

O autor Fernando B. Meneguin (2020, p. 8) salienta que "há uma série de situações econômicas que não podem ser deixadas ao livre arbítrio do mercado, havendo a necessidade de regulação estatal". Conforme explica o autor, "sempre que houver um mercado competitivo, isto é, uma concorrência perfeita, o livre mercado propiciará uma alocação de recursos eficiente do ponto de vista econômico"[6] (MENEGUIN, 2020, p.11). Ocorre que, em regra, os mercados não funcionam de forma ótima, perfeita e eficiente, existindo as chamadas falhas de mercado – responsáveis por gerar alocações ineficientes.

Dentre as falhas de mercado mencionadas pode-se citar: os bens públicos, os monopólios e o abuso de poder econômico, as assimetrias de informações e as externalidades.

Segundo Bagnoli (2013, p. 114), o poder econômico é a capacidade de uma empresa alterar unilateralmente o funcionamento do mercado, muitas vezes aumentando seus lucros e restringindo ou eliminando a concorrência. Já a assimetria de informação ocorre quando umas das partes (normalmente a parte com menor poder econômico, por exemplo, o consumidor) não possui todas as informações necessárias para fazer as melhores escolhas, comprometendo a eficiência econômica do mercado.

As externalidades, por sua vez, são efeitos indiretos a terceiro não envolvido diretamente na relação, que podem causar custos (externalidades negativas; por exemplo a poluição emitida por uma fábrica) ou, em alguns casos, benefícios (externalidades positivas; por exemplo o jardim de uma residência).

---

6 Assim dispõe o Primeiro Teorema do Bem-Estar Social.

Por fim, os bens públicos constituem falhas de mercado na medida em que há indivíduos (*free riders*) que utilizam bens e serviços públicos sem pagar por eles, na certeza que outro o fará.

Nesse sentido, uma das razões que justifica a intervenção do Estado na economia refere-se ao fracasso do mercado e à necessidade imperiosa de aperfeiçoá-lo: a intervenção tem por finalidade, neste caso, garantir a livre competição no mercado (FONSECA, 2017).

Nesse contexto faz-se necessária a presença do Estado Regulador que atua por meio da elaboração de normas, criando um conjunto de incentivos e sanções que refletem no funcionamento do mercado.

Na definição dada por Marçal Justen Filho (2005, p. 456), a intervenção indireta ou normativa do Estado na economia "consiste no exercício pelo Estado de sua competência legislativa e regulamentar para disciplinar o exercício de atividades econômicas, desempenhadas na órbita pública ou privada."

Segundo ao estudo "The OECD Report on Regulatory Reform Synthesis" publicado em 1997, a regulação trata-se de um "conjunto de atos normativos por meio dos quais os governos estabelecem exigências aos agentes econômicos e aos cidadãos." (OECD, 1997)

Já Aragão conceitua a regulação como:

> conjunto de medidas legislativas, administrativas e convencionais, abstratas ou concretas, pelas quais o Estado, de maneira restritiva da liberdade privada ou meramente indutiva, determina, controla, ou influencia o comportamento dos agentes econômicos, evitando que lesem os interesses sociais definidos no marco da Constituição e orientando-os em direções socialmente desejáveis. (ARAGÃO, 2003, p. 37, grifo nosso)

Analisando a definição apresentada acima, é possível observar que as normas elaboradas pelo Estado podem ter conteúdo proibitivo, ou seja, normas contendo comandos que restringem obrigatoriamente a liberdade dos agentes econômicos[7] e determinam seu comportamento ou apenas conteúdo indutivo, medidas as quais influenciam o comportamento dos agentes sem necessariamente obrigá-los. Trata-se das ações conhecidas como *nudges*.[8]

---

[7] Agente econômico é todo aquele que, de alguma forma, atua no mercado.

[8] "Aspecto da arquitetura de escolha que altera o comportamento das pessoas de uma maneira previsível, sem proibir nenhuma opção ou alterar significativamente seus incentivos econômicos". (SUNSTEIN; THALER, 2008).

Depreende-se igualmente da definição que a finalidade última da intervenção estatal como agente normativo e regulador é orientar o mercado e os agente econômicos em direções socialmente desejáveis, isto é, alcançar o interesse social.

Justen Filho (2009, p. 565) corrobora com esse entendimento ao afirmar que "a atuação regulatória do Estado se norteia não apenas para atenuar ou eliminar os defeitos do mercado, mas também para realizar certos valores de natureza política ou social". Como um exemplo de resultado socialmente desejado, Florenzano (2002, p. 145) cita a proteção ambiental.

Segundo o autor, como o mercado, por si só, não é capaz de gerar esse resultado, qual seja, a proteção ambiental, o Estado deverá intervir criando normas que protejam as reservas, proíbam o desmatamento de árvores, proíbam a contaminação de rios e áreas preservadas com poluentes e resíduos tóxicos, etc. (FLORENZANO, 2020).

Desta forma, o Estado Regulador ao editar uma norma regulamentadora age criando uma *estrutura de incentivos e interesses* que irá influenciar de várias formas a conduta dos agentes econômicos. De acordo com Florenzano (2020, p. 135), os agentes respondem a complexas estruturas de incentivos e interesses, baseando suas condutas em comparações, cálculos, balanço em termos de: perdas *versus* ganhos; satisfação *versus* frustração; custos *versus* benefícios.

Ressalta-se que, embora a regulação possa piorar a situação de alguns agentes, à medida que restringe determinadas ações, é importante que o resultado por ela obtido seja positivo, de forma que os ganhos para a sociedade sejam superiores às perdas individuais. Nesse sentido, Florenzano entende que:

> a regulação é uma forma de intervenção do Estado no domínio econômico que só faz sentido se puder melhorar a situação das pessoas e do País. Se não for para melhorar, não faz sentido, não se justifica. Pode-se afirmar então, que a regulação só tem razão de ser se puder elevar o bem-estar. (FLORENZANO, 2020, p. 148)

2.3 Entes Reguladores e as Agências Reguladoras

O Estado Regulador, como explicado no tópico anterior, atua por meio da elaboração de normas, criando um conjunto de incentivos e sanções que refletem no funcionamento do mercado. Uma das principais formas de materialização desse Estado Regulador é por intermédio das chamadas Agências Reguladoras.

As agências reguladoras são autarquias em regime especial – pessoas jurídicas de direito público criadas por lei específica nos termos do art. 37, XIX da Constituição Federal que integram a Administração Pública Indireta. Assim como toda autarquia, as agências reguladoras são entidades dotadas de personalidade jurídica própria e autonomia[9], vinculadas ao Ministério relativo ao setor em que atuarão.

Na definição de Marçal Justen Filho (2005, p. 466), "Agência reguladora independente é uma autarquia especial, sujeita a regime jurídico que assegure sua autonomia em face da Administração direta e investida de competência para a regulação setorial."

Segundo Bagnoli:

> as agências reguladoras são caracterizadas pela dinamicidade (desburocratizadas), autonomia (normativa e financeira), independência (em relação à Administração direta e com suas decisões revistas apenas pelo Poder Judiciário), tecnicidade (dirigentes especializados no setor regulado), consenso para dirimir conflitos (decisões colegiadas), ou seja, relevante instrumento de adequação de uma nova ordem jurídico-econômica. (BAGNOLI, 2013, p. 126)

As primeiras Agências Reguladoras foram criadas no Brasil na década de 1990, no contexto do processo de privatização, para atuar em setores desestatizados de serviços públicos e ser responsáveis pela regulamentação, controle e fiscalização de serviços, atividades e bens transferidos ao setor privado.

Além das Agências Reguladoras destinadas a regular setores específicos, diversos outros órgãos e entidades podem desempenhar atividades regulatórias como, por exemplo, o Banco Central (Bacen), Comissão de Valores Mobiliários (CVM) e a Superintendência de Seguros Privados (Susep). Ademais, os órgãos da Administração Direta como os Ministérios também exercem função regulatória.[10]

---

9 Acerca da autonomia das Agências Reguladoras dispõe o art. 3º da Lei 13.848/19 o seguinte: "A natureza especial conferida à agência reguladora é caracterizada pela ausência de tutela ou de subordinação hierárquica, pela autonomia funcional, decisória, administrativa e financeira e pela investidura a termo de seus dirigentes e estabilidade durante os mandatos, bem como pelas demais disposições constantes desta Lei ou de leis específicas voltadas à sua implementação." (BRASIL, 2019)

10 Alguns exemplos de atos regulatórios editados pela Administração Pública Direta e Indireta são: norma da Receita Federal aumentando ou reduzindo

3 ANÁLISE DE IMPACTO REGULATÓRIO

3.1 Aspectos Gerais

Conforme explicado no capítulo anterior, o Estado, de modo a corrigir falhas de mercado e torná-lo um ambiente propício para o alcance de objetivos sociais, lança mão da regulação, editando normas e elaborando políticas públicas que buscam regular situações específicas no interior das coletividades.

Embora seja um dos principais instrumentos utilizados pelos governos para a promoção do bem-estar social e econômico de seus cidadãos, a regulação, quando implementada de forma excessiva e desproporcional, pode gerar efeitos nocivos aos mercados e à sociedade como um todo.

Dentre essas consequências negativas é possível citar: aumento do preço dos produtos ou serviços, criação de barreiras desnecessárias à entrada de novos competidores, queda de investimentos, barreiras à inovação, altos custos de conformidade ao setor regulado, aumento dos riscos e distorções de mercado (BRASIL, 2018, p. 21).

Desta forma, não obstante a necessidade da ingerência estatal como agente normativo e regulador, é importante questionar-se acerca da adequação e pertinência das normas regulatórias criadas e alteradas pelos entes reguladores. Ressalta-se que a mera identificação de um problema não é justificativa para a intervenção governamental.

Cumpre analisar, portanto, se a norma em discussão é realmente necessária e adequada ao problema regulatório identificado; se os efeitos por ela produzidos no mercado serão, de fato, os desejados, bem como se os custos impostos pela regulação à sociedade não serão superiores aos benefícios gerados[11]. É imprescindível que as regras sejam pensadas de maneira a não onerar *injustificadamente* aqueles que precisarão cumpri-las.

---

alíquota do IOF para intervir na compra e venda de moeda estrangeira; regulação do nível de depósito compulsório das instituições financeiras para aumentar ou reduzir a quantidade de moeda em circulação feita pelo Bacen; edição de normas a respeito da produção e comercialização de produtos de origem animal e de bebidas e produtos de origem vegetal pelo Ministério da Agricultura, Pecuária e Abastecimento. (BRASIL, 2018, p. 24)

11 Toda regulação traz efeitos colaterais ou *trade-offs*; no entanto, a boa regulação potencializa os ganhos esperados e diminui a extensão dos efeitos indesejados. Com essa perspectiva é que se demonstra a utilidade da AIR. (MENEGUIN; SAAB, 2020, p. 13)

Na história do Brasil há diversos casos de situações reguladas que tiveram consequências indesejadas não previstas. Um exemplo clássico de regulação malfeita é a implementação do Plano Cruzado na década de 80 durante o governo de José Sarney. Conforme esclarece Meneguin:

> O Plano Cruzado, ao promover o congelamento de preços para combater uma hiperinflação, não permitiu o ajuste dos valores de mercadorias sujeitas à sazonalidade, gerando um desequilíbrio de preços. Isso agravou o desabastecimento de bens (ninguém se dispunha a vender com prejuízo ou perder oportunidades de lucro) e fomentou o surgimento de ágio para compra de produtos, principalmente os que se encontravam na entressafra, como carne e leite. (MENEGUIN, 2020, p. 274)

Nesse sentido e com o intuito de se evitar situações como a descrita acima foi criada a Análise de Impacto Regulatório que se apresenta como um instrumento capaz de promover a melhoria na qualidade regulatória por meio da investigação prévia dos possíveis efeitos/impactos da norma antes da sua edição.

Conforme explana Meneguin (2020, p. 9), a AIR é uma ferramenta utilizada para subsidiar a elaboração e revisão das normas regulatórias e a formulação de políticas públicas com o objetivo de aumentar a racionalidade do processo decisório quanto às ações governamentais a serem implementadas.

De acordo com a obra "Diretrizes Gerais e Guia Orientativo para Elaboração de Análise de Impacto Regulatório – AIR", publicada em 2018 pelo Governo Federal, a AIR trata-se de "processo sistemático de análise baseado em evidências que busca avaliar, a partir da definição de um problema regulatório, os possíveis impactos das alternativas de ação disponíveis para o alcance dos objetivos pretendidos". (BRASIL, 2018)

O referido estudo acrescenta que a finalidade precípua da AIR é "orientar e subsidiar a tomada de decisão e, em última análise, contribuir para que as ações regulatórias sejam efetivas, eficazes e eficientes". (BRASIL, 2018)

Assim, é possível perceber que o instrumento se propõe a auxiliar os formuladores de políticas públicas a desenhar ações governamentais mais efetivas, com base em critérios sólidos, fundamentados em evidências concretas (*evidence-based*), voltadas para a potencialização dos ganhos esperados e redução dos efeitos adversos.

Acerca do assunto, Meneguin e Silva (2017, p. 14) explicam que os limites, formas e conteúdo das normas regulatórias e das políticas públicas decorrem de processos decisórios que devem obrigatoriamente observar critérios republicanos e democráticos visando, em última instância, o bem-estar social, sendo uma das finalidades da AIR justamente delinear os limites e conteúdo das intervenções estatais.

Nesse sentido, por fomentar uma regulação que atenda aos critérios de economicidade, eficiência, eficácia e efetividade e que realmente promova o desenvolvimento econômico e o aumento do bem-estar social é que a AIR vem ganhando destaque na agenda da Administração Pública.

3.2 A AIR no ordenamento jurídico

Iniciada nos Estado Unidos a partir da década de 1970, a adoção da AIR avançou muito a partir das décadas de 1990 e 2000 entre os países-membro da OCDE e, mais recentemente, tem alcançado países em desenvolvimento (DE FRANCESCO, 2012).

No Brasil, uma das primeiras iniciativas para a introdução da AIR no âmbito do poder público foi a obra "Diretrizes Gerais e Guia Orientativo para Elaboração de Análise de Impacto Regulatório – AIR", já mencionada acima, que traz orientações para a implementação prática da AIR, considerando as boas práticas internacionais.

O Guia serviu como recomendação e incentivo do Governo Federal para utilização da AIR pelos órgãos da Administração Pública, embora ainda não houvesse, à época, lei que obrigasse os entes reguladores a atuar nesse sentido.

Em junho de 2019, a AIR passa a ter status de norma legal com a edição da Lei 13.848 (Lei Geral das Agências Reguladoras) cujo art. 6º estabelece o seguinte:

> Art. 6º A adoção e as propostas de alteração de atos normativos de interesse geral dos agentes econômicos, consumidores ou usuários dos serviços prestados **serão, nos termos de regulamento, precedidas da realização de Análise de Impacto Regulatório (AIR), que conterá informações e dados sobre os possíveis efeitos do ato normativo**. (BRASIL, 2019a, grifo nosso)

Posteriormente, em setembro de 2019 foi editada a Lei 13.874 (Lei da Liberdade Econômica) que trouxe em seu art. 5º a previsão da Análise de Impacto Regulatório com alcance ampliado, uma vez que, não apenas as agências reguladoras teriam de observá-la, mas todos os órgãos ou entidades da administração pública federal:

> Art. 5º As propostas de edição e de alteração de atos normativos de interesse geral de agentes econômicos ou de usuários dos serviços prestados, **editadas por órgão ou entidade da administração pública federal**, incluídas as autarquias e as fundações públicas, serão precedidas da realização de análise de impacto regulatório, que conterá informações e dados sobre os possíveis efeitos do ato normativo para verificar a razoabilidade do seu impacto econômico. (BRASIL, 2019b, grifo nosso)

A partir de então, a realização de AIR tornou-se obrigatória para todos os órgãos e entidades da Administração Pública Federal previamente à edição e alteração de atos normativos de interesse geral dos agentes econômicos, consumidores ou usuários dos serviços prestados.

Recentemente em 30 de junho de 2020 foi editado o Decreto 10.411 que regulamenta os artigos supramencionados e detalha a AIR, dispondo sobre o seu conteúdo, os quesitos mínimos a serem objeto de exame, as hipóteses de obrigatoriedade ou dispensa, dentre outros aspectos.

Cumpre ressaltar que o decreto produzirá efeitos a partir de 15 de abril de 2021 para as Agências Reguladoras de que trata a Lei das Agências Reguladoras, para o Ministério da Economia e para o Instituto Nacional de Metrologia, Qualidade e Tecnologia (Inmetro); e a partir de 14 de outubro de 2021, para os demais órgãos e entidades da administração pública federal direta, autárquica e fundacional.

Para desenvolver o tema, o próximo item discute a implementação prática da AIR, abordando suas etapas e metodologias.

3.3 Implementação prática e etapas da AIR

Conforme explicado acima, a AIR é um processo sistemático de análise que busca avaliar, a partir da definição de um problema regulatório, os possíveis impactos das opções regulatórias disponíveis.

Assim, é fundamental compreender que a AIR não se resume a um questionário ou uma lista de itens a ser preenchida para justificar a criação de uma regulação. Muito além disso, a AIR deve ser entendida como um *processo*, isto é, uma sequência organizada de atos, com etapas definidas que servem ao diagnóstico do problema, à reflexão pormenorizada acerca da necessidade da regulação e à investigação sobre a melhor forma de executá-la.

É importante ressaltar que a AIR deve ser uma ferramenta flexível, sendo que os métodos, técnicas e metodologia a serem aplicados podem variar caso a caso. No entanto, de acordo com o documento Regulatory Policy in Perspective elaborado pela OCDE em 2015 e consoante debate apresentado em Meneguin e Bijos (2016, p. 9), uma boa AIR precisa obrigatoriamente incluir algumas etapas mínimas, elencadas a seguir:

a) definição do problema regulatório: é essencial identificar corretamente o problema que se quer atacar. Uma nova regulação é necessária quando há falhas de mercado a serem resolvidas ou quando as atuais regras precisam ser alteradas de forma a melhorar o atingimento de seus objetivos. Além disso, novas normas são recomendadas quando a administração pública possui novos objetivos de políticas públicas a serem alcançados;

b) coleta de dados: obter dados e informações sobre o tema correlato ao problema é importante para se conseguir acurácia na avaliação do que se quer resolver. Existem vários métodos empíricos disponíveis como aplicação de questionários, consultas públicas, entrevistas, modelagem econométrica, entre outros;

c) identificação de opções regulatórias: nessa fase devem ser sugeridas propostas concretas de intervenção governamental. É importante assegurar que a intervenção escolhida seja proporcional ao problema a ser resolvido;

d) avaliação das alternativas e seus impactos: uma vez identificadas as opções para se resolver o problema, deve-se avaliá-las, empregando-se as técnicas disponíveis (análise de menor custo, análise de custo-efetividade, análise custo-benefício, análise de risco). É importante avaliar também a opção de "não-ação", ou seja, o que ocorrerá em caso o poder público opte por não regular. Em alguns casos pode ser preferível manter o *status quo* a implementar uma regulação que trará muitos impactos negativos.

e) escolha da política a ser adotada: após a comparação das alternativas, identifica-se a melhor opção. Cabe lembrar que a AIR é mais um instrumento e não um determinante para a escolha resultante do processo político decisório.

É importante ressaltar a importância da participação social ao longo do desenvolvimento da AIR, por meio, por exemplo, de Consultas e Audiências Públicas. Conforme aponta o estudo do Governo Federal já mencionado, a participação social para levantamento de informações e para o recebimento de contribuições/sugestões é fundamental para reduzir a assimetria de informação, como para embasar e legitimar a tomada de decisão. Meneguin (2020) afirma que a participação da sociedade na AIR está fortemente ligada à sua legitimidade e credibilidade.

Após finalizada, a AIR deverá ser apresentada em forma de relatório específico – Relatório de AIR, contendo alguns elementos essenciais, tais como: a) identificação do problema regulatório que se pretende solucionar, apresentando suas causas e extensão; b) identificação dos agentes afetados pelo problema regulatório; c) identificação da base legal que ampara a ação do ente regulador; d) definição dos objetivos que se pretende alcançar; e) descrição das possíveis alternativas para combater o problema regulatório; f) exposição dos possíveis impactos das alternativas identificadas e comparação das alternativas consideradas, apontando, justificadamente, a alternativa ou a combinação de alternativas que se mostra mais adequada para alcançar os objetivos pretendidos; etc.

Diante do exposto, a AIR surge como uma opção aos órgãos e entidades governamentais para a elaboração de políticas públicas e normas regulatórias menos onerosas e que coadunam com as finalidades da intervenção estatal. A AIR contribui para que as escolhas regulatórias sejam no sentido da melhoria do bem-estar social, propiciando um complexo jurídico-normativo mais eficiente e efetivo.

Na próxima seção, para ilustrar o tema, tem-se a apresentação de um caso prático de aplicação da AIR realizada pela Agência Nacional de Vigilância Sanitária (ANVISA).

4 CASO CONCRETO: A ROTULAGEM NUTRICIONAL DE PRODUTOS – ANVISA

Embora a AIR seja um instrumento relativamente novo no ordenamento jurídico brasileiro e sua utilização pelos entes reguladores tenha se tornado obrigatória apenas em 2019, já é possível citar casos em que a ferramenta foi empregada com sucesso para subsidiar a solução de problemas regulatórios.

Um desses casos foi apresentado no "Relatório de Análise de Impacto Regulatório sobre Rotulagem Nutricional" publicado pela Agência Nacional de Vigilância Sanitária em setembro de 2019, que abordou a necessidade de atualização da regulação nacional referente à rotulagem nutricional dos alimentos – considerada como estratégia de saúde pública, vez que contribui para promover uma alimentação mais adequada e saudável. (ANVISA, 2019)

O estudo apresenta de forma integral e detalhada todo o processo desenvolvido pela Gerência Geral de Alimentos, incluindo, dentre outros pontos, a contextualização e a análise do problema regulatório, os agentes envolvidos/impactados, os objetivos pretendidos, as propostas regulatórias sugeridas, a avaliação dos possíveis impactos positivos e negativos e as estratégias de implementação, fiscalização e monitoramento da nova regulação.

Conforme abordado no capítulo anterior, o primeiro passo de uma AIR é a identificação do problema regulatório que se pretende solucionar.

Segundo o relatório publicado pela ANVISA, o problema regulatório a ser enfrentado no caso em tela é a "dificuldade de compreensão da rotulagem nutricional pelos consumidores brasileiros"[12]. (ANVISA, 2019, p. 36)

Segundo o estudo, como consequência dessa dificuldade de entendimento da rotulagem nutrícional, "os consumidores são induzidos ao engano quanto às propriedades nutricionais do alimento, especialmente sobre a alta concentração de nutrientes negativos". (ANVISA, 2019, p. 47) Assim, os consumidores podem ser levados a tomar decisões equivocadas, inclusive preterindo a escolha de alimentos saudáveis pelo fato de não compreenderem devidamente a rotulagem dos produtos.

De acordo com o Relatório, foram identificadas cinco causas principais, para o problema regulatório em questão, quais sejam: a) a dificuldade de visualização e leitura da tabela nutricional; b) o conhecimento e tempo exigido para compreensão da tabela nutricional; c) a dificuldade de comparação do valor nutricional dos alimentos; d) as confusões geradas sobre a qualidade nutricional do alimento, por motivos diversos que incluem a baixa precisão das informações transmitidas nos rótulos e pelas inconsistências nas regras atuais que podem mascarar ou distorcer a qualidade nutricional; e) o baixo nível de educação alimentar e nutricional. (ANVISA, 2019, p. 16).

Tendo em vista a importância da participação social[13] para a qualidade da regulação, bem como a relevância do tema para a sociedade como um todo, a ANVISA buscou envolver, desde o início dos trabalhos, os principais setores da sociedade, tais como consumidores, profissionais de saúde, instituições de ensino e pesquisa, setor produtivo de alimentos, especialistas em comunicação, Sistema Nacional de Vigilância Sanitária (SNVS), órgãos do governo e organismos internacionais.

---

12 De acordo com o estudo, "além da relação com os objetivos de políticas de saúde pública, o problema regulatório também está relacionado à garantia dos direitos básicos dos consumidores, uma vez que pode ser lesado o direito a informações claras e adequadas sobre as características de composição dos alimentos." (ANVISA, 2019, p. 47)

13 Reconhecendo a importância da participação social para a qualidade da regulação e a sensibilidade do tema, a Anvisa utilizou um leque de mecanismos distintos para garantir a adequada possibilidade de participação dos diferentes segmentos, como grupo de trabalho, painel técnico, reuniões por meio dos canais institucionais, TPS (Tomada Pública de Subsídios), diálogos setoriais e Consulta Pública, além da participação em fóruns internacionais como o "Codex Alimentarius" e o SGT-3 do Mercosul. (ANVISA, 2019, p. 48)

É importante ressaltar o envolvimento ativo de diversos segmentos durante todo o trabalho que, por meio de seus estudos e apresentação de propostas e sugestões à ANVISA, tiveram papel fundamental para a construção das propostas para apérfeiçoamento da rotulagem nutricional.

Quanto aos objetivos da intervenção regulatória em questão, o relatório define como objetivo primordial "facilitar a compreensão da rotulagem nutricional pelos consumidores brasileiros para a realização de escolhas alimentares". (ANVISA, 2019, p. 53)

Adicionalmente, foram indicados cinco objetivos específicos, a saber: a) aperfeiçoar a visibilidade e legibilidade das informações nutricionais; b) reduzir as situações que geram equívoco quanto à composição nutricional; c) facilitar a comparação nutricional entre os alimentos; d) aprimorar a precisão dos valores nutricionais declarados; e) ampliar a abrangência das informações nutricionais em alimentos.

Meneguin (2020) chama a atenção para a importância de se verificar, em determinado desenho regulatório, se os objetivos a serem atingidos estão diretamente relacionados ao problema detectado. No presente caso, percebe-se que os objetivos delineados estão perfeitamente adequados à solução do problema, razão pela qual a regulação mostra-se conveniente.

A seguir, o estudo passou a uma das etapas mais importantes da AIR: o levantamento e apresentação das alternativas identificadas para atacar o problema regulatório, bem como a análise das vantagens e desvantagens de cada alternativa, juntamente com sua viabilidade técnica.

Primeiramente, foi considerada a opção de não ação, isto é, a manutenção do cenário existente sem a adoção de nenhuma medida regulatória. No entanto, argumentou-se que o problema regulatório detectado e grande parte de suas causas decorrem justamente das lacunas e inconsistências existentes nas normas sobre o tema, de forma que a inércia por parte da Agência não resolveria o problema.

Ademais, a ausência de regulação pela ANVISA abriria espaço para outras soluções legislativas, o que poderia ser um problema, dado o caráter estritamente técnico da matéria. (ANVISA, 2019, p. 54)

Em seguida, foram discutidas propostas regulatórias cujo foco era a educação e orientação alimentar e nutricional da população brasileira com o objetivo de viabilizar o uso correto da rotulagem nutricional.

Nesse sentido, foram sugeridas medidas tais como a elaboração de um plano de comunicação, incluindo o uso de mídias digitais e a reformulação do conteúdo do Portal da ANVISA sobre o tema, além da elaboração de um Guia contendo instruções sobre como transmitir informações nutricionais adequadas e precisas aos consumidores por parte dos serviços de alimentação.

Contudo, concluiu-se que "as ações de educação e orientação não são suficientes, por si só, para resolver o problema regulatório, sendo necessária a adoção de outras medidas para corrigir as limitações existentes nas regras atuais". (ANVISA, 2019, p. 57)

O Relatório seguiu discutindo alternativas e analisando detalhadamente as diversas possibilidades de revisão e aperfeiçoamento de regras existentes sobre rotulagem nutricional. Nesse contexto, ganhou destaque a proposta de adoção de um modelo de rotulagem nutricional frontal, com intuito de informar as principais propriedades nutricionais dos alimentos, de forma simples, facilmente visível e compreensível aos consumidores.[14]

A análise dos possíveis impactos positivos e negativos identificados para as propostas regulatórias foi apresentada na perspectiva dos três principais grupos envolvidos na regulação em potencial: consumidores, governo e setor produtivo.

Na perspectiva dos consumidores, é possível citar, dentre os benefícios trazidos pela nova regulação: maior facilidade de compreensão da rotulagem nutricional; redução das situações que geram engano sobre a composição nutricional; aumento da conscientização sobre o papel dos nutrientes na saúde e melhoria dos hábitos alimentares.

Por outro lado, os consumidores poderiam ser prejudicados por um possível aumento do preço dos alimentos devido ao repasse pela indústria dos custos decorrentes das mudanças na legislação, assim como pelo aumento à exposição de edulcorantes em substituição ao açúcar.

No que tange ao governo, as medidas propostas trarão custos adicionais para diversos órgãos da administração pública, exigindo deles o aprimoramento das ações de monitoramento e fiscalização da rotulagem nutricional. Todavia, as ações contribuirão para promover uma melhoria da alimentação da sociedade, prevenindo enfermidades relacionadas ao excesso de peso, consequentemente, reduzindo os custos diretos e indiretos do governo relacionados a estas enfermidades, especialmente os custos do SUS.

---

14 Nesta parte do Relatório foram apresentadas as experiências de diversos países relacionadas à adoção de diferentes tipos de modelos de rotulagem nutricional frontal.

Em relação ao setor produtivo de alimentos, o estudo mostrou que, caso as medidas propostas fossem adotadas, o segmento incorreria em custos[15] relativos ao desenvolvimento de novos rótulos e ao esgotamento dos estoques de embalagens antigas, que geraria também impactos ambientais. Outro possível impacto negativo para parte do setor seria a substituição na aquisição de produtos com alto teor de açúcares adicionados, gorduras saturadas e sódio, por produtos similares contendo quantidades mais baixas dessas substâncias.

Em contrapartida, as medidas propostas podem ser vistas como uma oportunidade de aumento da confiança e credibilidade do consumidor nos produtos em função da transmissão das informações nutricionais de forma mais clara e como um estímulo a concorrência e inovação na formulação de alimentos com teores reduzidos de açúcares adicionados, gorduras saturadas e sódio. (ANVISA, 2019, p. 138)

Por fim, com a compilação de todos os estudos, foi possível apontar a solução mais adequada do ponto de vista do bem-estar social, tendo sido escolhida pela ANVISA a regulação referente à "recomendação da adoção de um modelo de rotulagem nutricional frontal semi-interpretativo de declaração obrigatória no formato retangular com uma lupa para informar o alto conteúdo de açúcares adicionados, gorduras saturadas e sódio" (ANVISA, 2019, p. 18).

O resultado de todo o processo descrito evitará que regulações desproporcionais sejam colocadas em prática e garantirá que a solução regulatória escolhida agregue qualidade ao mercado e contribua para o aumento do bem-estar social.

5 CONCLUSÕES

Este estudo buscou ampliar a compreensão sobre a regulação estatal no domínio econômico e ressaltar a importância da utilização da Análise de Impacto Regulatório pelo poder público como instrumento de melhoria da qualidade das normas regulatórias.

Foram apresentadas considerações acerca do tema de modo a contextualizar o leitor sobre as formas de atuação do Estado na economia e seus fundamentos constitucionais, os motivos que levam o Estado a intervir, assim como os problemas que uma interferência excessiva pode causar.

---

15 FALTA NOTA

Além disso, foram apresentados os principais aspectos da Análise de Impacto Regulatório, suas finalidades e legislação pertinente e, por fim, um caso prático para demonstrar como as agências reguladoras estão utilizando o referido instrumento.

Espera-se que trabalhos como este possam incentivar cada vez mais a discussão acerca do aperfeiçoamento da produção de normas regulatórias pelo Estado e que a obrigatoriedade da AIR traga mais racionalidade e eficiência para o processo regulatório brasileiro, contribuindo, assim, para o desenvolvimento econômico e social do país.

REFERÊNCIAS

ANVISA. **Relatório de Análise de Impacto Regulatório sobre Rotulagem Nutricional**. Brasília: Gerência-Geral de Alimentos/ANVISA, 2019.

BAGNOLI, Vicente. **Direito Econômico**. 6. ed. São Paulo: Atlas, 2013.

BRASIL. Constituição da República Federativa do Brasil de 1988. Brasília, DF: **Planalto.** Disponível em: http://www.planalto.gov.br/ccivil_03/constituicao/constituicaocompilado.htm.

BRASIL. Casa Civil da Presidência da República. **Diretrizes gerais e guia orientativo para elaboração de Análise de Impacto Regulatório – AIR**. Brasília: Presidência da República, 2018.

Brasil. **Decreto 10.411, de 30 de junho de 2020.** Regulamenta a análise de impacto regulatório, de que tratam o art. 5º da Lei 13.874, de 20 de setembro de 2019, e o art. 6º da Lei 13.848, de 25 de junho de 2019. Brasília, DF: Imprensa Nacional, [2020]. Disponível em: https://www.in.gov.br/en/web/dou/-/decreto-n-10.411-de-30-de-junho-de-2020-264424798.

BRASIL. Emenda constitucional 1, de 17 de outubro de 1969. Edita o novo texto da Constituição Federal de 24 de janeiro de 1967. Brasília, DF: **Planalto**. Disponível em: http://www.planalto.gov.br/ccivil_03/constituicao/Emendas/Emc_anterior1988/emc01-69.htm.

BRASIL. Lei 13.848, de 25 de junho de 2019. Lei Geral das Agências Reguladoras. Planalto. Presidência da República. Brasília, DF: Disponível em: http://www.planalto.gov.br/ccivil_03/_Ato2019-2022/2019/Lei/L13848.htm.

BRASIL. Lei 13.874 de 20 de setembro de 2019**.** Lei da Liberdade Econômica. Brasília, DF: **Planalto.** Disponível em: http://www.planalto.gov.br/ccivil_03/_ato2019-2022/2019/lei/L13874.htm.

DE FRANCESCO, F. *Diffusion of Regulatory Impact Analysis Among OECD and EU Member States*. ***Comparative Political Studies***. v. 45, ano 10, p. 1277-1305, 2012.

FLORENZANO, Vincenzo Demetrio. Lei de Liberdade Econômica e reflexos no Direito Econômico. In: OLIVEIRA, Amanda Flávio (org.). **Lei da Liberdade Econômica e o ordenamento jurídico brasileiro.** Belo Horizonte: Editora D'Plácido, 2020.

FONSECA, João Bosco Leopoldino da. **Direito Econômico.** 9. ed. Rio de Janeiro: Forense, 2017.

JUSTEN FILHO, Marçal. **Curso de Direito Administrativo.** 4. ed. São Paulo: Saraiva, 2009.

JUSTEN FILHO, Marçal. **Curso de Direito Administrativo**. São Paulo: Saraiva, 2005.

MARINELA, Fernanda. **Direito Administrativo.** 12. ed. São Paulo: Saraiva Educação, 2018.

MENEGUIN, Fernando; BIJOS, Paulo Roberto Simão. **Avaliação de Impacto Regulatório**: como melhorar a qualidade das normas. Brasília: Núcleo de Estudos e Pesquisas/CONLEG/Senado, março/2016 (Texto para Discussão 193). Disponível em: www.senado.leg.br/estudos.

MENEGUIN, Fernando; SAAB, Flavio. **Análise de impacto regulatório**: perspectivas a partir da Lei da Liberdade Econômica. Brasília: Núcleo de Estudos e Pesquisas/CONLEG/Senado, 2020 (Texto para Discussão 271). Disponível em: https://www2.senado.leg.br/bdsf/handle/id/570015.

MENEGUIN, Fernando; SILVA, R. S. Introdução. In VIEIRA, E.S.S; MENEGUIN, F.B; RIBEIRO, H. M; KASSMAYER, K. **Avaliação de impacto Legislativo:** cenários e perspectivas para sua aplicação. Brasília: Senado Federal, Coordenação de Edições técnicas, 2017.

MENEGUIN, Fernando B. Lei de Liberdade Econômica e reflexos no Direito Regulatório. In: OLIVEIRA, Amanda Flávio (org.). **Lei da Liberdade Econômica e o ordenamento jurídico brasileiro.** Belo Horizonte: Editora D'Plácido, 2020.

OECD. ***Regulatory Policy Outlook 2015***. Paris: OECD Publishing, 2015.

OECD. ***Regulatory Policy in Perspective:*** *a Reader's Companion to the OECD Regulatory* Policy Outlook 2015. Paris: OECD Publishing, 2015.

OECD. ***The OECD Report on Regulatory Reform:*** *Synthesis. Paris: Publishing*, 1997.

SUNSTEIN, Cass R; THALER, Richard H. ***Nudge:*** *improving decisions about Health, Wealth and Happiness.* USA: Penguim Books, 2008.